人类学理论视野下的跨文化交流

On Intercultural Communication from the Perspective of Anthropological Theory
The Soul, the Imagination, the Field, and the Home

心灵、想象、田野、家园

罗云锋 著

中央编译出版社
Central Compilation & Translation Press

目 录

第一章 人类学理论文本：文化、国界、个体、陌生化 …………… 1
 第一节 跨国界交流：人类学理论视野下的跨文化交流 ………… 1
 第二节 "有无相生"社会学：文化的常态与变态 ……………… 37
 第三节 重审文化家园：以陌生化的眼光打量本国文化 ………… 55
 第四节 跨个体交流：爱、对象化与心灵交往结构 ……………… 66
 第五节 个性扩展、主体间性存在、爱与相互承认 ……………… 68
 第六节 嫉妒与社会化：个性与从众压力的陷阱 ………………… 74
 第七节 从来如此？文化专断、教育专断与权力的再生产 …… 81

第二章 文学与人类学：想象世界的"田野化" ………………… 85
 第一节 文学想象世界的田野化与文学批评的社会科学转向 … 85
 第二节 华文文学研究与跨文化交流：语言、文化、地域与
    种族 …………………………………………………………… 99
 第三节 语言文字与跨文化交流：以"韩语汉字词"的教学
    为例 …………………………………………………………… 108
 第四节 文化的"他山之石"：跨文化的交流与借鉴 …………… 115
 第五节 文化交流的不平衡与人文社科的危机 …………………… 127
 第六节 遗忘与癫狂：艺术的心灵救赎 …………………………… 142
 第七节 反思性悲伤：上帝的召唤与世俗的爱欲 ……………… 150

第八节　心灵的形上体验：怀疑主义与求真意志 …………… 153
　　　第九节　出入于理想与现实之间：二马背驰下的苦役 ………… 160

第三章　影视文化评论文本：人类学转译 ……………………………… 167
　　　第一节　情感与战争：《大敌当前》的战争文化解读 ………… 167
　　　第二节　跨文化交流与"模仿的模仿"：以《喜马拉雅》
　　　　　　　为例 ……………………………………………………… 195
　　　第三节　"沉默的羔羊"与"泯然众人焉"：以《沉默的
　　　　　　　羔羊》为例 ……………………………………………… 200
　　　第四节　传统与现代：《乔家大院》里的信任文化政治 ……… 201

第四章　心灵文本与序跋：爱、幸福、生活 …………………………… 204
　　　第一节　通过他人认识自己：爱情、自我反思与承担命运… 204
　　　第二节　闲谈"看透"：看透、超越与有距离的观照 ………… 211
　　　第三节　幸福：听从心灵深处的召唤 …………………………… 216
　　　第四节　幸福总是背道而驰？ …………………………………… 217
　　　第五节　勇于坚持自己的幸福标准 ……………………………… 218
　　　第六节　生活的吊诡：生活需要准备吗？ ……………………… 219
　　　第七节　历史是什么？ …………………………………………… 221
　　　第八节　佛家的"空"与"言" ………………………………… 222
　　　第九节　碎语卑论 ………………………………………………… 225
　　　第十节　"作文"卮言 …………………………………………… 227
　　　第十一节　文史哲淡隐，社会科学凸显 ………………………… 229
　　　第十二节　常识的颠倒与常识补课 ……………………………… 234

参考文献 ……………………………………………………………………… 237
后　记 ………………………………………………………………………… 243

第一章 人类学理论文本：文化、国界、个体、陌生化

第一节 跨国界交流：人类学理论视野下的跨文化交流①

本节主要以人类学的理论视野来审视跨文化交流中的一些具有普遍意义的论题，兼及中国国际学术交流中的几个问题。重点指出：第一，除了以往人类学研究所重视的对"异"的分析和研究，人类学家更应该重视对对象文化社会的"常态"（以及常态的"陌生化"）的分析研究，这亦是一种"人类学社会学化"的思路；第二，跨文化交流的主体应该是人，最终必须落实在人的互相交流上（"客随主便"与"客人至上"或"宾至如归"）；第三，跨文化学术交流的各种心态分析："见贤"（"思齐"与"媚外"）、"见过"（"自讼"与"自夸"）与"实事求是"；第四，跨文化研究发展的一般过程：文献材料中的异国（外在打

---

① 本节文字大体于 2006 年 10 月 4 日写就，曾略有删节发表，参见罗云锋：《人类学视野下的跨文化交流》，载《文化中国》，2013 年第 2 期。此处乃复以全本。

量）→人类学的异邦（田野调查、实地考察）→文化社会专家；第五，中国的国际文化学术交流在广度、深度和"相关性"等方面存在的一些问题；第六，初步探讨中国的大国文化战略。

其实，关于国际文化学术交流，从未出过国的人，常常不大敢发言，因为从未出国的人所有对外国的了解都是通过国内的中介来进行的，换言之，或许都经过了意识形态有意无意的筛选、过滤和着色，所以，我们对外国的理解从一开始就是不完整的、不真实的——尽管我们也可以通过零零碎碎的信息而窥见外国真实情况的蛛丝马迹，从而拼凑出一幅相对真实的外国文化社会图景。当然，即使是身处其中的人本身，也仍然可能因为各种各样的因素而受到蒙蔽，也不能对自己身处其中的国家有真实完整的了解——显然，他们对自己国家的了解，无论从渠道方式还是从内容等方面来说，都比一个真正的外国人要丰富得多。① 这是生活于另一国家的个体对自身在跨文化认识方面的缺陷的自觉意识，也正因此，没有出过国的人在表达对国际事务的理解时便很有些踌躇了，这种踌躇也是对自身知识结构和视听见闻局限性等的一种必要的谦抑。我们固然可以通过种种间接的方式来了解外国，然而，外在地通过诸如文献、影视、道听途说等来了解外国毕竟是接触另一个国家或另一种文化最初级的方式，这种了解甚至还不如人类学的了解，后者更强调实地调查乃至深入到研究对象的内部。换言之，有时，人类学家甚至并不是将此一国家、地域或文化视为考察对象，而是作为一个个体"亲证"

---

① 其实，或许，对国家了解的真实性和完整性本来就是一个伪命题，是意识形态的操纵本身。严格地讲，有多少个体，就有多少个体对国家的想象，这些想象都是建基于其个体的生活经历、教育程度等多方面的个体因素之上的。从认识论的角度讲，则所有的国家都是想象出来的，所谓的"想象的共同体"（参见[美] 本尼迪克特·安德森：《想象的共同体》，吴叡人译，上海人民出版社2005年版）不过是认识论在共同体这一现象或范畴上的体现而已。换言之，所谓完整性和真实性都是认识论上权宜之计式的概括、抽象后的认识结果，一方面，这种结果（认识成果）并非绝对的真实性（姑且不去追问真实性这个范畴本身的合理性和合法性），而是向真实性的无限接近，因而是动态性的、开放性的；另一方面，这种结果和现实之间并没有一一对应的关系，有哲学家甚至宣称两者是平行的，根本没有任何相关性。

第一章　人类学理论文本：文化、国界、个体、陌生化

其中的生活，尽管最初或许是以一种外来者的身份而深入到文化体系的内部。人类学家所碰到的所有问题，我们在思考国际关系时都会遭遇到同样的理论难题。然而，我们应该如何认识外国呢？

一、我们应该如何认识外国？

一个人应该如何正确地认识外国呢？显然，这是有多种方式的。不过，值得提及的是，某一国家或文化内部的人与此一国家或文化外部的人在面对同一文化现象和对象时，所得到的理解是大异其趣的。举个简单的例子来说，本国人看有关本国的电影时和外国人所看到的便是完全不一样的。因为本国人掌握了许多电影文本没有交代但对他们却是不证自明的文化背景知识，他们以民族、文化的整体经验来阅读和理解电影。外国人则缺乏那些必要的背景和中间环节——有学者曾经称之为支援意识①——以及相应的濡染内化的心理情意结构，自然便莫名其妙了。譬如本国人哈哈大笑的时候，一个外国人往往觉得根本就不好笑而纳闷不已。同样的无，对外国人来说是实在的"无"，本国人则能很容易地根据其经历见闻补充出中间环节来加强理解。

所以，要真正理解外国及其文化，就必须深入到对象文化和社会的内部。事实上，人类学家在从外部打量的怀疑论者到从内部进行长期现实体验的体会者乃至信仰者之间的身份转换，是人类学发展过程中的一个极其重要的变化，其目的在于真正进入对象文化体系的内部，"删除"以主体文化体系的文化观念对对象文化体系的文化现象的误读。但这里也不能对人类学家对异国对象文化的"信仰者"身份强调过分和寄以夸张的期待。一方面，如果人类学家转变为一个异文化的信仰者，完全遗忘或抹杀人类学家原本具有的主体文化体系的影响，这不仅使人类学家超越性的描述变得不再可能，从而使人类学调查本身失去意义，取消了

---

① 林毓生：《中国传统的创造性转化》，生活·读书·新知三联书店1988年版。必须提及的是，林氏的"支援意识"亦是借用博兰尼（M. Polanyi）的理论论述。

人类学本身；同时，这种完全遗忘和抹杀主义也不可能实现，因为文化的影响一旦在个体身上发挥过作用，就将永远发挥下去，即使人类学家接受对象文化体系的同化，那也只是两种文化体系融合的产物，而和纯粹的对象文化并不相同，因此通过他所描述的人类学现象仍然不是对对象文化的"如实"反映，或照相式的反映。另一方面，人类学家的一项重要工作是由外部进入对象文化内部之后抽身出来进行外在的超越性的重新打量和分析，这种外部—内部—重新外部的三阶段转换正是人类学的真正意义所在，而最后的一个阶段亦是"人类学社会学化"的具体体现。换言之，人类学研究最终或最高的层次必然都是社会学研究——当然，严格地讲，这一社会学研究必然内在地包含历史学的研究视角和维度，即历史社会学研究。"删除"人类学家主体的主观感受的行为本身就是外在超越性眼光的体现所在，人类学家同时拥有的主体文化身份和意识（就西方人类学家而言，则是西方理性主义文化体系的作用；而就中国人类学家或跨文化交流者而言，则带有东方式的思维方式）使得人类学家仍能对对象文化进行一定的超越性审视和反思。有意思的是，人类学家常常以客观描述对象文化现象来要求自己，然而，"客观态度"本身就是西方理性主义精神的产物和其中的一部分，在人类学上，恰恰并不具有普遍的意义。所以，当人类学家以客观精神去"如实"描述或反映对象文化时，往往遭到研究对象的强烈反对和抵触——换言之，在对象文化体系中，以客观的态度（其实就是西方理性精神的一部分）去处理描述对象文化的宗教信仰，却恰恰成了对其文化的不尊重和亵渎，乃至影响到其社会共同体的结构稳定本身。在这种形势下，人类学家似乎除了无条件接受对象文化所宣称的一切就别无选择了。譬如，人类学家必须相信——而且必须是真心而不是因为尊重对方而勉强同意的态度——对象文化的巫术（这种信仰本身在其文化体系背景中确实是"真实"的，而且发挥着真实的社会作用，比如维护社会的正常运转和结构稳定）等，因为，一旦人类学家以客观态度——某种意义上讲，"客观态度"和"外在身份"是同一件事情的两个方面，是一致的——自命并

第一章 人类学理论文本：文化、国界、个体、陌生化

因此宣称自己尽管尊重但并不赞成其信仰的话，这便危及了巫婆、巫士或术士的存在本身了，进而危及他们所在的社会的稳定、存在和正常运转。以上当然是一个极端的例子，但也是当下文化多元主义世界中所面临的非常现实的复杂问题。[相关的论述汗牛充栋，此处不予详细讨论，不过查尔斯·泰勒（Charles Taylor）对加拿大魁北克省事件的分析以及哈贝马斯的回应批评却是一个颇有代表性的典型事件，不妨参看。①] 人类学家常常采取的策略是：当处于对象文化体系中进行人类学调查时，他们便以掩藏——或暂时悬置，当然不是道德上的伪善，并不带任何鄙视或亵渎的态度，而是真正地尊重对象文化的特异性——自己的真实观念的方式同研究对象友好相处以期完成自己的人类学调查，并在随后的研究分析中再抽身出来，站在文化体系之外来重新打量，并予以客观的描述和分析。当然，人类学家并非是以金刚不坏之身去进行人类学调查的。换言之，在被研究者可能受到外来文化的破坏的同时，研究者本身也面临着个体文化世界观被对象文化破坏或同化的危险。总之，由以上论述可知，客观、公正、理性亦并非是所有文化体系的公分母，并不能随便通约。后现代主义者关于"人类学文本就是小说虚构"这样的断言当然太过偏激，但人类学确实永远是虚构向真实的无限接近。

另一方面，以人类学的眼光来打量异文化也意味着避免一味寻求相对于观察者本身主体文化立场的异文化之"异"的做法，后者有可能将或许并不重要的"异"予以人为的放大与夸大，导致对异文化的误判：即起主要作用的恰恰不是这些以（西方）主体文化或本土文化眼光看来显得陌生和奇异的事物，而恰恰是同（西方）主体文化或本土文化有着某种相似点并因此难以发现的事物——这在某种意义上类似于斯特劳斯所谓的"深层结构"。换言之，我们在进行人类学研究时，应该明确这

---

① 汪晖、陈燕谷编：《文化与公共性》，生活·读书·新知三联书店2005年版。

一点,对象文化中的人们的"每一种行为都可能很重要"①,尤其是更沉实地发挥着作用的"视而不见"的沉默的、"常态"的部分,而不仅仅是对人类学家而言的特异行为。而对于所谓的特异行为,也不是简单地宣判其荒唐不经,而是仔细寻绎其内在历史脉流中的深层原因,再试图找出相应的理解和解决方式。

与以往人类学理论尤其重视对"异"的关注和研究不同,人类学家以及跨文化研究者更需要对"常"保持高度关切,因为后者可能更能说明此一文化社会的关键特征——这就必须借鉴采用社会学的方法论和思路。其实,人类学虽和社会学在研究对象上有所不同(社会学也研究"新奇"的事物,譬如对变态反常现象等的关注研究),但在研究方法上却完全可以运用所有的社会学方法。言归正传,"异"与"常"的关系是人类学家所必须予以充分注意的。一方面,人类学家不将任何事物视为普遍主义的、天经地义的、从来如此的,而是视为变动不居的、源源不断的、从历史河流中逶迤而来的,所以对"异"的关注和理解也是为了破除"从来就如此"的本质主义断言、偏见和偏执。另一方面,这也并不妨碍人类学家寻绎和归纳出关于某一对象文化的独特生活方式、心理习惯、人情风俗、社会结构等方面的范式、形态和叙述框架,包括对"常态"文化现象的分析描述。其实,人类学家(包括社会学家)的一个显著特点就是对习以为常、习焉不察等心理惰性机制的警惕和有意抗拒,他们总刻意维持一种跳出圈外审视本土文化的思维灵活性和能力。他们身处人群之中,却总能站得更高地审视这人群,甚至站得比自己更高——即是将自己亦置入人群,同时另一个"自己"跳出这人群,站在高处、圈外,对包括自己在内的人群进行客观、全面、超越性的审视。这种自我分离或分裂的能力并非是人类学家所独有的,但人类学家经过相关的熏陶、训练和实践(心理、思维、学术、田野调查实践等),却在这种能力素养上表现得更加突出一点。人类学家(以及社会学家)常

---

① [美]本尼迪克特等:《日本四书》,线装书局2006年版,第14页。

第一章 人类学理论文本：文化、国界、个体、陌生化

常有一种特殊的眼光，在面对非常熟悉的景物时，却仿佛一个初来乍到的陌生人一样，似乎是第一次打量自己周围的一切，乃至自身的一切，并发现其陌生性、新奇性——"陌生化"即意味着"化常为异"，而不是无动于衷。事实上，他常常具有婴儿般的眼光，并以此打量世界，世界上的一切于是在他眼中都显示其活泼泼的新奇和新异性来。所以，他在考察某一对象文化乃至本土文化时，常常是考察一切事物，而非"精心挑选"，这使他往往能颠覆一般人对常态与变态的错觉，譬如他不会想当然地便将喧嚣等同于生活的常态，因为他常常保持对整体性存在的关注，包括绝大部分的"沉默的存在"。事实上，从数学概率上来说，这才应该是真正的常识，喧嚣只是小比例的"反常"和"变态"。譬如，罪行总容易引发大家的注意和讨论，但被讨论得最多的却并不一定是生活的常态，因为绝大多数时候绝大多数人都在循规蹈矩地生活。这当然也是不能过分强调的，因为人类学家的超越性能力和陌生化的眼光仍是受制于其时代文化的，人类学家只不过是比普通人跑得稍远一点而已。

"常态"和"新奇"是互相转换的。试以日常生活为例，日常生活因其不证"自'在'性"反而显得"不证而不明"了（这和所谓的默会知识在思路上并不一致，关于默会知识，可参看博兰尼的相关论述①），但日常生活恰恰是常态，对理解一个人、一个民族、一个社会或一种文化体系有着至关重要的意义，尽管我们也并不忽略反常（变态）生活及行为的重要性。然而，如何从沉默的常态中发现其"新奇性"呢？这便落实在"变化"之上。有时，这种被人视而不见、不以为意的平庸、单调、呆板的日常生活会以两种方式证明其存在以及重要性：（1）与异文化的相遇和比较，使自己的已失去了新鲜性的日常生活获得了参照意义而重新凸显出来。（2）失去、减少——总之是因质与量的变化而导致了陌生化效果或后果的时候，那种实"在"而若无的背景与日

---

① M. Polanyi, *Meaning*, Chicago: The Univ. of Chicago Press, 1977.7; M. Polanyi, *Personal Knowledge*, Chicago: The Univ. of Chicago Press, 1958.

常生活便显现出来,从而臻于"有",即存在的"显现"。其实,文化自觉亦是借助于这两种方式而得以实现。① 无论如何,如果我们常常只看见生活、外国等的单一的一种面目,那我们对某一事物或外国等的认识至少是不完整的。从社会心理学的角度来分析也是一样的。人们常常拥有一种对某个国家的刻板想象和认识,从产生机制上分析,这恰恰是我们常常据变态而形成对某个民族或国家性格的印象(刻板印象)——而这是错误的;与此相关的是,正确的刻板印象——这是不可避免也是必要的——却没能树立起来。这种错位导致不同国家、民族、个体在交往过程中的错误判断、决策以及由此导致的一系列错误后果。② 不同国家或文化体系中的人的交往亦是如此,我们常常以类化的方式去初步把握(预设)一个人的性格或国民性格,但人从个性的意义上来说又是不能类化的,所以这样一种类化思维既导致个体最初(初识)交往的方便,也导致个性的沟通过程中的误解和错位。尤其是,当不同文化体系的人——他们拥有不同的分类范畴——相遇时,这其中的错位更容易发生,即使是同一文化体系的人在交流时,亦会因为各自不同的分类范畴的选择而产生误读。这是在跨文化交流的过程中必须予以注意的。

相应地,在研究策略上,人类学理论往往非常看重对象文化体系中的人的自我分析和解释,这当然有其必然性,因为文化主体往往对本地文化有更为深入的体验和认识。但这也不能强调过分,换言之,人类学调查亦不能完全相信和采纳当地人的论述和解释,完全的客位立场并不可取。"只缘身在此山中""当局者迷"固是一因,而另一个原因是,当地人往往不能从整体上对自己客体化地进行打量分析,又往往不能发现当地文化的各种联系,尤其是,当地人亦会产生习焉不察的观察盲区,这导致其对自己亦置身于其中的社会的观察有失偏颇并失真,相应地影响其论述的有效性与客观真实性——尽管从主观上说他们的论述亦力图

---

① 不妨参看费孝通:《论人类学与文化自觉》,华夏出版社2004年版。
② [美]罗伯特·杰维斯:《国际政治中的知觉与错误知觉》,秦亚青译,世界知识出版社2003年版。

第一章 人类学理论文本：文化、国界、个体、陌生化

叙述真实，"但却很少能够用言语表达出自己的理解"①，所以人类学家仍然必须对民族志材料进行分析，在寻找真正起作用的关键社会象征或制度的意义上"辨伪存真"，这甚至是非常重要的步骤。

最后必须提及的是，在我们以人类学的眼光来打量外国或异文化的时候，我们同样可以以人类学的眼光打量本国文化，这种做法的意义便在于将本国文化陌生化②——尽管对这种陌生化的能力和程度是不可过分强调的，尤其是对被其文化熏染至深的人来说，要摆脱成见的束缚而取得相对超越和客观的眼光尤其困难。这导致一个理论难题：即人类学的眼光和超越性视野之间的先后及影响关系如何？譬如是以摆脱习染——通过超越性资源和个体努力——来获得人类学眼光？或是从小就相对超脱或游离（主动或被动，更多的是被动的形式，譬如父母管束等）于此一文化体系熏染之外而获得一种人类学眼光？诸如此类，不一而足，限于篇幅学力，姑置勿论。总之，对沉实而沉默的现实的"陌生化"，就是将习焉不察的事物予以强调，而揭示出其重大文化社会意义和价值。因为真正起主导作用的往往是习焉不察地普遍起作用的事物——换言之，越是习焉不察，越可能是一个社会普遍发挥作用的关键所在；相反，越是引起大家关注的新异的事物，越有可能并非社会的常态和根本重要的，尽管它是新生的事物，并且随着时间的发展也可能重新变成习焉不察的，换言之，变成社会现实的一部分而发挥着重要的作用。这种陌生化与熟悉化的辩证关系正好对应着表层现象与深层结构的辩证法。

---

① 史宗主编：《20世纪西方宗教人类学文选》，金泽等译，上海三联书店1995年版，第111页。
② 所谓"将本国文化陌生化"，其实就是社会学研究所要求的客观眼光在研究本国社会时的体现，而人类学、社会学和历史学也因此统一起来，一同促进对某一文化社会的理解。换言之，人类学和社会学之间只存在着研究对象上的不同，并不存在研究方法上的分野：当我们研究外部文化社会时，这种研究就是人类学或跨文化研究（正如上述，在经过文献材料——包括对象文化社会的历史文献材料——和田野调查、民族志的实地考察两个阶段的材料积累后，最终仍然会发展成为一种社会学的研究，即使因为研究对象的特殊性我们仍然称其为人类学）；而当我们在研究内部文化社会时，我们就称其为社会学研究（同样存在着文献材料的积累——包括本国的历史研究——以及实地社会调研材料的积累问题）。对分析和理解任一文化社会而言，历史学、人类学、社会学等缺一不可。当然，此外还可以纳入其他种种学科的研究。

二、跨文化交流的诸种心态分析

显而易见，在跨文化交流过程中，常常会发生种种文化不适乃至文化冲突①，而这种文化冲突常常是由于文化误会所引起的，因此，在谈论跨文化交流时，也必须谈一谈相应的跨文化交流的心态。总体而言，在国际交往中，对于某一行为，不能仅仅以本国文化的眼光来打量（这种单向的思维方式常常导致文化误会，譬如对民族主义歧视和欺凌的过度敏感等），而必须弄清楚其一贯的行为方式以后再做判断——换言之，在跨文化交流中，同样不妨遵循"路遥知马力，日久见人心"的传统智慧和原则，无论就国家层面还是个人层面来说都是如此。在讨论中外文化交流尤其是某些文化冲突和隔阂时，亦必须将此一思考维度纳入分析框架。

在跨文化交流过程中，我们往往对外国人的某一项行为义愤填膺，有的时候原因便在于对外国文化的不理解〔当然亦可说是外国人对中国文化（譬如中国文化或中国人性格文化等）的不理解与不尊重，否则他们便不会有这样的言行〕，因为在对方的文化观念中，这样的言行司空见惯，毫无诸如侮辱与种族歧视等含义。②事实上，在跨文化交流中，往往存在着一个"入乡随俗""客随主便""到什么山唱什么歌"的问题。当然，这种解决方式仍然明显地带有中国文化的特色，西方或其他文化体系并不一定认可，他们或者有其不同的解决方式，甚至可能采取诸如"主随客便"的完全相反的方式③，所以并不能简单地便以此为原

---

① ［美］塞缪尔·亨廷顿：《文明的冲突与世界秩序的重建》，周琪译，新华出版社2002年版。Also see: S. P. Huntington, "The Clash of Civilizations?", *Foreign Affairs*, Summer, 1993.
② 毋庸讳言，跨文化交流过程中也确实常常会出现文化或种族歧视之事，最恶者乃双方两相嫌厌，互不买账。理性的人所要做的则是加强交流，扭转这种无稽局面，转而互相尊重，同臻于文明大同："故中国以夷狄为寇，而夷狄亦以中国之寇为寇。必有能辨之者，是以天下贵大同也。"参见：刘基：《郁离子·神化篇》。
③ 康德关于对待外国人的态度的思考就很有意思，"他在《永恒的和平》一书中指出，外国人不应该仅仅因为踏上了他国领土而遭受敌视，受到招待是外国人的一项权利。然而，康德也承认一个外国人不能要求受到客人般的尊宠，而只能受到普通来访者的待遇。因为要赋予其'居住的自由'需要特殊的仁慈"。参见：［荷兰］Richard Plender：《国际移民法》，翁里、徐公社译，中国人民公安大学出版社2006年版，第54页。

第一章 人类学理论文本：文化、国界、个体、陌生化

则来要求所有不同的文化体系。① 事实上，这种解决方案并不是理论上事先研究、谈判和确定下来，然后在不同民族人民的文化交流中进行贯彻实施。解决方案确定的顺序恰恰相反，是先有交流，然后在多次矛盾、冲突和谈判、磋商的基础上得出一个或约定俗成或明文规定的交流原则。跨文化交流在先，跨文化规则在后。② 当然，即使在充分的交流之后明确了这样的一个原则，譬如以主客来进行交往区分，那么，如何

---

① 有意思的是，有时候，不同文明、文化体系或国家的人在交往过程中因为尊重对方而（单方面或互相）采取对方国家或社会的习惯和习俗来进行交流和交往，结果亦造成文化的误会乃至冲突，关键就在于没有一个确定的交流规则，所以在交流实践以及理解对方行为含义时难以具体确定根据何种原则和习惯（对方的还是自身的交流规则）。这在当代世界的跨文化交流实践中有着现实的体现，譬如跨国公司的本土化营销理念和策略所可能导致的一系列重大社会、文化甚至政治问题等。举个例子来说，有些跨国公司在民主国家或法治国家进行经营活动时，严格按照法律、民主程序等行事，并承担相应的社会、道德伦理、人权、人道主义等方面的责任和义务；而一旦涉及某些极权主义、军人政权、专制主义国家和社会，或法治、民主、市场经济制度尚不够健全的腐败政权和社会，这些跨国公司为了获得市场以及经济收益，却往往放弃在本国严格遵守的道义责任和法律约束，以对象社会的游戏方式以及潜规则进行经营活动（譬如有些跨国公司的所谓"本土化经营策略"等——行贿受贿、偷税漏税等贪污腐败活动），虽然获得了巨大的经济利益，却造成了种种非常消极恶劣的后果，因而遭到相关方面以及有识之士的批评。跨文化交流活动的主体亦是这样，有时甚至会造成"南橘北枳"（即同样的个体在不同的国家表现出不同的文明素质：一个在文明民主国家、社会中富有教养的人，在其他相对落后的国家、社会却表现得判若云泥。反之亦然。有些人甚至形成了对外国的刻板印象，因而在跨文化交流之初就以此来调整自己的思维和行为方式，所谓"因入异国，性情渐变"乃至"才入异土，性情大变"；或"将入异土，先自改容"，即"改头换面入异国"的怪象）的奇特现象，这些现象非常值得深思和进一步的研讨。

② 拓开去讲，小到个体、群体、部落之间的交往，大到不同国家、社会和文化体系之间的交往，都遵循这条规律。事实上，诸如国际贸易法以及其他国际法等都是这样从无序到有序地逐渐形成的，即由纷杂错乱毫无章法的交往过渡到惯例或习惯性做法，再过渡到明确的规则乃至法律等。以国际贸易法的形成而言，"国际商业交易领域中的原则和规则过去是，现在仍然是在处理国际商业问题的过程中逐渐形成的"。其发展历程则分别经历了原始的商业惯例和习惯性做法、国际（商人）习惯性规则、国际商人习惯法与国内法的冲突法以及国际贸易法等几个阶段。就最后一个阶段而言，正如施米托夫（Clive M. Schmitthoff）1957年所言，"我们正在开始重新发现商法的国际性，国际法—国内法—国际法这个发展圈子已经自行完成；各地商法的总趋势是摆脱国内法的限制，朝着普遍性和国际性概念的国际贸易法的方向发展"。这对我们思考跨文化交流的相关问题亦有相当启发意义，参见程家瑞：《编辑者序》，见［英］施米托夫：《国际贸易法文选》，赵秀文译，中国大百科全书出版社1993年版，第1—3页。

判断主客却也是一个问题。不过，不管以谁为主，总是要尽量全面了解对方，做到所谓的知彼知己。① 否则，不了解对方的文化而仅仅以自己的标准来衡量是非成败，并因此或自诩或愤怒，都是错误表达的情感——我们的情感或许真实，却往往可能是错误的。这对多元文化的共处问题亦有启发意义。

另一方面，在进入某一外部社会或文化体系时，跨文化交流者必须尊重对方的文化、社会习惯等，但尊重既非认可，尤非无条件地认同，这点必须区分清楚。"现在，我们只是研究在不同的文化习惯下会产生什么样的行为，并不是为这种暴力行为辩护。"② 在人类学研究上即是如此，我们既不干涉他们的生活习惯和习俗，也不是完全认可其行为尤其以主体文化来观照称得上是野蛮暴力的行为。不干涉的原因在于，其习俗是由其历史和文化传统所自发塑造而成的，既有其历史根源，又有其内在的社会功能，在其文化传统和社会结构仍然存在和发挥作用的情况下，外在的草率的启蒙或干涉改造往往会造成许多问题，所以一定要审慎。而不认可的原因则在于，我们不能拿对象文化中的野蛮或邪恶现象（声明一点，这仍然是以主体文化的标准来看待的结果）为自己主体文化中相似的野蛮邪恶现象辩护，因为两种文化体系有着不同的文化传统，以及不同的社会结构和社会规范秩序。（所以跨文化交流过程中，简单地全盘照搬并不可取，就中西文化交流历史而言，于是才有诸如"中体西用""全盘西化"之类的争论。③）

这便涉及跨文化交流的态度问题。大体而言，人们在进行跨文化交流时，常常存在着三种不同态度："见贤"（"见贤思齐"与"自贱媚外"——后者还包括自嫌、自恨、自卑等心理情结）、"见过"（"见过自讼"与"自夸自谅"——后者即所谓的妄自尊大、自辩等心理态度），

---

① ［美］罗伯特·杰维斯：《国际政治中的知觉与错误知觉》，秦亚青译，世界知识出版社2003年版。
② ［美］本尼迪克特：《日本四书》，线装书局2005年版，第26页。
③ 关于中西文化交流的态度、原则等的论述和研究著作相当多，兹不枚举，亦可参看拙文《"与其盲排外，诚莫若相勖于文明"——严复思想论衡》（未发表）。

第一章 人类学理论文本：文化、国界、个体、陌生化

以及实事求是的社会学分析论断——包括人类学眼光的平和与宽容心态，社会学的总体比较和认识评价。① 以上种种心态在中西文化交流或其他文明体系之间交流的历史进程中，在交流的双方身上，曾经都不同程度地存在过。一般来说，跨文化交流初期常常出现前两种情况，而随着跨文化交流的进一步深入，则慢慢过渡到比较客观地打量对象文化的"实事求是"的阶段，后者尤其是人类学家在进行了人类学田野调查之后进入人类学研究时所采取的客观态度，也是"人类学研究社会学化"的一种必然体现——这也和前文所述的跨文化交流的三阶段说（书面文献中的他国，到实地田野考察的异邦，再到重新从外部的客观打量）以及人类学研究的关注重点"由异至常"的一般过程（初步的人类学田野调查阶段常常容易被"异"吸引注意力，逐步深入之后则更重视对象文化社会中隐而不显的"常"态，或从"异"中看出"常"即"深层结构"来）有着某种程度的关联。当然，这仍然只是一个大体的区分，视不同的情况和主体而有不同的区别，譬如：训练有素的人类学家、社会学家，与一般的游历者；受过良好的通识教育或相关人文社会科学教育的主体，与缺乏相应教育经历的人；有着丰富的跨文化交流经历和经验的人，与初次出国的人，等等，他们在此一过程中都会表现出不同的特点。有的人能很快就从前两种态度进入到第三种态度，而有的人则相对较慢乃至相当程度地不能进入到第三种情况。这些都是必须首先予以指出的。先论"见贤思齐"与"见过自讼"这两种比较典型和常见的普通人的跨文化交流心态。

所谓"见贤"，指跨文化交流的主体由于种种原因——譬如对本国文化政治的不满和失望，并因此积极寻求可能的经验借鉴、替代方案，以及所谓乐土、世外桃源或乌托邦，对异国风情存有浪漫想象和心态，以及性情气质上的偏于克己自修、不断精进向上——往往更关注对象文

---

① 当然，这种区分只是大体而言，实际上，具体到每个人，则存在着不同比例的混杂，或在不同情形下的不同表现等。

化社会美好的一面，甚至有意夸大——当然也是一种歪曲的想象——这种美好和优异之处，不惜以夸张的方式虚悬出一个类似于乌托邦的失真对象，而相对较少注意到对象文化社会的内在问题和负面现状。这种心态在人类学研究以及跨文化交流过程中经常发生，譬如在中西文化交流还并不频繁深入的时期，西方人对古代中国的想象和描述以及中国人对西方社会的观察和评述等都存在这样的情形。一般来说，这种心态常常发生在跨文化交流主体进入某一对象文化社会的最初阶段，而就性格气质而言，那些具有忧患意识和完美主义情结的人以及浪漫单纯的人更容易出现这种心态。原因在于，参与跨文化交流的人们或研究者在进入到异国生活或进行人类学考察时，因为往往存了和本国进行对比并希望为本国存在的一些问题找到可能的更好替代性方案或先进经验借鉴的想法，或者由于浪漫的完美悬想所导致的兴奋感和新鲜感，所以最初往往更关注对象文化社会的值得借鉴的正面因素，并且也倾向于从好的方面来解读对象文化社会的各种现象，因此导致对对象文化社会的好感以及美好解读和介绍。而在逐渐深入接触某一对象社会、国家或人群之后，既由于最初不可避免的自我蒙蔽心理的逐渐褪色①，亦由于观察和体验更深入而获得更细致的材料并不断地修正自己的视域，更由于逐渐嵌入

---

① 事实上，极权乌托邦主义乃至法西斯主义等的政治蛊惑遵循着同样的机制，即由于善良一方的"一厢情愿"和邪恶一方的"居心叵测"，相互"目的错位"或"意图错位"而入其彀中——善良者常常倾向于对对方的行动、政策和意图等进行正面善意的解读，因此不能发现对方或隐或显的恶意，或某一貌似崇高正义的行动政策背后的深层次玄机（当然，除了心理上的善良、幼稚、由于急切的热情所导致的轻信等以外，还有由于信息控制等原因所导致的缺乏相关背景材料、信息不对称等原因）——等到居心叵测者利用这种"目的错位"而完成其势力巩固以至于寝以成势之后，"一厢情愿者"即使清醒过来亦于事无补，于是"人为刀俎，我为鱼肉"的悲剧命运就不可避免了。政治之所以并不仅仅是正义和非正义的简单对立，不是意味着辩明了道理就可以顺理成章地立马得以解决，而是要经过更多的曲折和更长时期的妥协与斗争等曲折复杂的过程，亦部分基因于此。质言之，政治谎言之所以常常能够得逞乃至屡试不爽，便部分基因于双方这种"意图错位"的心理机制之中——这当然也可以置于"社会心理学"或所谓"大众心理学""群众心理学"等框架中进行讨论。当然，即使将所谓"政治阴谋"排除在外，就政治学而言，这种现象也是正常的，即有组织的少数人对没有组织的大多数人的统治。参见[意]加塔诺·莫斯卡：《统治阶级》，贾鹤鹏译，译林出版社2002年版，第100—101页。

第一章 人类学理论文本：文化、国界、个体、陌生化

到社会结构之中后，作为一个内部的普通生活者而不是作为一个外来者，他们不再会仅仅注意生活的新奇表象和形式，而在更多程度上将注意力调整到那些于生活本身而言更为切要的、更加沉实地发挥作用的、平淡无奇的日常层面和深度结构，而对原来那些虽然新鲜奇异却于生活本身并不重要的事物则逐渐变得熟视无睹，既降低了敏感，也渐渐消退和淡忘了最初的文化震惊感。基于以上三点原因，新来者才能逐渐真实地审视和触摸生活的本来面相，而体现出客观的态度并做出客观的评断。不过，到这一阶段，跨文化交流主体在丧失了新鲜感和好奇心的同时，也往往会丢失最初的探索激情，甚至会由于最初不切实际的夸大希望而转为夸大的失望，这也是必须予以提及和引起注意并尽量避免的。必须指出的是，以上分析更多是侧重于"见贤思齐"这一层而言的，至于"自贱媚外"这一层则放在下文论述。

所谓"见过"，则是指跨文化交流的主体更倾向于注意和发现对象文化社会的阴暗面、问题病症等负面因素，并由此扩大为对对象文化社会的误读、歪曲认识和想象。导致此一思维定势或认识的刻板方式的原因很多，如文化上的过度自尊自信乃至自大、妖魔化、文化或种族的自我中心主义、吹毛求疵的性情气质、缺少人类学的宽容、社会学的结构性比较和判断的眼光与习惯等。同样，这样的情形也在包括中西文化交流在内的人类跨文化交流史中大量存在，一个典型的现象就是对异文化、异社会、异国和异族的"落后野蛮"进行低级化、妖魔化乃至非人化想象和描述。① 就当代跨文化交往来说，除去诸如种族歧视、对异文化社会的国民性刻板想象、对异国的负面解读等情形之外，比较常见的就是无视对象国的整体社会状况和社会结构，而一味将本国与异国文化社会的相关局部进行简单局部的比较，并由此得出结论，进行优劣判断，指手画脚，指责，轻视乃至轻蔑。而事实上，脱离对对象文化社会

---

① 从某种意义上讲，古代中国对周边少数民族诸如蛮夷戎狄等的称呼，西方的文化种族中心主义等亦不同程度地体现了此一心态，尽管就具体情形而言则复杂得多，不可随便混同论之。

的整体社会结构和社会状况的整体性、结构性了解所进行的那种简单区分和比较不仅毫无说服力,而且显得太不宽容理性。人类学家之所以有时宣称,在人类学研究中没有道德评价和优劣判断,亦部分地基因于此。也就是说,无论是否存在普遍价值,这种所谓的普遍价值的有效性都仍然必须置于某一文化社会的整体结构中来进行论述和评断。抽离出整体社会结构而就某一具体现象进行简单的评价,常常会显现出思维的武断和蛮横,体现出一种霸道的文化价值观。从心理动机的角度来进行分析,文化上的傲慢感以及政治经济方面自我体认的优越心理以及国内不实不当的历史教育、传媒宣传等,常常导致倾向于关注对象文化社会的负面和消极面因素,并借以妄自尊大,求得可疑的虚荣和自尊。另一种心理则是借着发现异国文化社会的负面因素,以为本国文化社会中的相似弊端进行辩护,原谅自己,"他亦如此,何必大惊小怪",从而对相关弊端和问题麻木不仁,心安理得——这是一种极其糟糕的毫无进取心的心理状态。以上分析当然不包括"见过自讼"的心态。

如果进一步分析,按照交互原则,以由此导致的对本国文化社会和对象文化社会之间关系的态度进行区分,则"见贤思齐"与"见过自讼"可以属于同一类,而"自贱媚外"与"自夸自谅"则同属于另一类。这两类既是不同的跨文化比较的态度,也同时说明了两种不同心态的起因。就起因而言,跨文化交流者本来就是为着寻求更好的社会前景或替代性方案而进行跨文化观察和交流的,所以更注重对方的可资借鉴的正面的东西①,即所谓的"求仁得仁",为此甚至不妨虚悬一个失真的偶像,因为本意就在自己而非对方,也因此甚至不惜"造贤"以"自修自厉"②,所谓,"修身在我,向善于心。求善得善,求信得信,岂言其

---

① 然而在具体借鉴方面则又涉及体用之辨,即枝节的借鉴与历史现实整体结构之间的关系。某一事物只能在某一社会结构中才能发挥其正面积极的作用,而在另一不同社会结构中或许效果恰恰相反。详细论述参见拙文《"与其言排外,诚莫若相助于文明"》(未发表)中的相关论述。王夫之于此亦有精彩论述,可参看王夫之:《读通鉴论》,中华书局1975年版。

② "君子求诸己,小人求诸人。"见《论语·卫灵公》。

第一章 人类学理论文本：文化、国界、个体、陌生化

他哉"①。又譬如所谓的"外国的月亮比本国的圆"②，亦是同样道理。即使一直在国内，同样可以"'造'贤思齐"，自我奋厉进取，从这个意义上讲，出不出国的关系并不大。（关键在于，国内的历史文化积淀以及现实教育水准等能否提供和培养具有丰富而高度发达的想象力的整体社会智识水平，以及本国是否切实具有能够提供和保证真正而真心诚意地实行美好社会理想的社会文化政治基础。这一基础亦是通过复杂而相当时期的社会学整合过程才能获得。）在国内的自我奋励精进可以通过向壁虚构诸如所谓的世外桃源和乌托邦想象等方式来行动；而出国则使乌托邦理想相对多了一些现实依托和可能，换言之，由于亲身触摸和体验较为美好文明的社会现实而使自己的思考具有相对更多的现实性，从而摆脱那种陈义过高而太过理想化的乌托邦色彩，不至于因为太过虚悬虚妄而难以实现。这即是说，出国的好处主要体现在，至少可以刺激人的想象力。因为一方面，即使是乌托邦构想亦需要想象力，需要文献或现实的某种凭借和支持，否则，人再大胆，也不一定能想象出乌托邦，因为人的想象力终究是建立在个体了解和掌握历史积累的种种事实以及现实的直接间接的见闻等中介之上的。人类学破除"从来就如此"的妄言与提供替代性可能的两大功能同样体现在这里。另一方面，有的时候"到别处看看"也是治疗忧郁症或

---

① 又："德之不修，学之不讲，闻义不能徙，不善不能改，是吾忧也。"见《论语·述而》。
② 概言之，此并非事实之判断，而当目之为情感判断。所谓"爱之深责之切"，一也；复次，愚之陈义甚高，而其意常在本国。外国于此处，目之为虚悬之"乌托邦"以寄国人之深望可也。故择取之态度固宜为"宁可信其有"、"知'耻'（尽管或为向壁虚造之'耻'，不顾也）而后勇"。岂不闻"取法乎上，仅得其中"乎？斤斤于中外比较者，遗昧其真意旨也。盖"比"者，实非关乎中外之事实比较者何，而一归于本国之前途也。若必欲究其情实，悬之外优本为"虚"，较之本国之劣固为"实"，"比"之，"优劣"自然彰然而判，然此之"优劣"仍旧其虚也。或有外邦人，偶发歧视中国及中国种族之言论（外邦果有此论否，吾未知也，亦勿须知也），亦当作如是观。反求诸己，自然心平气和，且有大收益。徒为莽汉之"冲冠一怒"，实无必要，且于事无补。于"外"——譬如邦国、集团、他人等——之责污，一概目为友人善之鞭策而自警，自我检视，有则改之，无则加勉，则其责（或"谤"）自止。须知"海纳百川，有容乃大"。（以上文字参见罗云锋：《笑云烟：诗囊呕心集》，华东师范大学出版社2011年版，第89页。）

悲观主义的良药——即使这种良药本身亦可能是基于一种不全面的观察和虚悬的想象——因为发现了更好的替代性方案和社会理想的可能，能够增强自己坚持理想的信心。而在面对对象文化社会的负面现实和不尽如人意的现象的时候，采取的仍然是"以我为主"的"见过自讼""过则改之"的态度，亦即"推人及己，内省自纠"之意，必如此，方能渐臻于"至善"。换言之，"见贤思齐"也罢，"见过自讼"也罢，都是一种内向的自我修养、锻炼内功的方式，以"我"为主，言在彼（外、他）而意在此（内、我），以内省和内向内修的方式表现出自培实力、敢于外竞、外向进取、开阔浩然的精神气象。这是人类学田野调查或跨文化交流过程中的一种毫不掩饰其主观倾向性的"醉翁之意不在酒""身在曹营心在汉"①的思路取向，目的便落实在"他山之石，可以攻玉"这句话上。②总之，见贤思齐者和见过自讼者所采取的姿态是"以我为主"："彼治于我，我将师之。彼忽于我，我将拯之。可以通学，可以通政，可以通教，又况于通商之寻常者乎。"③

而"自贱媚外"与"自夸自谅"则属于另一种"以他为主"的心

---

① 如果涉及现代国际社会中移民以及其他边缘人群的身份认同、权责平衡与政治效忠等问题，则颇为复杂，另当别论。事实上，这也是包括当代海外华人在内的各国移民所经常要面对的一个极其重要的问题。譬如，不要被视为仅仅追求福利国家的福利而不想承担相应的责任和义务的不劳而获的可耻寄生虫，从而被诸如美国这样的移民对象国斥为"来自全球的卑鄙的人"，参见［美］安兰德：《商人为什么需要哲学》，吕建高译，华夏出版社2007年版。国外学术界关于边界地区（国境、城乡交界的郊区等）、边缘群体和边缘人等的人类学、社会学研究著作也颇可提供一些启发，可参见［美］麦克尔·赫兹菲尔德：《什么是人类常识》的第六章《边界、交点与分类群体》，刘珩等译，华夏出版社2005年版，第150—171页。当然，此一论题更应该置于国际法的框架中进行分析研讨，譬如对于"公民受本国'保护'的权利"与"对本国的政治效忠"的关系的论题等，参见［奥］凯尔森：《法与国家的一般理论》，沈宗灵译，中国大百科全书出版社1996年版，第262—269页，另可参阅其他相关学术著述。
② 又：方孝孺曰："君子之学取其善，不究其人。师其道，不计其时。……天下之善一也。古与今之道均也。"《逊志斋集十六·求古斋记》，宁波出版社2000年版，第532页。
③ 谭嗣同：《仁学》，参见《谭嗣同全集》，中华书局1981年版，第297页。

第一章 人类学理论文本：文化、国界、个体、陌生化

理态度①，"古之君子，过则改之；今之君子，过则顺之。古之君子，其过也，如日月之食，民皆见之；及其更也，民皆仰之。今之君子，岂徒顺之，又从为之辞"②。这样的人往往文过饰非，虚骄颠顶，以趋骛外附、外向或坐井观天、夜郎自大的方式体现了一种保守无作为的狭陋局促、荏弱萎靡的精神气度，"无形之中恒足以增其故见自满之习，而障其择善服从之明"③，甚至导致"向也诧诧自大，终以恨恨受辱"④之结局——揆诸清季种种惨酷情状，彰彰然也。这种评断当然是从抽象层面而言，并未考虑形成此一心态的历史前提，而如果加入后者的分析，则我们也并不能简单地作臧否褒贬之断，因为这种心态也是由于其所身处其中的历史文化现实所长期造成的，正如所谓的国民劣根性一样。此外还包括心理学中常常论及的"自嫌""自恨"等心理，亦可应用到对跨文化交流以及国际（文化政治）关系等方面的分析上来，兹不

---

① 之所以要提出这一现象和问题，原因是发现部分国人尤其是有些年轻人在到外国之后常常只顾找对方国家的缺点，指手画脚，要么对对方国家文化社会的优点视而不见，对本国的相似缺点避而不谈，要么则为自己的种种缺点文饰辩护，等等。我觉得，这不是正确看待外国的方式，更不是富于进取心的表现和作为。一个自信、积极进取而充满朝气的人，或许更愿意别人指出其不足（当然，另一方面，他对自己的优点亦有充满信心的自知之明，正因为这样，他才有襟怀气度欣快坦然地接受他人的批评），以期进一步自我完善，这同时也就意味着变得更加富于实力、更加强大和更加坦荡自信。又：孔子曰："君子居是邦，不非其大夫，况其君乎？"（《论语·述而》）这种"存（察）而不论"的态度亦是跨文化交流的姿态、方式中的一种。18世纪的朝鲜学者朴趾源对这种跨文化交流或跨国交流的诸多困难或相关原则亦有所体认："入人之国，安有执途之人而遽有所询访哉？此一不可也。言语相殊，造次之间无以达辞，二不可也。中外既异，自有形迹之嫌，三不可也。语浅则无以得情，语深则恐触忌讳，四不可也。问所不问，则迹涉窥侦，五不可也。不在其位，不谋其政，此居本国之道也，况他国乎？问其大禁，然后敢入，居他国之道也，况大国乎？此其不可者六也。况其将相贤否，风俗淑慝，满汉用舍、皇明故实，尤不可问。非但此不可问，所不敢也；彼不宜答，亦所不敢也。"（参见[朝]朴趾源：《热河日记》，朱瑞平校点，上海书店出版社1997年版，第165页。）
② 《孟子·公孙丑章句下》。
③ 萧公权：《中国政治思想史》，辽宁教育出版社1998年版，第668页。
④ 同上。

赘述。①

　　当然，以上两种都并非学术研究（人类学、社会学）的态度，要真正地了解某一文化社会，或认真务实地评估两个国家或两个文化社会体系之间的关系，则终究必须依靠"实事求是""知彼知己"的客观研究。前者主要侧重于"知彼"的客观研究方面，则应当采取从对方本土的内发性研究视角，并终于要以社会学、历史学的研究超越早期的走马观花的平面描述、人类学的田野调查等，这也是人类学终究要走向"人类学社会学化"这一步的原因和要义所在。后者侧重研究两种文明体系或两

---

① 值得提及的是，对种种态度的现象描述和客观剖析是一回事，而种种问题的起因、评价以及解决办法则又是另一回事，不能混为一谈。譬如，自嫌、自恨等心理现象也确有其"态度、行动正确"乃至"政治正确"的一面。一方面，不管接受与否，这的确是客观存在的事实，确实有一些人存在着这样的心理状态，政治学家和社会学家等必须正视而不是回避这些问题——政治学家和社会学家等不能总想着"推倒重建"，试图激进主义地推翻以往和现存的一切而在一个全新的地基上建造房屋，这种乌托邦主义行动往往既愚蛮残暴而造成重大灾难，并终于难以真正有效（布劳代尔的所谓心态史、长时段历史等观念亦宣称那种看似激进急速的社会变革其实都只是表面现象，表象之下往往另有玄机存焉），而且也反映了这种所谓乌托邦空想主义者的思维懒惰和无能，而非常人所一般认为的想象力和魄力；另一方面，这心理态度也是历史地形成的，是基于对以往因衰败落后而被动挨打的惨痛历史事实的历史记忆以及如今仍然处于奋起追赶地位的相对弱势的现实政治经济状况而导致的，而作为分散的个体一时也确实无法抵御整体社会的大势和社会历史惯性，因此"自嫌""自恨"等就成为一种无奈的心理态度选择，甚至在某一时期是一种必要的心理防御机制，亦有其合理性，并不能完全地给予负面的评价。事实上，情况要复杂得多，有时，"爱之深责之切"的"自嫌自恨者"（未尝无椎心泣血、饮泣吞声之沉哀隐痛）反而是秉持高贵理想、希冀神时救世的高度自尊自负的和热切地挚爱着天下、人类以及自己的国家和人民的人。由此亦可知观人观史之难，所以尤当审慎。另外，在了解了外国社会或外国人的优点之后，观察者个体及其国家、国民如何抉择也仍然是一个问题。从主观的良好愿望来讲，我们当然希望所有人都能做到内省自纠、从善如流，但这仅仅是良好的愿望而已，社会现实并不会这样发展，因为确实有些人不会选择"从善如流"，而代之以"文过饰非""精神胜利法"或"暴力、霸权""弱肉强食"等方式，而社会学家、政治学家等更不会这样简单地思考问题。外国或外部的任何先进经验、"好的"做法和优秀的方面都必须经过本国或本土政治学、社会学、经济学等的中介，进行一番重审和重组（当然可能会存在着有效的中介而迅速产生良好效果，但有时也可能是长期的整合和消化过程）才有可能达致良好的效果［毋庸讳言，同样可能存在着诸如"画虎不成反类犬"、（水土不服而）"南橘北枳"等后果］，而且仍然必须建立在弄清楚本国国情的基础之上（事实上，各种学科和社会诸方面都是在社会学整体作用下而齐头并进的，并无先后顺序，原因在于，在全球化形势下的今天，"不知内（外），亦不知外（内）"，"茫茫于外，内亦懵懵"）。所以，并非所有的好东西都可以"照葫芦画瓢"地马上照搬到中国。

第一章 人类学理论文本：文化、国界、个体、陌生化

个国家之间的相互关系，采取的是比较文化研究的思路，譬如整体性的结构分析和比较等，亦即"知彼知己"的研究方式，注重"知彼"与"知己"基础上的交互性对比研究和评估。换言之，仅仅将自身的家底了解得清楚还不够（事实上，我们在这一方面做得同样远远不够），还必须调查清楚对方的家底（甚至比对方本身了解得还要更细致翔实），并分别进行对等的比较（建立真实的民族、文化的自尊自信，譬如统计学、社会学意义上的国族、文化自信）和结构性的综合分析（更有效地进行国际竞争和合作），如此才能在全球化的形势之下更好地展开跨文化交流以及国际（文化、政治、经济等的）竞争。① 限于时间精力，暂不细论。

此外，在跨文化交流过程中，还必须区分个人交往与国家交往，不

---

① 有意思的是，正如我们不能仅仅看到外国的缺点而无视其优点（反之亦然）一样，如果我们将相似的逆向思维方式推行到国家间的新闻传媒以及文化学术的相互评论方面，则在国家间的互相"关注视线"和评价论述中，我们也不能仅仅注意和收集对方对自己（国家）的赞许和正面的论调，而应同时关注对方的批评和负面评述，换言之，应该有"闻过则喜"的进取意愿和风度气量。事实上，换一种眼光，外国新闻传媒和学术研究机构的（客观的或反映部分事实的）批评意见事实上是一种免费的智力资源，具有成熟政治文化学术体制的国家往往能够充分有效地利用这种智力因素，并将其吸纳为自身学术体系和自我分析眼光角度等的有效有益的补充成分。同时，能否正确看待和应对外部批评也是衡量一个国家（体制）及其国民等是否理性成熟的重要标准之一。其实，无论正面或负面解读（别有用心的歪曲和污蔑等另当别论），外部（外国）对我们自身的分析论述往往都能达到一定程度跳出圈外来客观审视的清醒体认，与能够用陌生化眼光来审视本国文化社会的人类学家、社会学家等起着同样重要的作用。事实上，外国学者因为"不在此山中"，并非密切"当局者"，往往反而能够有新颖独到的发现。由此可知，对于外国新闻传媒（尤其是大众传媒）、学术研究著述等对本国文化社会的言论观点，一方面固然要择善服从，闻过则改；另一方面却也不能说风是风，说雨是雨，盲目地以外国评价为断，或沾沾自喜，或妄自菲薄等（许多国家出于特定目的意图和战略往往采取相似做法，又譬如各个国家的新闻报道中常见的"出口转内销"的特定手段和现象，以及非常时期的文化心理战等）。那种"闻过则怒""闻誉则喜"的习性，一味搜索歌功颂德、正面评价的文章文字，或断章取义、"自取所需"的做法，尤当尽量避免。当然，真实情形往往相当复杂，譬如，从竞争国家的相互解读中常常可以发现这样一种有趣的现象，即出于嫉妒或担忧等隐秘心理，竞争双方往往喜欢夸大竞争对手的政策的正面积极效果，因此即使是面对同一件事情，两个作为竞争对手的国家却有着不同的解读，在本国饱受批评的政策措施却被竞争国家不无羡慕和忧虑地予以正面解读，形成了另一种"鸡同鸭讲"的"羡慕错位"（参见本书34页脚注2）——原因便在于双方的关注点不同，以及相关支援信息掌握不平衡等因素。限于篇幅，兹不具论，或可参见罗云锋：《新闻传播中"非常态的常态化"现象解析》，载《当代传播》，2008年第4期，第32—34页。

能因为个体的一些偶然的遭遇而夸大化地加诸对对象国家和文化社会的整体化判断，更不可因为个体的恩怨而轻易上纲上线到国家交往的高度。① 即使是存在着争端的国家，个体之间的交往仍应谨守"克己复礼"，而不妨待之以礼②，国家层面的交往则另有国际法③等多方面的解

---

① 更有甚者，明明是自己理亏，却不是虚心吸取经验教训，自我勉励完善以臻于文明，反而偏偏"气不平"，通过各种方式来煽动不明就里的国人的民族情绪，这样的做法会导致一连串消极的文化政治社会后果。

② 关于这一点，古代的"夷夏之辨"颇能提供一些启发："人参二仪，是谓三才。三才所统，岂分夷夏？则知人必人类，兽必兽群。近而征之，七珍，人之所爱，故华夷同贵；恭敬，人之所厚，故九服攸敦。"（僧祐：《与顾道士书》，见《弘明集》卷6）"大教无私，至德不偏。化物共旨，导人俱致。在戎狄以均响，处胡汉而同音。圣人宁复分地殊教，隔宇异风。岂有夷邪？宁有夏邪？"（《弘明集》卷7《驳顾道士〈夷夏论〉》）"丘欲居夷，聃适西戎。道之所在，宁选于地？夫以俗圣设教，犹不系于华夏，况佛统大千，岂限化于西域哉？"（《弘明集后序》）以上诸条均源于六朝时佛道、儒佛之争，虽有单边立论、断章取义之嫌，单就理论言之却也不乏启人深思之处。

③ 这里又必须提及另一个重大问题，即关于国际法（大而言之，亦可包括国际经济法等）常识的普及教育问题，因为"与世界接轨"的前提条件是熟悉国际游戏规则即各种国际法规法则等。姑且不论"与世界接轨"与建立独立自主体系的关系，无论中国面对全球化的国家战略是（全面）"融入"还是（有限）"参与"，国际法的普及教育都是十分重要的一环——譬如，当一个国家签署某一项国际公约时，政府就有义务向其国民宣传和普及相关的国际法条款（权利与义务）。况且，现如今，国际法日益具有渗入、干预乃至在一定程度上替代国内法的趋势，譬如国际法领域引起争议的所谓"人权高于主权""民主治理规范"（参见[英]苏珊·马克思：《宪政之谜：国际法、民主和意识形态批判》，方志燕译，上海世纪出版集团、上海译文出版社2005年版）等论题就是这样，即由外部压力促使内部变革的冲击、实在力量与可能性越来越大。一方面，"国际公共舆论所产生的压力，甚至迫使对国际法的违反远远少于对国内法的违反"，另一方面，"自从魏玛宪法规定'公认的国际法的规定视为有拘束力的德意志联邦法律组成部分'以来……国际法义务不仅是国家义务，也同样为国家机关和国民的直接义务。……即国际法的权利主体与义务主体不仅仅是国家，甚至也可以是个人"。（参见[德]拉德布鲁赫：《法学导论》，米健、朱林译，中国大百科全书出版社1997年版，第152页）揆诸世界历史，积极自主性的开放和面向周边地区乃至全世界的全面而自由的交流与参与是所有辉煌文明之所以辉煌的根本原因之一，但开放和全球化都不能仅仅流于空洞的口号。另外，无论接受与否，"全球化"都日益成为当代世界政治文化现实的一部分，许多问题乃至争端日益具有国际性和世界性，需要在国际法的层面和框架下进行谈判、协商和裁决，换言之，国际法日益在许多领域和层次发挥越来越广泛深入的作用，在这种形势下，国际法的分析研究和宣传教育就成为一个国家事关重大的议题和亟待实行的迫切事务了。这对近代以前一直自居为天朝和天下中心的中国而言尤其重要而迫切，因为，很难想象一个大多数国民对国际法所知寥寥而仍以前现代的眼光和方式来看待世界的国家、国民和社会能有效地参与到当代国家竞争和国际事务中去。又譬如"人权教育"，亦应当有相应的战略考量和措施，参见谷盛开：《国际人权法视野下的人权教育》，http://www.humanrights.cn/cn/zt/qita/rqzz/2006/06/t20070209_207697.htm。

第一章 人类学理论文本：文化、国界、个体、陌生化

决之道。文明的吸引力（这是古代中国形象①的一个极其重要的方面，也是古代中国"怀柔远人""蛮夷率服"②"协和万邦"③、不断扩展中华文明圈的根本凭借之一）当然体现在国家形象之上，更体现在国人的日常礼仪等方面。而且，国家性格和国民性格常常并不一致，如果将两者等同起来，往往会造成诸多问题。另外，就中国人而言，亦应当体会相对而言的"小国"、小的民族的现实心理感受（自豪与自尊，忧与惧等）、"小国"、小的民族的民族自尊心和民族自信等。

三、中国国际学术交流中的几个问题

在谈及跨文化交流的一般问题之后，我们不妨再将眼光转移到中国的国际学术交流这一领域，分析其现状及问题。如上所述，跨文化交流不能一直仅仅落实在书面文献、影视等间接的层面，而必须深入到研究对象内部。④ 然而，这种过渡又必然存在着一个过程。一般来说，在跨文化交流和研究上，很多国家都经历了一个从书面文献到实地考察的转变过程。譬如海外的汉学界在中国学的研究上便表现出这样一个过程，近代日本的许多汉学家对中国的研究就是一个比较熟悉的例子。这或许

---

① 当下中国学术界（主要是在国际政治与国际关系等领域）颇为注重关于"中国形象"的研究，这亦是中国新的国家战略设计的一部分。感兴趣的读者不妨参考刘继南、何辉等：《中国形象：中国国家形象的国际传播现状与对策》，中国传媒大学出版社 2006 年版；刘继南、何辉等：《镜像中国：世界主流媒体中的中国形象》，中国传媒大学出版社 2006 年版；张昆：《国家形象传播》，复旦大学出版社 2005 年版；关世杰：《国际传播学》，北京大学出版社 2004 年版；关世杰：《跨文化交流学：提高涉外交流能力的学问》，北京大学出版社 1995 年版；[美] 乔舒亚·库珀·雷默等：《中国形象：外国学者眼里的中国》，沈晓雷译，社会科学文献出版社 2006 年版，等等，兹不细论。不过，值得注意的是，"中国形象"除了外部的国际形象之外，同样还必须关注内部的"中国形象"问题，事实上，两者都涉及政治、经济、文化、社会、教育等诸多方面的整体性互动。
② 《尚书·舜典》。
③ 《尚书·尧典》。
④ 也即古人所谓的"目击而身履之"（参见：马欢：《瀛涯胜览》，冯承钧校注，中华书局 1955 年版），"身游目识"而"详其实"，"采录其山川、风土、物产之诡异，居室、饮食、衣服之好尚，与夫贸易费用之所宜，非其亲见不书，则信乎其可征也"，而不能仅仅"多袭旧书"，参见汪大渊：《岛夷志略校释》，苏继廎校释，中华书局 1981 年版，第 1 页。

是必然的过程。即我们对外国或另一文化体系的了解的一般过程常常是：由文献材料中的异国或对象国（外在打量）过渡到人类学的异邦（田野考察与实地考察），最后过渡到诸如"美国通""日本通"等所谓的"文化社会专家"。这也对应着上文所述的人类学考察由外部到内部再到外部的一般过程。这当然也是一个大体的区分，三者之间并没有泾渭分明的区分和距离，有时候仅仅是第一种考察方式就可以对对象国和对象文化有较为全面深入的了解和理解；而有时候即使是到了第三个层次，也仍然对对象国或对象文化不甚了然。这些姑且不去管它。然而，牵涉到中国内地的对外文化交流和国际文化研究，情形则颇为遗憾，中国对外国的了解尚未进入到第二层次，甚至，在第一层次上也还存在着许多问题。尽管随着改革开放的深入进行，情况已经比新中国成立后的一段时间内的国际文化和学术交流好得多了，至少，第二、第三层次的文化学术交流早已初露端倪，并取得了很好的效果，随着中国综合国力的增强，对文化学术投入的增大以及国际文化学术交流观念的发展，由第一种方式而进入第二、第三种方式必将成为大势所趋，而终将蔚为大国，并极大地促进国际文化学术交流的成效。[①]

就目前而言，中国在国际跨文化学术交流上尚存在着一些缺陷，主要表现在以下几个方面：第一，研究对象分配不平衡，相对单一化，研究的功利性色彩太浓厚；第二，国际文化学术交流和研究关系不平衡；第三，在文化交流中的"立得住"与"容得进"之间的关系上尚存在一些问题。以上三点分别是从跨文化研究的广度、深度和"相关性"的角度来立论的。

第一，从研究对象上来说，我们的研究大都功利性太强，往往只集

---

① 关于这一点，应该置于大国外交与大国的世界文化参与的高度来认识，因为大国的标志之一就是具有输出先进文明的文化资本与能力。亦可参阅余伟民：《"强大国家"与"先进国家"》，载《国际观察》，2004年第5期。

第一章 人类学理论文本：文化、国界、个体、陌生化

中在世界上的几个重要国家①，而对其他文化体系、国家和地区，尤其是所谓的经济欠发达以及文化落后地区等相对缺乏了解和研究的热情，除了因为外交需要而稍有所了解以外，对这些国家和地区的研究少有能真正拿得出来的学术研究成果。这和一些发达国家在这方面的研究状况

---

① 另外，在东亚范围，许多中国人往往怀有恢复祖先的辉煌与荣耀的深沉梦想。但对于创造了"中华文明圈"的中国而言，却不能老是停留在以往的文化宗主国的骄傲历史记忆之中，而应正视新的现实，在新的国际政治经济秩序和文化体系的形势下，重新审视和研究虽然以往属于建基于"朝贡体系"之上的中华文明圈但后来却基于现代民族国家理论而属于独立自主国家实体的其他国家，尤其要注重挖掘和研究后者文化社会发展的历史过程和社会现状，尊重和挖掘其（或然的或理论上可能存在的）独特性（尤其是近代以来的独特历史发展），尽管这种独特性也不能过分强调。仍应在全面研究了解对方的基础上得出审慎客观的评估和结论，由此进行深入细致的研究，而不仅仅是简单地将其视为中华文化的附庸和翻版之事，拒绝去深入细致地了解对方。当然，尤其重要的是，作为文化母国的中国应该加快对传统文化遗产的整理、保护和进一步发展，尤其是善于结合利用现代科学技术手段来发展传统文化遗产，譬如对中医中药的保护和发展就是一个比较明显的例子。显而易见，凡此种种，都是以其他各门专门学科的同步发展为前提的，而这种各行各业、各门学科的并行不悖、齐头并进的良好发展态势又离不开科技政策、体制和教育制度等的完善，以及人的素质的全面提高等。总而言之，中国的文化复兴和现代化的双重之路必然是一个各领域相互配合、互动的具有巨大深广度的综合性、整体性的宏大社会工程。在此过程中，社会学应该起着十分重要的作用，在同时重视其他各门学科的发展的同时，夸张一点说，是"社会学立国"——也因此同时产生如何"整体性地思考中国"的政治、文化和学术命题，或者考察其前提即以下命题：在中国大陆，"整体性地思考中国"（其实，借用此一说法，同样可以提出"整体性地思考世界"的可能性议题）的基础是否建立起来。就后者而言，社会总有其自身的生、长、老、病、死的方式，及其自我发展的步调和节奏。就社会学的思考方式而言，更多的应该是追求一种"实至名归、水到渠成"的效果。"实"已至名尚且可以暂时"不归"，奈何"实不至而求名归"呢。相关的部分、结构要素和基础等没有建立和发展到一定程度，建基于其上的结构整体也便可知，故不可头脑发热而屡犯空想主义、侥幸的机会主义或虚骄等老毛病。扎扎实实的累积性的工作更为重要，因为空中楼阁终究是建立不起来的——就学术的累积性而言，学术诚信、求真原则或客观公正原则是其前提和基础。不能形成"有效累积"和传承等相关机制、总是做无用功而要从头再来的国家、社会或共同体，很难获得真实有效的实质性"进步"（或增量）和实现战略性目标。当然，"强求"固然亦是无可厚非的方式和心态之一，并因此能取得一定成效，但"强求"并不必然便"得"，社会学理论上的强调制度与结构的一派与强调个体自主性和能动性的一派都不可忘记这一点。换言之，重视将其作为一个具有自身历史的独立整体来进行全面的分析研究（大致类似于比较文化研究中的影响研究和并行研究或区域研究的区分）——此亦是新形势下的"知彼"研究的一部分，同时，尽可能地更重视挖掘和分析研究以往中国学界颇为忽略的基于相互性基础之上的可能的文化交流和交互影响，而不是仅仅视为单向度的文化灌输。

恰恰形成对照。西方本来就有着比较深厚的人类学传统（我们当然也可以发掘中国历史上的人类学传统①，揆诸中外交通史，更是斑斑可考②），因而对世界的很多国家和地区都有较为实在的考察和研究，并且这种考察和研究不仅仅是国家行为，其承担者除了有在国家名义下的各种研究机构和团体之外，还有纯学术或民间的各种（文化学术）组织乃至大量的个人。这些个人有的完全是凭着个人的兴趣和常识（有的纯粹是一项业余爱好）来进行考察和研究。西方人的个人兴趣往往表现出多元化的特色，所以其考察和研究的对象就不仅仅是局限于地球的那么几个文化体系、区域和地域，而是各有所选择和偏爱，从而在研究兴趣、对象和领域方面呈现出了较为多元化的特点，且这种多元化的兴趣往往是个体自由选择的，是内在于个体的生命冲动或基于个体的自我修养、自我实现等内在目的，而非外在的统一化倡导乃至变相的隐性强制，不是谋生的工具或炫耀的资本，尽管其研究结果总是具有一定的价值，并由于其价值被利用而呈现出一定功利性。这些研究者选择合适的方式将兴趣付诸较为严肃或正式的行动。这当然和西方的教育体制中的所谓文理通识教育、常识教育③、个性教育（人生价值观、个体自我实现需求等）、文化普及、国民素质等方面的综合作用有着密切的关

---

① 胡鸿保主编：《中国人类学史》，中国人民大学出版社2006年版；亦可参见李长傅：《中国殖民史》，上海书店1984年影印本。值得提及的是，如果将古代中国的中外交通看成是人类学考察与交流的表现之一，则中国古代人类学传统的跨文化交流也和教化蛮夷、怀柔远人、协和万邦、万国咸宁、天下大同的政治文化理想有着密不可分的关系，譬如："长驭远驾，通道于乖蛮草夷……虽曰天子威灵致然，而二三中臣，捧行之诏，蹈邈绝之境，百尺所至，靡不肉愒，东向而稽首，其殆不辱君命而善于传诱者，亦贤矣哉！"参见黄省曾、张燮：《西洋朝贡典录校注·东西洋考》，中华书局2000年版，第7—8页。又如："不惟使后之图《王会》者有足征，亦以见国家之怀柔百蛮，盖此道也。"参见汪大渊：《岛夷志略校释》，苏继庼校释，中华书局1981年版，第5页。当然，怎样看待和评价则是另一个学术问题，譬如有学者将中国的中外交通与西方传教士的作为进行比较研究，这亦是种种思路之一，未妨各抒己见，见仁见智。
② 可参阅中华书局的《中外交通史籍丛刊》等书。
③ 关于"常识教育"，笔者另有专文详细论述，兹不赘述。

第一章　人类学理论文本：文化、国界、个体、陌生化

系。关于这点显然一言难尽，只能俟隙再专文讨论。① 国家性质的研究

---

① 我们应该有明确的大国文化战略。这里值得一提的是中国在世界各地不断兴建的孔子学院。我们也必须制定相应的文化战略（某种程度上是以国内的传统文化复兴为前提的，即创造出文化、道德、生活方式、先进科学技术等的吸引力，或曰文化的向心力），而不能仅仅追求经济利益。同样，我们也不希望外国人仅仅出于经济交往的目的而学习中文，或一谈起中国文化，想起的都是古代中国。换言之，我们要努力达成这样一种局面，使得中国不仅是博大精深的古代文化的当然创造者，是文化积淀最为丰厚的文化母国（这种说法亦不能做绝对化理解，因为真正的先进而辉煌灿烂的文化和文明都是动态开放的，不断吐纳呼吸，更新创造，既大体属于此一共同体，更属于世界。亦可参阅［德］赫尔曼·哈肯：《协同学——大自然构成的奥秘》，凌复华译，世纪出版集团、上海译文出版社 2005 年版），也是古代优秀中国文化精髓的最佳继承、担当和发扬光大者。相反，最难以接受而尤当尽力避免的是古代中国文化精髓却在当代中国人身上荡然无存这样一种令人羞愧而悲哀的可能局面，以至于文化的正统性都成为可疑的，而在文化正统性问题上授人以柄，为他者的质疑或觊觎窃取——虽然我们并非是胸襟狭隘的文化自私主义者和极端民族主义者——提供了可乘之机。换言之，当代中国和中国人要继承和创造出无愧于祖先光荣的优秀文化，并惠及全世界（亦可参阅余伟民：《"强大国家"与"先进国家"》，载《国际观察》，2004 年第 5 期）。此外，外语学院、外交学院等院校的培养目标和方案应配合这样的大国文化战略而做出相应的调整，也就是说，在这方面亦应有更高的追求目标，不能仅仅停留在语言文字的学习层面上，而应深入到文化、社会、政治、经济等更深广的层面（我们固然有诸如《欧亚学刊》《俄罗斯东欧中亚研究杂志》《南亚学会》《西域研究》《日本研究》等各种各样的学术刊物，但还远远不够），应由语言文字的掌握、外国政经社会等基本情况的概述简介等，而至于对外国文献典籍（历史与现实）的翻译介绍，进而至于深度参与到对方的文化学术研究进程中，出现更多的诸如罗念生这样得到研究对象国或国际上的学术界同行认同乃至推崇的古希腊文化专家（不能仅仅停留在译介层面，而应在促进对方的文化学术研究水平上有更大的贡献和作为）或德意志文化专家、法兰西文化专家等。对外国文献的翻译介绍即资料积累阶段，一方面使后来的研究者有所借手，不至于总是要从一片空白处从头做起，亦不会由于某一学术大家的逝世而导致学统中断；另一方面又可代代传承，久之成为独立的学术资源和传统，乃至纳入主体文化体系，而成为本土文化的一部分。事实上，世界上任何博大精深、源远流长的文化文明体系都是通过这样的过程而得以历史性地建立和丰厚厚重起来，而并非仅仅是主体文化的自我再生产和扩展，揆诸古代中国历史以及历史上、现实中其他高度发达的文明体系，彰彰然也。质言之，不仅要让汉学、中国学的研究中心在中国，亦致力于谋求古希腊学、印度学、美国学、日本学等的研究中心在中国——即"让西方学的研究中心在中国"，或说得更自负显豁一点，理想和抱负就是，"让世界学术文化文明的中心在中国"。事实上，在日本（日本在 1868 年明治天皇登基宣誓中便提倡"要在全世界寻求知识"，参见［英］马克斯·H. 布瓦索：《信息空间：认识组织、制度和文化的一种框架》，王寅通译，上海译文出版社 2000 年版，第 570 页）、西方的许多国家以及其他国家和地区，这种全面参与和吸纳世界文化营养进而内化到本国和本民族的文化血脉以及历史文化积淀中、再进一步而同时具备向世界输出先进文化的能力及其实

人类学理论视野下的跨文化交流

接上页注

践的理想已经在不同程度上成为一种现实。毋庸置疑，这某种程度上也同时开启和促成了不同国家在文化和文明发展与竞争过程中的"马太效应"，某种意义上，西方著名思想家伊曼纽尔·沃勒斯坦（Wallerstein）提出的带有批判性的世界体系分析理论以及不发达与"依附"理论等，亦可置于此一分析框架中进行理解（对这些理论本身可以有不同的分析和评判，而不是简单的基于泛道德化愤慨和批判基础上的欢呼赞同抑或批评），因为，对那些尚未建立起"自厉"精神以及由此经过社会学整合起相应社会结构和整体文化心理氛围等的个体、共同体等的施舍，并不能真正拯救对方——譬如学术界对于联合国的援助与发展计划的相关讨论。而在不同结构体系或共同体之间展开的有时是必然的竞争进程，往往必然导致某一分化或差距扩大，因此就很难以简单的、单方面的仁慈或利他主义品德乃至施舍等作为评判的唯一标准，后者甚至有可能在客观情势上反而导致被帮助者或"被施舍者"堕入更加落后和不幸的局面——尽管仁慈以及其他利他行为等品德及其实践本身值得道义上的赞许和称颂，也尽管在某种意义上，"先进国家"可以有意乃至有义务帮助"后进国家"，但这都是在另一个层次上的事情。其实，这样一种情形也正如取消专利法并不必然导致加快科技落后国家的科技发展的进程一样。所以，很多时候，我们最终常常会发现自己面临着"哀其不幸，怒其不争"的深深无奈和悲哀。正因为如此，新的发展概念、发展经济学或援助经济学更注重"自力更生"或"内生性发展"：" '指望自己的力量'，动员地方资源以便满足地方需要：这就是新的发展哲学提出的方向性轴线，以反对以前的被构思为外向性运动的发展模式，即把商业和技术转移作为动力。"（参见[法]阿芒·马特拉：《世界传播与文化霸权》，陈卫星译，中央编译出版社 2001 年版，第 175 页）或正认真务实而有条不紊地谋求和致力于这一理想的推进及其实现——单从其对这方面论题的深入学术研究就不难看出这一点。相对而言，中国在这方面则还有很多工作要做——这些都是以积极自主的对外开放以及本国各种制度体制的建设和完善以及内部的整合等为其前提条件或伴随条件的。值得注意的是，以上所谓的"西方学"当然是一个比喻性的说法，而且并非单数形态，而是复数形态的关于全球范围内的外国或其他文化文明体系、社会和区域的种种研究。换言之，中国亦应有更其长远宏伟的理想和目标，应该致力于成为西方学的研究中心之一，为世界的文化发展做出更大的贡献，并在此过程中谋求和凸显自身文化的主体性，同时促进本国文化的开放气度、宏阔视野等特质，真正使中国成为一个具有世界重要影响的文化大国（从国际关系的角度来思考，此亦是促进全球和平的需要，在当今世界，一个国家的和平、和谐局面的维持和国际政治经济文化环境密切相关，关注其他国家的国内文化政治经济状况，既是维护全球和平的需要，亦是以此保证本国和平和稳定的需要，另亦可参阅[澳]伯顿：《全球冲突：国际危机的国内根源》，马学印、谭朝洁译，上海人民出版社 2007 年版）。但这里必须强调的一点是，这一理想的实施和实现却必须以向文化先进国家虚心学习为前提，即大力引进、吸纳和消化世界先进学术思想文化和科学技术等。与此目标相应，在研究内容和方法上，我们不仅要有基于现实功利主义研究目的和初衷的有关中外相关性的外国研究，还要有基于研究对象国的内部视角

第一章　人类学理论文本：文化、国界、个体、陌生化

接上页注

出发的"超然"研究，或中国学者自居为研究对象国的主体而展开的内外研究，后者大体相当于基于研究对象国自身的内缘自发性研究（亦即"在研究对象国或地区的文化脉络里谈论对方的文化、社会等"，或"从研究对象国或地区的文化语境里研究其文化、社会等"）。换言之，从对方的历史文化和现实社会需要出发进行研究，打个不太恰当的比喻，也即"多管闲事"式的研究——当然不是干涉他国内政，而是为他国免费提供智力因素，为促进其进一步发展做出中国的贡献，并在此过程中同时促进中国文化的丰富和文明的进步，因为分析研究对方的同时也是借鉴汲取对方优长的过程（在包括本国史和世界史在内的历史研究中，尤其是世界史研究和撰写中，也存在着类似的关联。譬如本国史研究和撰写体例中如何处理内缘自发性与外缘影响的关系、本国史和世界史的关系、世界史观念及其编撰体例——这其中又涉及外国国别史的研究和撰写体例——等，于是乃形成诸如世界史（体系）中的国别史以及国别史（中心主义）视野下的世界史等重要论题）。这当然是一个极其长远的过程，正如《大藏经》不是一日译编而成的一样，类似于《四库全书》及其《总目提要》一样的《世界百科全书》及其《总目提要》也非一人一力、一朝一夕所可奏功，但我们应该有这样的愚公移山的意识、意志和深远战略。商人、外国定居者、外交人员（身体力行撰写《日本国志》的黄遵宪即有"今之参赞官即古之小行人，外史氏之职也"之说，参见黄遵宪：《日本国志·叙》，见《黄遵宪集》，天津人民出版社2003年版，第382页；所谓"小行人"与"外史氏"，则曰："小行人之职，使适四方，以其万民之利害为一书，礼俗、政事、刑禁之顺逆为一书，以反命于王"，参见《周礼·秋官·小行人》；曰："外史氏掌五帝三王之书，掌四方之志。"参见《周礼·春官·外史氏》）、对外汉语教学工作者乃至于国际务工华人等都可以参与到这一汲取（双向传输交流）世界文明营养的伟大进程中，譬如通过撰写游记、日记、回忆录等方式——古代中国人不乏这样的优良传统。当然，这是以常识教育、通识教育以及相关教育科技政策等的完善为前提的（笔者另有相关论文专门论述）。关于世界体系分析理论以及不发达与"依附"理论，前者可参见［美］伊曼纽尔·沃勒斯坦：《现代世界体系第1卷：16世纪的资本主义农业与欧洲世界经济体的起源》，罗荣渠等译，高等教育出版社1998年版，［美］伊曼纽尔·沃勒斯坦：《现代世界体系第2卷：重商主义与欧洲世界经济体的巩固（1600—1750）》，庞卓恒等译，高等教育出版社1998年版；［美］伊曼纽尔·沃勒斯坦：《现代世界体系第3卷：资本主义世界经济体大扩张的第二个时代：18世纪30年代—19世纪40年代》，庞卓恒等译，高等教育出版社2000年版。后者即与国际政治经济学中新自由主义的"相互依存论"和新现实主义的"霸权稳定论"鼎立的"新马克思主义"的依附论，即 "the Dependency Theory"（See *Robert Gilpin, US Power and the Multinational corporation: The Political Economy of Foreign Investment*, London: Macmillan Press Ltd., 1975, p.27）——而非（儿童）心理学中的所谓"依附理论"或"依恋理论"——兴起于20世纪50年代（拉丁美洲）、鼎盛于60年代（除拉美外的其他许多不发达国家和地区以及不同社会科学学科领域——既可以视为现代化理论之一，亦可看做与现代化理论相颉颃），而式微于70年代（由于东亚地区以及其他一些新兴工业国家和地区的经济振兴和发展）、并在90年代再度引发关注（由于"全球化进程日益明显，资本全球扩张带来的消极后果引起了更广泛的注意，墨西哥金融危机，亚洲金融危机的相继爆发验证了依附理论的某些看法"），参见杨雪冬：《依附理论：关于不发达的开放性解读》，http：//www.cctb.net/zjxz/xscgk/200502240724.htm。

机构、大学、研究所以及宗教组织、民间机构、团体和个人的广泛参与，使某些西方国家在跨文化交流方面有着颇为厚实的研究基础，体现了西方国家跨文化交流中的主动和强势地位。当然，西方的这种人类学传统其实也是和所谓的殖民主义有着千丝万缕的关系——而且以上那种比照本身也容易被指斥为陷入了西方中心主义的窠臼，这是无可奈何的事情。其实，关于研究对象的多样化，就中国的情形而言，当然也要重视经济欠发达以及所谓文化相对落后的国家和地区，要表现出一定的广度——人类学的重要作用之一，不就是通过对异文化的考察来重新打量和反思自己的文化，破除"从来就如此"的偏见，寻找替代的可能性以及新的发展思路吗？眼睛盯着所谓文化先进、经济发达的国家当然有其必要性，其意义亦毋庸赘言，但我们同样不能忽略了对其他地区的研究和经验借鉴，包括其他的一些作用和启示。

第二，从研究的深度来说，中西在跨文化交流方面也存在着甚至颇为严重的不平衡现象。① 简单说来，就是西方对中国的研究已经非常全面深入，而中国对西方的研究却没有达到相应的程度和水平。这并不完全是跨文化交流中的所谓强势文化与弱势文化或所谓的文化主体性的问题，甚至不全是所谓的"文化失语症"问题，而是确确实实的现实和事实，即"技不如人"。甚至当自己祖宗的遗产都要由外国人来研究和发掘才能得到重新诠释和承认的时候——譬如"一经（外

---

① 这其实是一个老问题，1969年，联合国教科文组织在蒙特利尔的一次专家会议上便对"单向传播"问题展开了重点讨论，"单向传播显示出了发展中国家与其他国家间的力量关系特征，并因其单向性，'可能对国家间的相互理解造成问题'"。对传播新秩序的关注和讨论开始于对"垄断世界新闻传播的发达国家的四大新闻社之具有倾向性的、不正确的、非客观的和不合适的报道"的批评，此后亦续有关注研讨。详情参见［法］阿芒·马特拉：《传播的世界化》，朱振明译，中国传媒大学出版社2007年版，第94页。其实，这种"不平衡"也可以置于国际传播学的角度来进行分析论述，譬如国际传播上的"信息的不对称"问题，参见雷润琴：《传播法：解决信息不对称及相关问题的法律》，北京大学出版社2005年版。另可参见关世杰：《国际传播学》，北京大学出版社2004年版；关世杰：《跨文化交流学：提高涉外交流能力的学问》，北京大学出版社1995年版；［美］第默尔·库兰：《偏好社会伪装的社会后果》，丁振寰、欧阳武译，长春出版社2005年版。

第一章 人类学理论文本：文化、国界、个体、陌生化

国学者的）品题，身价百倍"的现象——尤其如此，尽管作为一个中国人来说，这种现象确实是一种莫大的讽刺和悲哀。在各个学科，我们都可以列举出一批所谓的海外汉学家，这批汉学家在中国学界颇有影响，其研究成果亦确实有相当的价值和分量。然而，我们有多少文化学术意义上的美国学家、日本学家、俄罗斯学家、英国学家、德国学家、法国学家、波兰学家呢？即使有，这些专家在其研究领域、在其研究对象国的学术圈内能得到广泛的承认、赞同乃至推崇吗？在每一个学科领域，中国有多少学者能取得世界性的学术声誉呢？我们在大量译介引入外国的学术研究成果，可是，我们能输出多少？像这样的质问太多了，最终的结果令我们汗颜不已！[①] 当然，以上这种断言并不是绝对的，在某些领域，中国学术界也偶然地产生一些大家，然而，从总体而言，中国学术界和西方还是有着很大的差异。

另外，这里还存在着一个问题：真正的人类学研究都应该是"心平气和"的，即要求客观和充分尊重对象文化，而不是居高临下的俯瞰，或别有用心的调查（譬如人类学调查研究与战争的关系等，这比较复杂）。然而，这里确实存在问题，譬如：学术研究层面的文化认知和现实文化交流层面的文化认知的严重不对等状况，换言之，专家、学者对某一对象文化的研究可以达到极其全面透彻的程度，而民众对此一对象文化的认知却仍然十分缺乏，或呈现出简单化、脸谱化的特点——美国

---

① 拓开一点讲，如上所述，西方国家在许多方面都有着比较成熟的发展以及运作机制。然而，在国外，很多问题早已经出现和引起关注，并因而早就已经解决——这也是国外的一些经验能够作为我们的借鉴的原因之一——他们正在力图理解、分析和解决新出现的问题。而作为一个外来者，带着自己国家的社会生活经验，对这些新的问题必然了解不多，他能做的或许仅仅是引介异域当时的解决方案，至于异域的新问题，因为外来者自身所具有的文化视野和结构的制约——似乎戴上了镣铐——却一时难以发言，所以也就难以进入外国本土的学术核心层——这也是目前中国学界还相对缺乏能直接和外国学术界的核心层进行对话乃至产生重要影响的学者的原因所在。

人对中国的了解便呈现出这样的特点。① 两种层面的认知之间有着巨大的裂痕和距离，缺乏必要有效的沟通。于是，第一，为什么出现这种分裂以及如何在两者之间进行有效的沟通便成为一个重要的研究课题。第二，除了"学术层面的文化认知如何转化为现实层面民众对他者文化的正确认知"这个重要命题之外，还有怎样处理书面文献认知与具体触摸体会对象文化的现实认知的问题，因为说到底，文化交流不能仅仅落实在书面文献的层面。文化交流的主体必须始终是人本身，而且必须是双向交互的，而不是书面文献的分析研究与被分析研究、解剖与被解剖、看与被看的单向权力关系。从这个意义上说，学术层面的文化认知仍只是文化交流的必要手段而非目的本身。只有秉承不同文化的人能够走到一起，才有可能真正做到文化的平等交流，这当然牵涉到许多极其复杂的实质问题，譬如主权、治权、人权、领土、民族主义、意识形态、经济形态等诸多问题。就目前的状况来看，一个比较现实的问题即全球化形势下秉承不同文化的民众的充分交流。然而，这里又体现了另一种不

---

① 一是跨文化了解方面（对外部文化社会的认知）的学术知识精英与普通民众之间的差异，同时也存在着自我认知方面（对内部文化社会的认知）的社会分层，换言之，一部分知识精英和政治文化精英对自我内部有着较为准确清晰的认识，而普通民众和国民则相对把握不准内部状况。如何在这两者之间进行有效的转化沟通同样是一个重要的论题。当然，知识和信息的分配不可能做到完全均衡，在社会分工的条件下，也不可能要求所有人都来关注所有问题，精英和普通大众在知识信息的掌握上永远存在差异；无论就有效政治统治、维持社会秩序还是就人的全面多元化发展而言，这种差异都将存在，某种意义上甚至是必要的。问题不在于民众掌握了多少知识信息，而在于，民众有没有机会和有效渠道来掌握这些知识信息，譬如受教育的机会、新闻自由、言论自由、学术自由、探究真相的权利以及诸如数据库、图书馆等方面相应的制度建设。任何社会都会存在着知识掌握上的社会分工或社会分层，关键在于这种结构层次之间应有合理而规范有序的流动性。有时，大众类似于丰富敏感的神经末梢，能够敏捷地感知并及时将种种或细微或严重的丰富信息材料（提供资料、情报等）迅速地传达到中枢神经，地位颇为类似于中枢神经的知识精英则对这些材料等进行进一步的区分判断（进行综合的社会学等的分析判断），做出适时合理的反应。所以无论是大众的鲁莽、急躁、偏激（譬如颇带贬义的所谓"愤青"吧，毫无疑问，他们爱国之心可嘉，尽管爱国的方式方法可以商榷），还是知识精英的审慎、理性乃至一定程度的反应缓慢，都是一个社会和国家的正常运转和发展所必需的，不可简单地畸轻畸重。关于精英与大众在知识掌握方面的社会学、政治学、社会心理学研究，窃以为这是十分有价值的一个研究课题。亦可参看有关"精英研究"的学术著述。

第一章　人类学理论文本：文化、国界、个体、陌生化

平等关系，即发达国家和地区的民众利用其经济、技术、政治等的强势地位而获得更多走出去的机会①——姑且不论在世界范围内跨文化交流

---

① 先撇开通识教育、常识教育、国民素质以及学术体制等方面的差异不论，这还涉及不同国家之间的经济发展水平、经济体制、经济形态等方面的差异。譬如由于处于全球化社会分工链条和体系下的不同的级差位置以及汇率异同等方面的因素，导致西方发达国家（包括像韩国这样后起的经济发展水平较高的国家和地区）无论是学术团体、个体学者还是普通国民都很容易到诸如中国、印度等发展中国家进行学术考察、田野调查、学术访问和交流、查找资料等学术研究活动，以及更加平常的游历，从而助长了跨文化交流过程中的不平等和不平衡状况，并将形成跨文化交流中的马太效应，进一步拉大跨文化交流中的差距，加重不平衡状况。"当个人的角色表现达到了所要求的制度标准时，尤其是，当角色表现大大超过了这些标准时，这就启动了一个积累优势的过程，在这一过程中，个人可以获得持续扩大的机会以便更进一步地推进他的工作。……这样，奖励、资源分配和社会选择等系统，就会通过为使科学家将其角色扩展为研究者而提供一种分层的机会分配，在科学中导致和维持某种阶层结构。有差异的优势积累，用《马太福音》《马可福音》和《路加福音》中的话来说，就是以这种方式进行的：已经给予的人还应给予，使他富足有余；没有给予的人，连他已有的也要夺过来。"不适当地套用中国传统思想文化的说法就是：损不足以奉有余。参见 [美] 罗伯特·K. 默顿：《科学社会学》，鲁旭东、林聚任译，商务印书馆2003年版，中译本前言第13—14页。试想，一个西方学者仅仅只需要一个月的工资就可以很方便地来中国考察一年半载，而一个中国学者即使积聚几年的工资也很难做到这点，这当然对学术研究活动的顺利进行和发展影响甚大了。这样的状况对世界和中国都造成了种种负面影响。就中国等发展中国家而言，愈加落后于世界文明发展潮流；就世界而言，愈加失去可能的合作伙伴，愈加使民主扩展与文明扩展事业步伐放慢乃至导致重大损失，并由于发达国家与发展中国家的贫富差距扩大而使包括西方发达国家在内的民主事业的正当性与道义性遭到质疑乃至抛弃，世界永久和平与和谐的理想与可能性遭受挑战与危机（尽管世界对民主的理念或有分歧）。所以，从中国等发展中国家的角度而言，应当在政治体制与经济体制或国内分配制度方面进行审慎的改革，以消除可能的政治上的不平等与经济上的贫困，并更快地融入世界文明进步进程中去；从西方民主发达国家的角度而言，则应在鼓励发展中国家进行审慎的政治体制改革的同时，积极引导和帮助发展中国家在经济方面和西方发达国家缩小差距并融入世界体系，只有这样才能使全球化进程真正得以建立，避免亨廷顿所谓的"文明的冲突"。事实上，这个问题亦可从国家法的角度来进行分析理解，一味地指斥发展中国家不遵守国际法，这既没有多少效果，也有将问题简单化甚至武断粗暴的嫌疑和弊病。换言之，在不同时致力于世界经济发展和国际经济平等的情况下而仅仅片面地要求政治同一与道德平等的做法并不切实（当然，某种意义上也可以说恰恰是政治与道德水平落后导致经济发展滞后，但两者事实上互为因果，那么，经济发展、政治体制与道德素质之间应齐头并进、相须而行），因而，更高水平上的国际法难以得到普遍遵守和实施也就不难逆料，因为国际法也必须以国际上的总体经济水平和道德水平为基础，而不能仅仅根据西方发达国家的单一政治标准（此外尚有诸如经济标准、道德标准和文化标准等）。"如果法律反映了现行道德规则，法律作为法律体系的力量就增强了，这对于国际法和国内法是同样适用的。国际法的逐渐发展像依赖于经济利益一样依赖于公共道德标准。公共道德标准越高，国际法越发展。因为，从一种立场来观察，国际法像国内法一样，是道德因素和经济因素的产物，而同时也是道德和经济因素有利发展的基础。"参见 [英] 詹宁斯、瓦茨修订：《奥本海国际法》，第1卷第1分册，王铁崖、李适时等译，中国大百科全书出版社1995年版，第31页。

频繁的西方国家①，东亚地区的日本（大学教员和学者的出国访学制度）、韩国（游学制度）以及中国台湾地区在这方面也有着相应的颇具借鉴意义的做法——从而在文化的交流上似乎表现出某种优势，但饶是这样，就文化交流的实现程度来说，这仍然是一种欠缺的表现，而非文化交流的优势。因为文化交流除了必须以人为本位，还必须是双向互动的。如果只能维持单向度的所谓交流，则"世界和平"或者"大同社会"的良好愿望就难以真正实现——因为单方面的理解并不能导致和平。这就牵涉到不同国家和文化的共同责任问题，限于篇幅，只能简单说说。

第三，从跨文化交流和（学术）研究的相关性来说，一方面是中国目前相对缺乏"立得住"的东西（与此相反的事实则是，中国却拥有极其博大精深的文化积淀和文化资源，也就是说，当代中国在跨文化学术交流现状中"立得住"的东西的"相对缺乏"并非意味着完全没有，毋宁说，这更多地意味着没有充分挖掘出种种文化资源以及进一步培养自身的文化创造潜力和创新能力），这种"立得住"的东西也是文化输出的重要泉源；另一方面则又同时缺乏"容得进"的胸襟和气度。（在其他领域也是这样，大的层面姑且不谈，在许多具体研究领域，我们仍然处于依附状态，这种依附状态既是历史地形成的——譬如知识自主产权以及各种行业的核心技术问题，等等——也同观念制度等方面的僵化有着重要的关系，这会直接导致国际政治文化科技交往中的被动地位。）这里当然有体制、文化传统、学术体制、教育水平、社会文化观念等方面的错综复杂的因素②（其实，关于跨文化

---

① 有意思的是，作为现代旅游业先驱的"大旅行"——英国人到欧洲大陆观光旅行——最初也是作为英国贵族子弟教育所不可缺少的措施之一。参见［英］杰里米·帕克斯曼：《英国人》，严维明译，上海译文出版社2000年版，第28页。
② 关于此一论题，一方面应该进一步追求和加强学术自主性，鼓励自由研究，建立起独立的学术共同体，以及诸如"同行评议"等独立的学术评价体系制度；另一方面，国家对文化科技政策和事业的宏观调度和结构协调等同样必要，尤其是在学术研究日益有着大型集众化、高度集约化的趋势发展的今天，发挥集体协作的优势（也即发挥所谓社会主义文化科技体制的优势，譬如社会科学院的文化、学术、科技制度安排等，同时尽量避免其弊端），

第一章　人类学理论文本：文化、国界、个体、陌生化

接上页注

在集中力量进行文化科技攻关，避免重复建设和浪费（当然要构造出适当的竞争和监督制约机制，以避免学术垄断以及抑制学术争鸣等负面因素）等方面，显得尤为重要。尤其是那些需要大量投入的、牵涉不同学科和部门的、相对冷门和基础性的学科，见效慢或没有明显的经济利益，但具有重大文化政治意义的论题和科研项目，更需国家的宏观规划和资金投入。当然，即便如此，仍然需要竞争性的合作：科学制度不可能设计得如此完美，以至于能够完全避免多重发现的"智力浪费"而达到最优的效率。事实上，多重发现也不能被视为一种"智力资源的浪费"，毋宁说是科学的积累、广泛普及以及为进一步提高和加速发展而打下的深厚良好的基础。一个人、团队、机构负责一项科研任务的一一对应的科技管理模式——譬如国家行政机构调控和直接计划等——看似避免了智力浪费，更有效率，其实恰恰由于缺乏竞争动力等因素而扼杀了科学研究的活力。质言之，在科学研究事业中，更重要的是竞争性的合作。正是在这个意义上，所谓的国家"智库"的重要性也日益引起各国的重视，成为各国国家智力的重要组成部分。要正确处理好"学术国营""国家参与"与"学在民间"之间的关系。其实，两者并不矛盾——正如严复论"中国分党"的思路一样："同舟而遇风，则胡越如左右手"，"西人之党，则各有所学，即各有所见；既各有所见，则无事之时，足以相安，及有所借手，则不能不各行其意而有所争于其间，其所执者两是，则足以并立而不能相灭。"（严复：《论中国分党》，参见拙文：《"与其言排外，诚莫若相勖于文明"——严复思想论衡》，未发表）——反而满足不同层面的任务和需求，共同促进学术的繁荣。"国家参与"是必要的，在诸如对大学学术研究机构、科研院所等的宏观调度和控制，大型国家课题，关乎国计民生的重要课题，集众式研究，以及各级学术数据库的建设等方面，国家能够并应该发挥出更大的作用；诸如大型国家课题等"学术国营"也是必要的，关键在于"国营"的具体方式方法，譬如要按照学术研究的规律，加强监督管理，采取严格有效的竞争和评估机制，等等。就国家仍然是国际政治中最重要的主体这一状况来看，还是要对所谓的学术完全"去国家化"有着更为慎重缜密的思考。否则，一味强调学术独立和自主（学术独立和自主当然是必要的），而完全无视国家参与的某些优势，则和那些羡慕在"学术国营"体制下能够有效进行一些文化科技课题、而单纯依靠自主科技体制则难以办到的一些外国同行们之间形成了一种"羡慕错位"。其实，在文化科技事业和政策方面完全排斥国家宏观协调和有效参与的国家几乎没有。关键不在于国家参与不参与，而在于参与的领域范围、形式以及如何参与。事实上，文化科学事业的统筹布局极为重要，国家便有必要制定出国际文化学术交流与深度参与的战略、制度建设与整体规划，建立整体的基础和框架，并推进细部的自由的、创造性研究。如此之后，期之以十年二十年，必有大收获。同时，亦应在"学在民间"方面不断加强。相关讨论，可参阅［美］默顿：《科学社会学》，鲁旭东、林聚任译，商务印书馆2003年版；以及关于科学社会学、教育学等方面的其他著作。此外，这里再次特别强调大型数据库建设的重要性。关于数据库建设问题，这既可以放置于世界

人类学理论视野下的跨文化交流

_____

接上页注

信息传播新秩序的理论视角下进行审视，也可以从"信息社会"的角度进行分析，关于后者，法国学者的思考具有重要启发和借鉴意义。出于对美国垄断世界大部分信息传播的世界信息传播秩序现状的忧虑，法国便"公开支持一种重新适应计算机通信网络的民族独立政策。'计算机通信'是他们首次用来表述技术综合的词汇，在他们看来，这种独立性将受到单一强国信息数据库的威胁，并'警告人们，知识（如实际发生的情况一样）将最终与信息的存贮相一致。让他人，也就是让美国数据库来负责组织这个集体存贮库并满足于取材其中就等同于接受一种文化异化，数据库的建立因此就成为了维护国家主权的迫切要求'。"法国甚至还为此成立了一个管理数据库跨边界流动的委员会。法国人意识到包括建立自身的数据库在内的信息自主的重要性："通信计算机技术应该开辟'一个全新的时代，因为负载信息就是权力'。信息通过自身的结构性角色，决定着建立'一个新的社会调节的全球模式'。"法国人因此敏感而准确地表达出了他们的战略担忧，并着手进行相应的战略应对和行动："数据库经常是国际性的。由于传递技术的发展，可以在地球上任何地点使用数据库存取数据，却无需交付很多关税。这一点对于某些国家有诱惑力，它们使用美国的数据库，而不去建立它们自己的数据库。乐于使用别国的数据库是出于这样一种信念，认为这种依赖并不比依赖任何其他外来的供应品更容易引起麻烦。但是，这里的危险具有另一种性质。信息与其组织结构和存储模式不可分割……知识最终将被整理加工，这是一向如此，而且知识最终将储备起来待用。把组织这种'集体记忆'的责任交给别人，也就是说交给美国的数据库，而只愿意查找它们，就等于是接受一种文化异化，设置自己的数据库对于保障国家主权是绝对必要的。"参见［法］阿芒·马特拉：《世界传播与文化霸权》，陈卫星译，中央编译出版社2001年版，第100、148页。另可参看汤勤福：《古典文献数据库的困境与敦煌学知识库的对策》，http：//www.zisi.net/htm/xzwj/tcfwj/2007-05-08-35532.htm。此外，数据库的建设也包括社会、经济、政治、军事、文化等领域，这些数据库甚至涉及国家的根本利益和核心安全，譬如大型门户网站的电子邮件系统、网络通信系统等对用户相关信息的收集等——值得注意和警惕的是，这些往往是由国外超大型公司或跨国公司所主导，这在特定情形下可能意味着重大危机，又譬如消费社会对消费对象的日益精细的分析和更具针对性的广告劝服也往往建立在相关数据库的建设和完善的基础之上。事实上，普世的、有竞争力的、先进的核心文化价值观、核心技术、数据库、世界性品牌、跨国公司等可以视为新的领土和主权形式，换言之，倘若某一国家在这方面劣势明显，便意味着早已在文化、经济、政治等多方面和多领域被殖民，乃至在领土、主权方面丧权辱国而不自知，这是事关国家根本利益的非常严重的问题，必须严肃对待。

交流，还有一个把握和处理好"一厢情愿"和"两情相悦"的关系以及所谓的"知己知彼"的问题。一个比较显明的例子便是中国近代史研究领域中的一些特点，譬如柯文在《在中国发现历史》一书中所阐明的①），兹不赘述。

综上所述，中国与西方在文化学术交流方面确实存在着一定差距，我们要做的便是正视这种差距，并寻找学习或"赶超"的方法，以及行动本身。

第二节 "有无相生"社会学：文化的常态与变态②

一般意见皆认为战争乃一种文化冲突的极端形式，其实，换一种眼光，战争未尝不可视为一种文化交流的特别形式，虽然这种文化交流是残酷的。在现代文明视野的审视之下，战争更应该是竭力避免的，但这也并不妨碍研究者挖掘出战争中所蕴含的文化交流方面的因素和意义。本节以本尼迪克特的人类学名著《菊与刀》为分析研读的中心文本，在谈及战争与文化交流之间关系的同时，亦提出了人类学和跨文化交流的其他一些重要理论命题，比如"有无相生社会学"；人类学对"天经地义"的天然警惕和质疑，对"不明而自在之物"的天然敏感和重视；"文化差异乃是跨文化交流的契机"；"礼与等级制文化"，等等。

一、战争作为一种特殊形式的跨文化交流活动

战争虽与军事直接相关，却亦有文化与学术的参与。战争中敌手的可怕往往不仅仅体现在军事上，还体现在文化上。"他们向西方传统文

---

① [美]柯文：《在中国发现历史——中国中心观在美国的兴起》，林同奇译，中华书局2002年版。
② 本节文字写就于2006年3月12日，主要以《菊与刀》为中心文本而进行相关的分析评述，曾稍有删节，详见罗云锋：《文化的常态与变态：战争与礼法——兼及"有无相生"社会学》，载《法律与文学研究》，第2辑，上海三联书店2012年版。

化叫板,无视西方国家强调的以人性作为基础的战争规则。"① 战争同时还应是一种文化行为,因此亦至少要将这些文化因素纳入。

打赢一场战争亦需要跨文化了解的协助。写出名著《菊与刀》的美国人类学家本尼迪克特,便是奉命来研究日本的,"命令要求我运用文化人类学家所知道的种种技巧,弄清日本民族是一个什么样的民族"②。此点颇具象征意味,因为早期的人类学家(包括探险家、传教士、外交使节等)常常和政府(包括宗教意味浓厚的政教合一的政府)的行为联系在一起的,譬如直接为政府的殖民和侵略政策提供指导(关于此点,亦可参看萨义德的《东方学》等书)。

战争同时也是一种文化冲突,不管双方如何界定对方的战争性质,以及冲突双方属于两种什么"性质"的文化。甚至侵略与反侵略,以及今天的所谓恐怖主义活动等,亦可在一定意义上归结为文化冲突。既然是文化冲突,就有必要"命令"或组织包括人类学家在内的学者进行研究。当然,研究人员里面必须包括历史学家、社会学家、宗教学家等,这种研究应该是综合性的。

质言之,战争同时也是一种文化冲突,而打赢战争也需要跨文化了解——其实孙子兵法里所谓的"知彼知己"大而言之亦可看作战争中的跨文化了解——包括当下全球化形势下的国际关系。也正是从这个意义上来讲,战争即跨文化交流的一种不得已的特殊形式,战争必然促进双方的跨文化了解——这是颇为滑稽却又十分真实的一种状况——了解对方的思维方式、生活习惯、价值观念以及作战方式等。某种意义上,战争以冲突的方式表达多元文化的重要性。当然,跨文化交流和了解的方法有很多,战争只是以文化冲突的表象达成了"无心插柳柳成荫"的跨文化交流的后果事实。无论是过去还是现在,战争动员都必须包括知识阶层的参与,即像美国为了战胜日本,或对日本进行有效

---

① [美]本尼迪克特:《菊与刀》,见本尼迪克特等:《日本四书》,线装书局2006年版,第1页。以下若无特别注明,皆引自该书,不赘注。
② 同上,第3页。

第一章 人类学理论文本：文化、国界、个体、陌生化

接管和改造，而命令人类学家以及社会学家、历史学家、宗教学家等学者、知识分子去研究日本一样，这种研究必然是综合的、跨学科的。事实上，人类学的这种颇难进行道德判断的举动（历来对之评价不一，或者乃为帝国主义的军事政治经济文化侵略事业服务的不光彩活动；抑或恰恰相反，为国家出力，为正义事业出力，或为促进文化交流和融合的事业服务）从人类学产生之初就一直存在。有学者认为西方最早的人类学可以从西罗多德的《历史》算起，因为西氏在书中对波斯与希腊的文化做了很多比较和描述——有意思的是，西氏的书也是一部关于战争的历史。

在战争中，双方常常要么互相将对方妖魔化——这是出于鼓动士气以及在心理上打击对方的目的；要么将对方陌生化，认为对方是"最难以琢磨的"①，"是一个极度可怕的对手"②。显然，这里的可怕并不仅仅在于军事实力方面，还在于文化上的不同，"必须把他们进行战争的方式，理解为文化问题而不是看作军事问题"③。不同文化对战争有着不同的看法，因而会相应地采取不同的战争方式，这根源于不同文化中成长的人不同的世界观、人生观、思维方式和情感表达方式等。相同文化传统中的民族和国家之间的战争，"彼此都可以预测"，因为他们的"文化传统，包括战争，都是来自同一源头"④。而不同文化的民族国家之间的战争则不同，譬如敌人可能极其野蛮，完全漠视生命的尊严，甚至以死亡为荣，因而对尊重生命的对手来说显得极其可怕⑤——这其实就是早期人类学的认知思路，即将异国文化想象为奇风异俗、古怪神秘的存

---

① ［美］本尼迪克特：《菊与刀》，第1页。
② 同上，第3页。
③ 同上，第4页。但这里又存在着某种隐含的预设以及危险的推论，从而走向诸如亨廷顿所谓的"文明的冲突"不可避免性的结论上。
④ ［美］本尼迪克特：《菊与刀》，第14页。
⑤ 这里有一个生动的例子，运用统计数字来衡量战斗能力的常常是比较无谓的，因为有的文化以保存生命为第一原则，所以对投降和被俘完全不以为意；而另一文化恰恰相反，由此造成俘虏的统计数字完全不能说明什么战斗力的问题，譬如当初的美军与日军就是这种情形对比。

在。以上两种想象常常要么导致对敌人的无情打击——既然是妖魔而且神秘,那么就无法理解而可以"捉妖打鬼",视之为魑魅魍魉而必欲除之而后快;要么直接导致了解对方的冲动,即跨文化了解,当然,这种跨文化了解的直接动机是战胜对方。而且,这种了解不能仅仅停留在书面文献的精致文化层面,而是至少还应包括对方老百姓的日常生活、情感心理、社会舆论等细致的层面,必须能够从对方自身出发思考其可能的动向,只有这样,才算真正做到"知彼知己",才能对敌人的动向了然于胸,因而运筹帷幄,决胜千里。战胜对方的首要条件是从对方的思维方式、行为方式、心理情感以及价值观念等方面进行设身处地的同情之了解,其次才能战而胜之——这就是战争的辩证法,也是之所以说战争亦是跨文化交流的一种形式的原因所在。说战争是一种特殊的跨文化交流,对人类学研究具有重要意义,还在于以下事实:战争时期的思维行动特征在和平时期往往是隐藏着的,战时则公开乃至以夸张的形式展示出来了,从而使人类学家对对方文化从常态和变态两个方面进行了把握,更好地促进了人类学家对异文化总体全面的研究和了解,而不是片面的印象。简言之,常态和变态合成事物的完整态,如果推演到人性,则是"常态与变态共同构成了人或人类的丰富完满的个性"。

有意思的是,本尼迪克特并未到过日本进行相应的田野调查,这对人类学研究来说几乎是一个致命的缺陷,但她却通过采取几种替代的办法而较为成功地克服了此一局限。其实历史研究亦是这样,譬如研究历史人物的心理时亦可采取种种替代性方法,其他的一些难以找到充分史料或即使有充分史料也难以进行精确分析的研究,亦可通过种种精巧的替代性方法来进行研究,扬长避短,尽可能地全面如实反映调查对象。具体来说,本尼迪克特采取了这样几种办法:第一,和在日本长大,现在则生活于美国的日本人面对面地交谈。第二,亲自研究日本的书面文献材料,或借助一些社会学家对日本的图书文献、历史事件、统计资料的研究成果。第三,大量阅读曾在日本生活过的西方人士的著作,这其

第一章 人类学理论文本：文化、国界、个体、陌生化

实就是间接采用其他人类学家的田野调查成果，因为"曾在日本生活过的西方人士"[①] 在某种意义上亦可被看成是人类学家。第四，日本人自己所写的"内心独白的书"——这种书和以上所提及的西方人观察日本人所写的书具有同样重要的意义：前者是主体自述和自我叙述，显得真实细微，但也有缺陷，"在描述日本时他们会省略许多真正重要的事情，因为这些他们太熟悉，像呼吸一样自然，因此没有必要再描写"[②]，也即所谓的熟视无睹和习焉不察的心理机制；后者是外来眼光的审视和观察，恰恰可以弥补前者的缺陷，因为以一个外来者的眼光看来，对象文化中的主体自以为稀松平常的现象恰恰显现出其特异性，因而能引起注意并进行描述。这样，从两个方面就可以对某一文化现象了解得比较全面了。这也是人类学研究中的常态与非常态的辩证法。第五，观看在日本本土拍摄的描写和反映日本历史或现状的电影，这些电影涉及日本生活的方方面面。当然，如果仅仅以这种单一的方式来了解日本显然不够，这种了解方式往往会造成误解，因为电影和真实的日本之间还是存在一个中介并有可能导致失真，但如果作为众多方法之一而共同参与到理解对方文化的人类学研究中，则自有其价值。第六，通过了解对象国家或对方文化的风俗习惯。第七，通过了解和研究对象国家或对象文化的"历史故事、童话以及节日庆典中的辞令"[③] 等。事实上，这些对我们如何认识外国文化以及外国人具有重要的启示意义——当然，还可以略作补充并作相应的说明。

所以，对于人类学研究来说，他所要关注的不是对象文化的容易被理解的事物，而恰恰是要"着重研究那些无法了解的事情"[④]。因为，或许这正是异文化的特异性所在，亦是两种文化的不同之处，更反衬了人类学家自身所在文化的不敏感、欠缺之处，因而亦是丰富和扩大的可能

[①] 夸张但却并非毫无逻辑线索地讲，"人人都是人类学家"，正如"人人都是历史学家"以及当代网络传媒时代所谓的"人人都是新闻记者"一样。
[②] ［美］本尼迪克特：《菊与刀》，第5页。
[③] 同上，第13页。
[④] 同上，第5页。

之处——尼采对"自己不理解的事物"的强调和关注正是基于相同的理由。

二、人类学质疑"天经地义",重视"自在而不自明"之物

人类学家不将任何事物视为普遍主义的、天经地义的、从来如此的,而是视为变动不居的、从历史河流中源源不断逶迤而来的。当然,这并不妨碍人类学家寻绎和归纳出关于某一对象文化的独特生活方式、心理习惯、人情风俗、社会结构等方面的范式、形态。如前文所述,人类学家具有一种特别的"陌生化"眼光和"超越性"能力,故可以在思考和分析问题方面比一般人走得稍远,而所谓"走得稍远",亦可指在时空两方面的深远探索,于是"见多识广",于是"见怪不怪",而倾向于以人类学、社会学的方式进行解释或理解。

正如本书第一节所论及的,日常生活因其不证"自在"性,反而显得"不证而不明"了,但日常生活恰恰是常态,对理解一个人或一个民族有着至关重要的意义,尽管我们也并不忽略反常生活及行为的重要性。有时,这种被人视而不见、不以为意的平庸、单调、呆板的日常生活会以两种方式证明其存在以及重要性:第一,与异文化的相遇和比较,使自己已失去了新鲜性的日常生活获得了参照意义而重新凸显出来。第二,失去、减少——总之是因质与量的变化而导致了陌生化效果或后果的时候,那种实"在"而若无的背景与日常生活便显现出来,从而臻于"有",即存在的"显现"。其实,文化自觉亦是借助于这两种方式而得以实现。① 一般情况下,我们常常只看见或许也只需要看见生活的一种面目,一种常态,一种刻板印象,但我们应该了解到,这是不完整的。刻板印象及常态生活给人以安全感和秩序感。但生活的变态却又

---

① 不妨参看费孝通:《人类学与文化自觉》,华夏出版社2004年版。而社会心理学的理论亦可证明这一点。譬喻,据说没有经过吵架考验的朋友很难说一定是真正的朋友,因为只看见了常态(从另一种角度来分析便是非常态)而未看到非常态(同样,从另一种角度来分析便是常态),只有两者合起来,才算拥有了完整可靠的整体印象和判断。

第一章 人类学理论文本：文化、国界、个体、陌生化

常常内在于常态生活之中。

这也涉及常态或其错位问题。对一个国家的想象和认识也是这样，我们常常据变态而形成对某个民族或国家性格的印象（刻板印象）——这是错误的；而正确必要的刻板印象——这是不可避免也是必要的——却没能树立起来。这种错位导致不同国家、人在交往过程中的错误判断、决策以及一系列的错误后果。① 这牵涉到错误知觉与自证预言的关系。自证预言是由于错误知觉的后果反过来巩固知觉的错误，并进入一个知觉错误（巩固）的循环链条，于是再难解开，而成为自证预言。其实，许多文化冲突不正是因为这样而成为难题的吗？所以，我们在进行人类学研究时，应该明确这一点，对象文化中的人们"每一种行为都可能很重要"②，而不仅仅是对人类学家而言的特异行为（错误知觉）。而对于所谓的特异行为，也不是简单地宣判其荒唐不经，而是仔细寻绎其内在历史脉流中的深层原因，再试图找出相应的理解和解决方式。

具体到国际交往中，对于某一行为，不能仅仅以本国文化的眼光来打量，以为对方是民族主义歧视和欺凌，而必须弄清楚其一贯的行为方式以后再做判断。造成中国近年来和外国关系隔阂的一些事情亦必须加入这一思考维度。

青年的恋爱中何尝不存在这样的错误知觉！青年男女以通常的眼光来看待和理解对方的言行含义，而假如对方恰恰并不属于这通常的群体中的一员，而以另一种眼光和姿态来进行自己的言行并理解青年男女的言行，则两者之间的错位不可避免地产生。国际关系领域亦如是。③ 双方各以自己的文化观念来揣摩、解读和评价对方的语言、行动，于是误会在所难免，当然亦有弄巧成拙和弄拙成巧的种种分别。一个对恶毒的

---

① 详细论证可参阅［美］罗伯特·杰维斯：《国际政治中的知觉与错误知觉》，秦亚青译，世界知识出版社2003年版。
② ［美］本尼迪克特：《菊与刀》，第14页。
③ ［美］罗伯特·杰维斯：《国际政治中的知觉与错误知觉》，秦亚青译，世界知识出版社2003年版。

咒骂行为极端蔑视而置之不理的人，与咒骂的人，双方都实现了各自的目的，然而却是在一种错误知觉或知觉错位的基础上实现了表面上的"和平"。了解对方的文化而以自己的标准来衡量胜败，并因此或自诩或愤怒，都是错误表达的情感——我们的情感或许真实，但却往往是错误的。这对多元文化的共处问题亦有启发意义。

三、文化差异不是放弃了解和交流的借口

然而，一个人应该如何正确地认识外国呢？譬如一个中国人如何认识美国，这是有多种方式的。

如本章第一节所述及的，本国人看有关本国的电影和外国人是完全不一样的。质言之，想象力不是可以无条件地无限扩展的，它受到文明或文化基础的限制。从人类学的角度来说，一种文明体系中的人往往很难想象到另一文明体系中的一些习俗和事件，认为简直是不可思议，无论你有多么出色的想象力。

但不能因文化及基于其上的想象力的差异而放弃了解和交流的努力。"作为研究者，如果觉得这些差异太大，并且认为因此无法认识日本民族，这种想法是非常危险的"[1]，因此将对方妖魔化并为无情消灭对方寻找理由则尤其可怕。不能因为难以理解而放弃交流、理解乃至解放、启蒙的道义责任，即使显得具有强制启蒙的嫌疑。譬如，战后美国对日本的民主化改造——当然，这里确实存在着理论和实践难题：解决文化冲突或文明冲突的方式确实棘手。这涉及以下问题：战争、强制启蒙（同化）、小泉八云所谓的"文明扩展"、亨廷顿关于"文明的冲突"的分析、普遍人权与主权之间的关系等等。

"人类学家的研究已经证明，没有任何一种差异是不能理解的。这种差异，对于人类学家来说，不但不是障碍，反而是一种资本"[2]，这种

---

[1] ［美］本尼迪克特：《菊与刀》，第7页。
[2] 同上，第7页。

第一章 人类学理论文本：文化、国界、个体、陌生化

资本的意义就是自己身处其中的主体文化变得更加敏感、细致、丰富和具有扩展的可能性。除非你不愿意或没有花费工夫去理解，否则差异本身不能构成文化交流和理解的障碍，而恰恰是可能与必要性的证明。理解他人或异文化需要付出努力。理解差异即是扩展个性与文明，"读这本书（指罗维的《原始社会》——笔者注）使我的心灵可以逃出那种短视的、土耳其浴似的气氛，在那里面，我的心灵被哲学思考的练习所囚禁。我的心灵一旦进入自由的天地，觉得鲜活，充满活力。像一个城市居民被移到山上一样，我沉醉于宽广的空间中，惊讶的眼睛审视环绕四周的财富、多种多样的事物"①。扩展之可能正说明了理解之可能。事实上，这种文明或文化的扩展也包含了人的理解能力以及想象力等的全面扩展。事实上，"人类"的人性也是因其丰富趋势而趋向同一性，即是说，互相整合后的人性相同的特质愈发增加而显得像有一种趋同的趋势，这正和历史的合力机制一样。

与小泉八云在分析描述日本人的同时却反思西方文化的做法相似，本尼迪克特在研究描述日本（文化）时也常常是对照美国的，因而使第三方阅读者（譬如中国人）能同时了解日本人和美国人以及他们的区别，并且由于作者意在研究日本而非对第三方进行别有用心的宣传或宣扬、自夸本民族，第三方读者于是对其不经意间流露出的对研究者的主体文化的三言两语的评述更加相信——这种非劝服式言语导致的信任机制是可以得到社会心理学的实验结果的验证的。事实上，人类学文本常常能起到这样一个作用。我们不喜欢别有用心的、目的意图明显的论述或者灌输，所以我们在打量他人时会更加重视和相信不经意间流露出来的特征，或旁人的评述而非自述。这种心理当然亦可以被"聪明的人"别有用心地利用。

真正的人类学研究都应该是"心平气和"的，即要求客观和充分尊

---

① [法]列维·斯特劳斯：《忧郁的热带》，王志明译，生活·读书·新知三联书店2000年版，第61页。

重对象文化,而不是居高临下地俯瞰,或别有用心地调查(当然,战争的情况比较复杂一些)。然而,这里确实存在问题,譬如:学术研究层面的文化认知和现实文化交流层面的文化认知的严重不对等状况,换言之,专家、学者对某一对象文化的研究可以达到极其全面透彻的程度,而民众对此一对象文化的认知却仍然十分缺乏,或呈现出简单化、脸谱化的特点——美国人对中国的了解便呈现出这样的特点。两种层面的认知之间有着巨大的裂痕和距离,缺乏必要有效的沟通。于是,第一,为什么出现这种分裂以及如何在两者之间进行有效的沟通便成为一个重要的研究课题。第二,除了学术层面的文化认知转化为现实层面民众对他者文化的正确认知这个重要命题之外,还有怎样处理书面文献认知与具体触摸体会对象文化的现实认知的问题,因为说到底,文化交流不能仅仅落实在书面文献的层面。文化交流的主体必须始终是人本身,而不是书面文献的分析研究与被分析研究、解剖与被解剖、看与被看的单向权力关系。从这个意义上说,学术层面的文化认知仍只是文化交流的必要手段而非目的本身。只有秉承不同文化的人能够走到一起,才有可能真正做到文化的平等交流,这当然牵涉到许多极其复杂的实质问题,譬如主权、治权、人权、领土、民族主义等问题。就目前的状况来看,一个比较现实的问题即全球化形势下秉承不同文化的民众的充分现实交流的问题。然而,这里又体现了另一种不平等关系,即发达国家的民众利用其经济、技术、政治等的强势地位而获得更多的走出去的机会,从而在文化的交流上似乎表现出某种优势。但饶是这样,就文化交流的实现程度来说,仍然是一种欠缺的表现,而非文化交流的优势。因为文化交流除了必须以人为本位,还必须是双向互动的。如果只能维持单向度的所谓交流,则必然导致"世界仍不太平"的局面——因为单方面的理解并不能导致和平。这就牵涉到不同国家和文化的共同责任问题。

其实,真正的人类学研究可以看作一种宽泛的文化研究,其研究范围和内容几乎是无所不包的。当然,不同的研究团体有不同的侧重点,但从整体上则体现出希望全面了解对象文化的目的，譬如美国的智库对中国的研究①就体现出了这个特点——其实，第二次世界大战时日本对中国的研究何尝不全面深透。只是因了现实政治以及权力的需要，而给予某些方面以更多的关注而已。人类学从其产生过程来说，确实和政治有着千丝万缕的扯不断说不清的关系。但人类学作为一门学科则应该摆脱政治的干扰和影响，尽管其研究结果本身不可避免地可以被政治所利用因而具有其政治意义。这是无可奈何的。

四、人类学与"从有看到无""从无看到有"

补充出必要的中间环节，可在任何事物间建立复杂的逻辑关联。人的一切行为都不是空穴来风、无中生有，而是有其前因后果的，无论因与果相距多么遥远。关键在于要以社会学、心理学的理论方法等分析出来。一件极其微小是事情或许也关涉超越时空的诸多关节——此论斯宾塞亦言之。② 譬如，在《菊与刀》的分析中，天皇以及日本人的其他"怪癖"都只是一种象征，真正关键的是象征背后的观念和意义，譬如邪恶的元首观念等。对于日本人而言，天皇像上帝一样只是一种象征，以便大家都能方便地将所有事件的原因归结在其身上，他是后见之明偏见得以顺利发生的方便手段。

"人类社会在发展过程中，总是会自发地设计自身的生活模式，它会对某些事情的处理方式给予认同。这些事情的处理结果就是整个社会存在的基础。"③ 人总是倾向于为自己立法和寻找合理性，或自发趋向合理性。历史社会生活是这样，生物学理论亦复如是，而有诸如看不见的手、上帝之手、历史的合力、系统论等理论说辞。

战争的双方都自以为正义，关键在于双方对正义的理解不同，尤其要命的是，似乎没有什么人可以裁决这两种正义观，于是兵戎相见，以

---

① 参见《环球时报》，2006年1月26日。
② 参看[英]斯宾塞：《社会学研究》，张红晖、胡江波译，华夏出版社2001年版，第1章。
③ [美]本尼迪克特：《菊与刀》，第8页。

武力求合法性，最终导致的结局使得正义的裁判似乎只有武力和强权。"有些行为并不一定是坏的，事实上，它跟我们想象中的并不一样"①，在人类学中，没有好坏善恶之分，而只有不同而已？有时，并不意味着坏，而只是意味着不一样？如何处理文化交流、冲突中的善恶伦理观念的冲突（譬如自由主义中所谓的"不可通约之善"），始终是跨文化交流、多元文化等政治哲学的一个棘手而意义重大的论题。放大了看，是否可以意味着，冲突都是文化的冲突，包括个体文化（世界观、人生观念）的冲突？面对这些问题，人类学仍有其基本政治哲学和伦理立场。"现在，我们只是研究在不同的文化习惯下会产生什么样的行为，并不是为这种暴力行为辩护"②，在人类学研究上亦是如此，我们既不干涉他们的生活习惯和习俗，也不是完全认可其行为尤其以主体文化来观照的野蛮暴力行为。不干涉的原因在于，其习俗是由其历史和文化传统所自发塑造而成的，既有其历史根源，又有其内在的社会功能，在其文化传统和社会结构仍然存在和发挥作用的情况下，外在的草率的启蒙或干涉改造往往会造成许多问题，所以一定要审慎。而不认可的原因则在于，我们不能以对象文化中的野蛮或邪恶现象（声明一点，这仍然是以主体文化的标准来看待的结果），为自己主体文化中相似的邪恶现象辩护，因为两种文化体系有着不同的文化传统以及不同的社会结构和社会规范秩序。

"要想完成这个使命，必须具有某种坚强的精神和宽容的心态"③，"心态强硬（此语翻译可能有微小语义差别）的人则认为这种差异天经地义，理当存在。他们的理想是建立一个存在差异却很安全的世界"④，"对民族差异要作系统地研究，除了要有坚强的意志外，还要有一种大度的气量"⑤。这对一个人类学家来说确实是必要的素质，人性之所以扩

---

① ［美］本尼迪克特：《菊与刀》，第9页。
② 同上，第26页。
③ 同上，第9页。
④ 同上，第10页。
⑤ 同上，第11页。

第一章 人类学理论文本：文化、国界、个体、陌生化

展的根源便在于这种宽容大度的器宇（小泉八云），以及对差异、变化、多样性等的包容和宽容。"人类学认为人类的唯一限制是空间的因素，人类的存在给地质史意义下的地球所经历的种种转变赋予其意义，而此意义是历经为数甚多，如同地球的种种动力般无名，甚至不为人知的社会，累积无数个时代持续不断的辛勤劳作的结果。人类学给我带来智识上的满足：作为一种历史，人类学把世界历史和我自己的历史这两个极端连结起来，因此显示了两者之间共有的存在理由。人类学以研究人类为其目标，使我得以免除疑虑，因为人类学研究对所有人类都具有意义的种种人类与人类之间的差异与变化，而不研究专属于某一个单一文明特有的事物，那些特殊的事物在外来的观察者的注视下都消失为乌有，不再存在。最后，人类学满足了我前面提过的那种永远跃动、深具破坏性的口味，因为人类学提供我一堆事实上永远无穷无尽的研究材料，习俗、礼仪和制度样式之繁多，永远研究不完。人类学使我的个性和我的生命之间得到和谐。"① 但这里也存在着一个问题，即人类学研究中的"一厢情愿"的宽容能否真正收到成效？譬如，如果对方没有大度的气量，譬如法西斯非要置犹太人于死地而后快呢？不可通约的你死我活的价值观（宗教狂、原教旨主义、法西斯、亡命之徒等）能否共存？在政治哲学上，难道要采取隔离主义的方法，造成民至老死不相往来的局面，从而有效地避免文化的冲突？

人类学文化研究对自己的研究成果要时刻保持一种怀疑精神，研究成果必须进一步修正开放，这是研究主体对自身亦难避免的文化成见、先见之明等不利因素的必要的谨慎和谦虚。

"每个民族都不太可能自己讲得清他们的思想和行动习惯"②，这就是所谓的"当局者迷"，当局者常常不能真正分清楚主次、常态与变态，他会错误地省略重要的但却平常而司空见惯的背景，而错误地强调和夸

---

① [法] 列维·斯特劳斯：《忧郁的热带》，王志明译，生活·读书·新知三联书店2000年版，第60页。
② [美] 本尼迪克特：《菊与刀》，第9页。

大不平常的事物。所以，人类学家有时要分别向本国人民和对象文化国家人民叙述和解释对象文化，而这两种任务有着不同的实施策略和要求，一旦错位，则两方都不讨好。对待旁观者和对待当局者应当有不同的策略要求。

统计当然显得证据确凿并具有科学性，但有的事情无法也无须统计，或者代替性的统计和分析就足以说明一切。所以社会学家和心理学家凡事都通过统计来说明的做法，与从不借助于统计和图表分析的做法，一样不正确。譬如，对于有些文化，统计调查本身就是对其文化的内在破坏；另一方面，统计调查可能得到一些错误的或毫无意义的数据。

战争的运筹者和指挥者常常在胜利的目标指引下进行军事部署和战略安排，却从未以（彻底）失败的结果来设想战后的安排（甚至没有设想彻底胜利后的安排），这样的一味追求胜利的军事指挥家算不上战略家，而根本就是不负责任的、糟糕的军事指挥者，军事上尤其要重视"从不可能看到可能""从无看到有"和"从有看到无"的意识和能力。"一些日本俘虏所提供的供词也证实了这些看法。与西方战俘不同，日军战俘被审讯时，不知道哪些该说，哪些不该说，他们的答案个个都不一样。显然，这是因为他们没有受到过这方面的训练，以应付这种被俘后的审讯。这可能源自日本一贯坚持的不投降主义"①，"日本军队明文规定：严禁投降，所以，在战争前线他们不再对此做特别的训练"②，"一些日本军人被俘后竟然会与敌人合作。他们没有受过这方面的训练，根本就不知道投降后该怎么办"③……这些现象意义重大。

对本尼迪克特及美国来说，现代战争已不是简单的输赢问题（其实古代的很多战争也不是简单的强力的争斗），而是涉及一系列文化问题——这里所说的文化当然是一个宽泛的概念——还要思考打赢之后的

---

① ［美］本尼迪克特：《菊与刀》，第22页。
② 同上，第25页。
③ 同上，第27页。

有效接管问题。人类文明的进步和世界舆论的存在使得现代战争即使胜利也不可能采取种族灭绝的形式，而更多的是尊重作为对手的民族—国家的文化，并在深入了解其文化的基础上实施占领后的有效接管、统治和改造等。秉承这种理念来进行战争，则无论输赢，其战争的初衷都是一种文化交流，而战胜后如果要有效接管和改造战败国，则必然更是在充分考虑和尊重对象国文化的基础上进行的不违背多元文化宗旨的文化交流和文化融合的过程。当然，此一过程不可能始终都是心平气和的，在具体操作过程中肯定有诸多冲突和碰撞，需要清明的理性和审慎踏实的手段。对于这点，古往今来的很多思想家都提供了十分有意义的积极态度和方法，远的不说，近的就有譬如查尔斯·泰勒对加拿大魁北克问题的论述——他在解决这些文化问题时曾充分借鉴吸收所谓的"利马窦主义"的思想。

五、礼与等级制文化

如果说美日之间的战争是"等级制文化"与平等精神文化之间的文化冲突，即"世界各国各安其所，各守本分""使万邦各安其所、安守本分乃帝国矢志坚守之国策"相对于"人生而平等"，那么，"二战"时期美国等盟国和德国法西斯之间的战争又是什么文化冲突呢？其中仍然有等级制文化以及纳粹主义、极权主义、军国主义、帝国主义、种族主义等的深深印痕在内。

不平等并非必然意味着专制或霸权主义，当从其文化传统和社会结构本身出发来分析解释时尤其如此。即使有同一概念或现象，当不是以孤立的眼光而是将其置于社会结构与文化传统中以整体的分析来打量时，便往往具有十分不同的含义，包括不同的道德意味。事实上，从哲学上讲，如果联系到整体，则不存在同一的孤立的现象。

一般说来，美国人真诚地信奉平等原则，在国际交往上也不会背离此一轨道，即使存在少部分像汉密尔顿这样的人物，沉迷于贵族化的社会秩序。世人之所以这样坚信，在于美国文化中的平等原则已经深入到大部分美国国民的集体意识中，成为文化史、心态史的一部分。但秉承现实主义论调的国际关系学者有不同意见。

"礼"是一种社会规范，亦是一种社会控制形式。当这种礼仪规范以制度化的形式予以传播、教化和确认——譬如从小学到大学的持续教育——并被灌输到此一国家或民族的每一个体从而成为统一的规范时，这样的礼仪就能发挥其社会结构与稳定的作用。（1）学校教育与家庭教育的一致性（公与私）；（2）全国统一性（而非地域性）——这在地域文化差别大而且人口流动大的国度则不利于社会结构的稳定；（3）教化的原则必须与社会现实实际通行和发挥作用的原则相一致（而不是虚假意识形态或虚实二元分裂意识形态）；（4）礼仪本身之明确统一性。倘若这些方面出了问题，施教方与受教方于是难以建立有效的默契，而这种默契恰恰是发挥礼仪组织社会和方便生活作用的关键所在。如果是一个等级制社会，这些规范确实必须制定出来，否则民将不知所措，甚至小到一对夫妻回家进屋子或进电梯的先后顺序的问题都会造成极大的麻烦。而平等主义精神的国家则无此苦恼，自然随意，而不在意甚至根本就不会意识到谁先谁后的问题。

"礼"有不平等的一面。在不平等的等级制中，其尊重并非针对和落实在人本身，而在于笼罩在特定人身上的外在属性，譬如地位、职位、年龄、身份、服饰、场合等。至少在当代中国，还包括财富、权力、知识等。"礼"亦有形式主义的一面。当礼成为一种形式或习惯时，其效能并不相同。形式主义或仪式性的"礼"在于功利主义或实用主义地应付外在的压力（譬如来自统治者的压力、从众压力等）。中国人对上级的尊称有时还建立在利害关系的考量上，即害怕报复（穿小鞋）或得不到公平对待——即害怕得不到利益甚至是额外利益。

但礼又总是应答性的或交换性的，这种应答和交换甚至从总量上呈现出某种对等的态势——即使是采取各个领域交叉补偿的方式。譬如对掌握一定实权的人使用尊称，换回的便是客气的对待以及顺利办事等。根据"礼最终都是平衡的"这一礼仪守恒定律，礼的某种形式上的不平

第一章 人类学理论文本：文化、国界、个体、陌生化

衡必然会在实质上得到补偿，即礼的优势方必然要承担更多的责任、义务和操劳。事实上，从心理学上来说，存在着一个"心理能量的守恒定律"，譬如"自尊的守恒定律"，这种守恒定律常常采取拆东墙补西墙的补偿形式——弗洛伊德的理论说的是同一个意思。

表面化的权力关系与虚假的意识形态有着异曲同工的效能，它们都反映了社会结构的实质，即外在强制与内在变通的灵活结合。

在等级制文化国家中，即使某一应被尊敬的人已经失去了其权力也仍然不影响其获得尊敬，这种尊敬是由整体社会结构与权力关系所决定的，所以即使某一（部分）特定具体分子发生了变化，由于整体性分母的强大力量制约，此一分子仍能享受到尊敬，这是分享了此外绝大多数的分子保持原有结构的好处。反过来，如果绝大多数的分子都已发生改变，即使某一分子之强权仍然无比强硬坚固，却再也无法维持下去了。到那时，连表面化的权力关系也会被抛弃。"在太平洋的某些岛屿上，首领亲自行使权力，在其他的岛屿上，首领的权力又被转交给别人，但这并不能否定他神圣的身份。"[①] 这种尊重甚至并不直接地与权力联系在一起，换言之，更高层次的权力庇护和维持才是其被尊敬的真实原因，因此，在等级制文化社会中，权力总是尊敬的实质原因，无论这种权力或远或近，或隐或显。

在一个较为严格或较有规则法度的等级制社会或礼仪社会（等级制大致可分为人治等级制与法治等级制），自我表明身份并非是炫耀自己，而是一种责任，以方便对方识别自己并知道该如何合适地对待自己。其衣食住行以及各种生活方式也必须符合这种身份而非随心所欲。换言之，处于或隶属于礼仪等级的所谓上级或优势层级，这一状况完全不意味着无法无天、逍遥自在，反而可能意味着更多的自由限制，其替代性或补偿性满足则是获得更多的尊敬和并不可滥用的权力（当然，并无规则法度的人治等级制社会即礼崩乐坏的等级制社会则又不同）。作为礼

---

① ［美］本尼迪克特：《菊与刀》，第42页。

仪社会中的韩国人之所以爱问陌生人年龄大概亦如是。既想获得不平等的更多的尊重,又不承担起相应的责任和对其自由的限制,这样的好事,绝不是真正的礼仪社会(法治等级制)中可能发生的。

"礼"甚至重新规范着物理时空。贱民是古代日本社会最下层的等级,"就连从他们居住地经过的道路也不被计入里程"①——物理性的时空在文化中却有着不同的含义并被区别对待。

日本农民到大名门口闹事,幕府接受了农民的要求,而带头闹事的农民仍然要被处以死刑。这一现象在当代法律看来显得十分荒谬:承认其要求之合理并据此判理,却又同时宣布提出合理要求的人违法并判处死刑! 既知如此,农民又怎会甘冒必然死亡之命运挺身而出?然而,这就是事实,人类学事实,看来不容易理解,却是千真万确的事实。后者得到了荣誉的酬报和补偿。

东方色彩的权力制衡,即为维护总体或最高权力的专制而对位于其下的下级权力采取制衡策略。即专制政权以权力制衡的方式来管理其权力——所以说东方没有权力制衡的意识和资源是不确切的,关键在于其发挥作用的方式和层次。权力不仅仅是一个获取的问题,还有一个管理和持续保有、使用的问题,所以权力的委托和再委托(甚至是层层承包)现象(代理制)也在所难免,这便必须以制衡的方式来进行——此一论点类似于费孝通书中提及的对中国古代民主的某种启发性的论述②(亦可参阅中国古代政治制度史中有关制度设计方面的论述,大体来说,古代中国的统治者在设官分职时,往往基于猜疑和防弊等背后深意,而对权力代理和分享有着极为精心的制度设计)。

其实,等级制和平等制在一定意义上亦有着相似的制度设置的动机,换言之,等级制与平等制的目的都是要予人以安全感,并由此进行着配套的社会结构安排和配置——当然,这是制度起源问题上的目的论

---

① [美]本尼迪克特:《菊与刀》。
② 费孝通:《乡土中国》,人民出版社 2008 年版。

思路。功能论的取向次序正好相反。"只有生活在规范里，人们才能获得安全。因此，衡量一个人是否勇敢和完美，就是看他是否严格遵循了这些规范。在一个规范的世界里，世界是可知的，也是可以让人踏实的。而规范本身并不是无形无色的，他们是具体化了的东西。细致到什么场合该做什么事，什么人该怎么做，以及家庭成员应该如何守住规矩等等。"① 规则的效用至少应满足两个前提：（1）规范本身必须明确且神圣不可侵犯，起到了类似于法律条文的作用；（2）违反规范的人必须被惩处。

明确而神圣的规范不会让人变得软弱和温顺，相反，让人变得勇敢自信而坚持，因为明确自身的权利而理直气壮，同时有强大的国家机器的保障和卫护。野蛮人的勇敢与现代人的勇敢不同。进入文明社会后，勇敢从来就不是一个人内在具有的，勇敢的人总是必须有所仰仗依赖的人，不管他仰赖的是什么规则或社会力量等。换言之，在文明社会，勇敢总是社会性勇敢。

壁垒分明的阶级态势与互相渗透的阶级态势，前者更容易爆发对抗性的冲突和革命。论者多以为中国古代并无阶级区分，而只是一种阶层的分化，那么，当下中国的阶级或阶层状况又如何呢？

第三节 重审文化家园：
以陌生化的眼光打量本国文化②

一、主体文化的陌生化与熟悉化

一方面，人类学家在进行田野调查时，要虚心倾听当地人对自己的

---

① 费孝通：《乡土中国》，第43页。
② 本节文字大体写就于2005年8月19日，曾略有删节发表，详见罗云锋：《以陌生化的眼光打量本国文化——"人情"分析的人类理论前提》，载《同工异曲：法律与文学研究》，第3辑，上海远东出版社2014年版。

社会、文化和历史的叙述和表述。另一方面，人类学家基于田野调查并抽身出来进行的分析反而比当地人更能说明对象文化社会的深层结构。这一现象说明，即使你生于并生活于某一个社团或共同体，你其实仍然有可能是一个异乡人——如果你对其中的规则、习俗和文化一无所知的话。所以，以这样的文化缺失而生活于此一文化中，你往往会显示出很多的不适应；或者即使生活其中，却懵然不知自己已成异类。然而，如果是这样，你却可以以人类学的角度来打量你从小便置身其中的文化共同体，这对在这种文化共同体中受到熏陶和教育而成长起来的其他人来说，却并不大可能，因为他无法或很难获得一种陌生人的审视眼光。然而，又是什么使得对自己置身其中的文化一无所知的人获得一种陌生人的眼光，对自己的祖国获得一种异国情调呢？这是由两种原因所造成的：第一，他或许习得了一些行为规则和思维习惯，但这些规则和习惯却只在一个小范围内譬如家庭、村庄、街道、社区、学校或小群体中发生作用，或者它们是处于边缘地位的规则和习惯，而处于主流地位或起通行作用的全社会的行为规则和价值观念却是另外的一套，这样，两种规则、习惯乃至文化之间便会存在着差异。当两者相遇时，以一种边缘化的文化眼光去观察主流的文化习俗，自然便会产生一种异样的、陌生的乃至异国的隔阂乃至冲突的情感。第二，书面的文化传统、行为规则、习惯或价值方式等，与现实的文化和价值方式并不一致。如果一个人相对更多地接触书面文化传统，自然会与现世文化产生隔阂而导致文化的异国体验——因为尽管文化有着遗传性，却仍然有变异，而且文化的遗传性是有选择性的，并且会随着时间的久暂而有不同的遗传效果；尤其重要的是，在世界文化交流越来越频繁的状况下，这种书面的文化传统便不仅仅意味着本国的，甚至包括世界的其他遥远的地方，所以，在这种书面文化传统中成长起来的人——所谓的"读书人"，基于时空两维的超越性体验，自然有可能对自己的文化共同体产生出一种异国的陌生感，而获得文化人类学的视野。其实，即使他受自己置身其中的文化熏习巨大，假以一定的超越性反思，他仍然有可能获得一种人类学的

第一章 人类学理论文本：文化、国界、个体、陌生化

视野，这甚至亦可包括任何文化个体，换言之，任何人都有可能成为一个人类学家（人人都是人类学家）。以下稍微提及个人有关人类学的一些思考。

所谓远虑，有时指的是"从有看到无"，或"从无看到有"的能力和意识。但这种能力意识的获得，却与"见多识广"有着莫大的关系。所谓"见多识广"，便是在时、空、情、智识等层面的不断扩展，而后乃能提供一种替代性。就此而言，所有的书籍和阅读能增加人的智识，因而亦能扩展人的"从有看到无"和"从无看到有"的能力意识，譬如历史学是从时间层面扩展，人类学便主要是从空间层面扩展（深入到其他文化体系，当然也包括在时间层面的扩展），所有学科的学习阅读等都是智识层面的无限扩展。

文化的断奶。孩子在一岁左右的时候便被断奶。可是，为什么要断奶？断奶又是否造成文化或两性上的一些后果？有无文化上的断奶？当一个国家、共同体或文化体系不再重视历史学、人类学、对外交流以及文化历史传承时，从某种意义上讲，就有可能在相当程度上造成文化的断奶，导致此一文化的日益停滞。

人类学告诉我们，文化往往是综合因素造成的，而非单一因果关系。比如，地理气候因素是人类学分析的重要方面，但仅用地理气候因素，很多人类学的事实都无法解释，尤其是，地理决定论的问题更多。

人类学破除本质主义、决定论、必然性、普遍主义、历史决定论等。人类学可以破除历史决定论，展示历史并行发展的多种可能性，尽管以后见之明去回溯历史，发生后的历史都呈现出决定论的面貌。

人类学的传播论可以用来解释许多文化现象，譬如，在技艺和文明器物的发明、使用与传播方面。有时，正因为别人（或别的文化体系）有某一技艺或文明器物，自己便不必掌握相应的制造技艺，因为可以很方便地引进和进行交换（传播论人类学），这样做甚至比自己掌握制造技艺更省事。这也是有些文化体系迟迟没有掌握某项技艺的原因之一，我们却不能简单地将原因归结于此一文化或此一人种更为低级（文化人

类学或体质人类学）。

事实上，文化是不能简单地评定高下的，因为不同的文化体系本来就有不同的价值标准——或者，没有标准。这也是人类学给我们的最重要启示之一。

受动物界（自然）的启示的一些新异奇特的发明，都可从人类学的角度来进行理解，亦证明了文化的多样性。此亦是人类世界和自然世界之间的一种交流关系，亦可视为一种信息的启示与交换。就此而言，整个世界都是全息一体的存在，对于这个世界的全息探究和扩展，都可以促成人类本身的文明扩展。

认识异文化是可能的。事实上，认识异文化本身就是自身文化的扩展。

以人类学眼光打量和考察文明程度较高或自身所生活的发达地区的可能性，即意味着把文明程度较高的文化社会体系进行田野化，这也是人类学的可能和重要路向之一（某种程度上现在的人类学仍然朝着这条道路发展着），同时也意味着在某种程度上以异文化反观本土文化。"我自己很明白为什么在接触到伊斯兰教的时候，我会如此不安，原因是我在伊斯兰世界中重新发现到我自己所来自的世界；伊斯兰是东方的西方。或者，更明确地说，我亲身经验了伊斯兰教的世界以后，我才能了解到今日法国思想所面临的危险。"[①] 另一种路向则是对无历史记载的文化社会对象深入文化内部的长期的田野（实地）考察。另一方面，人类学还经历了这样的变化：从最初的细节（文明的碎片）的分散描述和比较（差异、惊异感、陌生感或所谓的异国情调等在其中起了很大的作用），到后来的文化的结构（包括制度、习俗、宗教等层面）比较，这其间还是有着比较清晰的轨迹和发展线索可循的。

将当下的现实文化社会"田野化"的意义就在于：深入社会，强调

---

① [法]列维·斯特劳斯：《忧郁的热带》，王志明译，生活·读书·新知三联书店2000年版，第531页。

第一章 人类学理论文本：文化、国界、个体、陌生化

深入交往、调查研究、深入当下生活、定居而非游离于当下社会（当然可以在文化心态上疏离以保持相对的客观审视能力和姿态）、长期面对面地切身观察，不以先入之见想当然地评价当下社会和生活，重新发现和认识当下文化社会的文化习俗、社会规范（包括显性和隐性的文化规则等），打破书本知识、社会舆论、日常观念、大众传媒和他人（包括前人）成见的束缚，走出个体经验的局限……

二、异与纯：纯正文化的神话？

因为遭到外来的文化殖民，或影响——换用中性一点的说法，某一所谓"无历史记载的原始文化"产生了程度不同的变质，而非原初的纯粹异文化，因此导致文化人类学在产生之初就有不可避免的缺陷，即文化比较的不纯粹性。换言之，这种比较研究其实同时已经是一种影响研究。甚至，人类学家也作为影响的主体而参与到了这一影响过程中来。这是否意味着静态自足文化——由于外来文化因子进入——或所谓的纯粹文化业已消失？然而，或许所谓的纯粹文化或文化主体性本来就是一个神话。换言之，文化并非是静态自足的，而是一直在变化——当然，外来异文化的影响尽管非常重要，但不能强调过分。这对思考自发现代性与外缘现代性的关系亦有相当启示。"在当今的世界上研究文化就好比在雪崩时研究雪。这正是我的经验，认为如今雪崩似的变化尤其迅猛而强烈似乎是有道理的。但是当我深入到和尚的生活方式中去时，我发现他们从未停止变化。雪崩的过程是漫长的。"①

人类学学科的建立发生在文化交流日益扩大乃至普遍化的情形之后②，这是一个经验的却又几乎无法避免的事实，却同时又是一个一定

---

① 参见〔英〕麦克尔·卡里瑟斯：《我们为什么有文化》，高山杉译，辽宁教育出版社1998年版，第23页。
② 某种意义上讲，人类学从有文化交流以来就已经存在了，最早的游历者、旅行者、航海家或探险家（真正意义上的探险家也相对较晚）以及后来的传教士等都可以看成是某种意义上的人类学家，但人类学成为一个学科确实是近代以来的事情，是伴随着航路大扩展和地理大发现而来的现象。由于地理大发现等因素才使得文化交流日益成为一个事实。

程度上令人类学家心碎的悲哀的事实，因为文化的所谓纯正性——换一句话就是封闭性——遭到了无情的破坏。然而，如果把文化本身就看成是动态的、开放的、变迁的，则人类学家的这种捶胸顿足的遗憾并无多大必要，文化自身的主动变迁与被动承受外来文化的影响其实并无多大区别，所谓主动、被动之区分也只是相对的，只是因了契机和刺激的方向有所不同而已。所以，"纯洁文化"的说法多少有些绝对化，因为本来便无变动不居的、从未受到外来影响的静态自足的文化。异文化只是相对意义上的，相对于特定的时空——地理范围、时间范围，受影响是肯定和必然的，只是范围幅度容或不同而已，因为文化就是这样形成的。文化本来就是和群体关联的概念，没有群体或"配角"（其实文化的创造过程中是无所谓主角和配角的）的应和，任何天才也不能单独创造一种文化。而没有交流如何形成群体？又如何形成文化？所以说，动态变迁的因素内在于文化内部，是文化本性的一部分。况且，我们不能抱持文化本质主义的观点，换言之，或者，所谓文化的自主地位本来就是一种本质主义的神话。也正因此，以人类学的眼光打量当下文化社会才是可能的。当下的全球化、趋同化和多样化、文化多元主义两种不同的路向等现象，也能在人类学的理论概念框架中得到另一种角度的分析和解释。即是说，全球化和文化多元主义都是文化内在本性的理所当然的发展和敷衍。

从世界范围来讲，所有的文化可以看作一个网络结构。但是，这个网络结构的松散度与限度，在不同的历史时期和不同的地理范围，却有着不同的表现。世界范围的各种文化体系当然是朝向越来越紧密的网络结构发展（但这并不意味着文化的单一化发展），但这里面必须引入历史的维度。只是在地理大发现和航路大发现之后，从世界范围看，这个网络的联系密切度才突然有了一个飞跃。

从近代以前的文化来说，文化既有质的方面的大致规定，亦有地理方面的大致范围。而异文化的进入，往往导致这一文化体系中的个体处于经历文化冲击下的紧张和痛苦状态之中，这个过程甚至要持续很长的一段时间。

父亲以人类学眼光来重新审视儿子的必要与必然，反之亦然。人类个体的发展即有自身的轨迹，亦浓缩了人类从幼年以来的所有发展轨迹（从原始人到文明人）。

三、客观性、"删除"主体身份与信仰者

理论预设在人类学研究伊始是必要的，是作为一种引发研究注意力的手段；之后，则应不断打破预设，证伪或调整先前的视界，进行现象学描述，以期发现相异的文化体系或因子。

人类学家并非是以金刚不坏之身去进行人类学调查的。换言之，在被研究者可能受到外来文化的破坏的同时，研究者本身也面临着个体文化世界观被对象文化破坏或同化的危险。

我们以类化的方式去初步把握（预设）一个人，但人从个性的意义上来说又是不能类化的，这既导致个体最初（初识）交往的方便，也导致个性的沟通过程中的误解和错位，或许，人之不能沟通亦如是。然则，个性之间的交往形式应该是怎样的？尤其是，当不同文化体系的人——他们拥有不同的分类范畴——相遇时，这其中的错位更容易发生。即使是同一文化体系的人在交流时，亦会因为各自不同的分类范畴的选择而产生误读。所以，边缘主流之说，不过是对分类权力的争夺而已。

拒绝现代仪式或拒绝某一种形式的社会化的结果，便是被视为陌生人或不可接触者，而被排除于此一社会群体之外。

四、内与外的边界：认同与区别

吉卜赛人对内在和外在身体的区分①颇为类似中国的情形，或者为

---

① 参见［英］菲奥纳·鲍伊：《宗教人类学导论》，金泽、何其敏译，中国人民大学出版社2004年版，第83—86页。

如何面对社会化的压力提供了某种思路走向。不过，这种处理方式固然可以维持族类内部的认同感，却难以形成更大的共同体。因为就他们而言，外在的身体毕竟是颇不情愿的权宜之计，是不得已的妥协，是不完全不彻底的被动参与，这显然对形成国家意识颇为不利，吉卜赛人的流浪本身就说明了这一点。揆诸中国，晚清以来一盘散沙的现实何尝不是同理，尤其是，中国人的内外界限还不是落实在族类上面，而是落实在家族或家庭上面，即家庭内外的不同面具区分，由此导致的问题显得尤其严重。

吉卜赛人和非吉卜赛人之间互相存在着严重的误解。非吉卜赛人以其关于洁净与肮脏的观念，以从营地外面观察到的景象来打量吉卜赛人，则觉得吉卜赛人极其肮脏；而吉卜赛人同样从他们营地内部——那里有着对洁净的极其严格的要求，而不同于营地外的混乱和肮脏——的角度来打量非吉卜赛人，同样将非吉卜赛人看成是肮脏的"魔卡迪"（mochadi）。事实上，除了对洁净和肮脏有不同的理解和区分之外，两者在对洁净本身的要求上是一致的，然而，都只看到对方的表象导致了两者之间的误解。这就是相互面具交往和权宜表象交往对各自真实面目的遮蔽和误解的极好例子。个性交往的目的则在于打破这种面具和表象。①

移居英国的爱尔兰人更加强化其食物规则和禁忌；英国人亦是如此，移居殖民地的英国人在保守传统方面显得更为严格苛刻，这样做的目的在于保持个体的种族骄傲和高贵身份，维护种族认同和身份统一性，并抵拒面向他们所认为的野蛮社会的向下的社会化。②

人类学的田野调查之所以更多集中于海岛、人迹罕至的蛮荒之地、"没有历史"的地区等，原因就在于那些地方更多地存在、保留了"异"

---

① ［英］菲奥纳·鲍伊：《宗教人类学导论》，金泽、何其敏译，中国人民大学出版社2004年版，第83—86页。
② 同上。

第一章 人类学理论文本：文化、国界、个体、陌生化

文化因子，可以发现更多超越性的资源；亦在于工业革命以来世界日益走向同化乃至全球化的发展过程，导致"文明"地区的文化同化现状，从而难以发现超越性的可能资源。但即使是这样，文明社会田野化仍然极有价值，即内与外、浅表与深层的人类学——或许更是社会学——的同与异、或假与真的对比。

关于人类学视野中的女性主义论题。即使女性能够坐下来，和人类学家交谈并自由地说出其真实的想法，其"真实"的想法仍然可能是"虚假"的，是被男性长期教化出来的，因为女人的世界观本身或许就是被塑造的，所以，由女性来诉说或解放女性的本质往往并非那么简单和容易——专制后再给予的自由都很可能不再是真正的自由，而是戴着专制脚镣的所谓自由，即专制的体现和结果，或专制本身（当然，作为过渡，这却是必要的作为面向真正自由的中间状态的误解）。而由男性来解放女性本质亦会遭遇相同的困境，因为本质主义本身就是悬而未决的大问题。其实，男性的解放及文化的解放亦存在同样的结构性悖论。

或许，社会化过程滞后的个体最适合从事人类学家的工作。但这并不意味着个体完全是一张白纸，而意味着个体更少地受现实（时空）受限的现状所塑造，但却掌握了不受限的时空——譬如书本知识——的陶冶（文献文化当然也有受限的特点，但相对于当下社会现实而言，却是相对更具有超越性的），形成了一定自我反思并反思外在世界（他者与社会）的意识和能力。在这样的知识背景和前提下遭遇社会化，便能对自己面对的社会化的每一过程，予以自觉的分析和反思，即以陌生化的眼光来打量与反思，从而更能识别社会化过程中常被其他人习焉不察地放过但恰恰却是社会化关键的一些事实。超越性丰富知识武装下的个体成长，与相对欠缺那种知识而直接进入社会化过程（尽管或许同时亦在学习超越性知识）的个体社会化成长过程，是极不一样的，后者往往是无意识地被动选择或纳入（内隐学习），前者则正好相反，而且能清楚地描述这一过程，尤其是这一过程的（核心）实行机制，并因此予以反思乃至抵抗，并进行自我的自觉的、自由的选择。事实上，许多人类学

家都保有开放性的心理结构和认知态度,挑战一切可疑的权威,质疑一切似是而非的成规,向所有的可能性空间敞开,时刻准备接纳新的文化和论述。人类学家不偏执,不会盲从各种原教旨主义,这种心灵的开放型是人类学家的一个优点,有时候却又成为让其苦恼的因素,因为向一切可能性敞开同时也可能意味着无所执定,因而亦可能面临着"无根"的折磨:"人类学家自己是人类的一分子,可是他想从一个非常高远的观点去研究和评断人类,那个观点必须高远到使他可以忽视一个个别社会、个别文明的特殊情境的程度。他生活与工作的情境,使他不得不远离自己的社群一段又一段长久的时间;由于曾经经历过如此全面性、如此突然的环境改变,使他染上一种长久不愈的无根性;最后,他没有办法在任何地方觉得适得其所;置身家乡,他在心理上已成为残废。"①

"区别形成了什么区别"②,后一区别是前一区别的一系列后果,是有迹可查、有因可循的,是可解释的;而前者则是强行划定的(或者亦可能是更早的区别的后果,只不过这更早的区别已经湮灭无闻,或被认为遮蔽起来而从人类记忆中消失),是其自身合法性未予以证明的"区别"。也因此,由"区别前提"或"区别预设"所"合理"推导出的"区别"后果,如果没有对其作为大前提的"元区别预设"进行合理性自我证明,从根本上仍是没有合理性自我证明的,是被塑造了的,而非自然或从来都如此的。这和逻辑只能说明推论有效性或真假条件、不能负责论题事实上的真假一样。

五、主位与客位,以及命名的微观文化政治学

社会制度或社会共同体本身便规定了成员之间的互相关注,或换言之——互相干扰,这是共同体的题中应有之义。既然主动或被动纳入某一群体,而仍企图超脱于社会控制就成为不可能的事情,甚至是自私的

---

① [法]列维·斯特劳斯:《忧郁的热带》,王志明译,生活·读书·新知三联书店 2000 年版,第 55 页。
② 史宗主编:《20 世纪西方宗教人类学文选》,上海三联书店 1995 年版。

第一章 人类学理论文本：文化、国界、个体、陌生化

想法，仿佛享受了社会共同体的好处却又逃避个体的责任，即使是被监督的责任。

其实，人类学调查亦不能完全相信和采纳当地人的论述和解释，完全的客位立场并不可取。"只缘身在此山中""当局者迷"固是一因，而当地人由于往往不能从整体上将自己客体化地进行打量分析，又往往不能发现当地文化的所有联系，尤其是，当地人亦会产生习焉不察的文化观察的盲区，这导致其对自己置身于其中的社会的观察偏颇和失真，相应地影响其论述的有效性与客观真实性——尽管从主观上说他们的论述亦力图叙述真实，"但却很少能够用言语表达出自己的理解"①，所以人类学家仍然必须对民族志材料进行分析，在寻找真正起作用的关键社会象征或制度的意义上"辨伪存真"，这甚至是非常重要的步骤。

"对于安达曼人来说，个人的名字是其社会人格的象征，即个人在社会结构与社会生活中所处地位的象征。当避讳人的名字时，实际上是象征性地承认某人于此期间内在社会生活中不具有正式的地位。对此我们还可以进一步说，其姓名暂时失去作用的人，被人们视为（当时）处于反常的仪式状态中。"② 揆诸中国社会，当以正式名字的变称譬如加上诸如"小""老"等前后缀的方式来称呼他人时，这种称呼本身就试图剥夺对方的正常社会地位和象征，而将其非正常化［贬（降）低或拔高］，从而造成称呼者与被称呼者之间的地位对比的不平等关系，换言之，称呼的变换体现了微观政治中的微妙权力关系。有人便利用这些权力关系来实现其政治目的，不管是微观还是宏观意义上的"政治"。

禁忌常常不过是维持共同体整体联系、认同功能的一种手段和象征。仪式本身不是目的，而在于通过仪式所要达致的社会功能和效果。

---

① 史宗主编：《20世纪西方宗教人类学文选》，上海三联书店1995年版，第111页。
② 同上，第114—115页。

第四节　跨个体交流：爱、对象化与心灵交往结构[①]

相对于人与人之间的一般关系，爱情是一种偶然；就其只发生在特定对象上，爱情甚至是一种非常态的人际情感；然而，即使只是偶然和针对特定对象，每个人却都会遭遇爱情，并表现出大致相似的人际情感状态和倾向，就此而言，爱情又是一种普遍的常态。因此，考察爱情这一特殊人类共通情感，也就能借此了解跨个体交流的丰富面相。一个人是一个特别世界，一种特别的文化结构，两个世界和文化结构相遇时，将会发生什么故事？这种心灵交往结构与文化交流结构是否有相通之处？在此不妨将人类学的分析思路带入对个体之间的跨心灵交流的考察。

爱无以名之，强字之曰爱。爱有时甚至不在于其结果，但通过爱一个人而获得爱的能力与爱的领悟才是最重要的。爱当然是对象性的，但如果这种对象性指向轻易地得到了实现，却常常难以领悟爱的真谛。爱的对象性还具有唯一性和不可替代性，所以才会有忠诚和痴迷。但颇具悖论意味的是，能将这种唯一性推广和领悟到普遍性才是真正的爱的收获。这种精神上（spirit）的收获往往是由于对象性的不能实现而实现的。爱激发起一种生命潜能，一种人格与精神的提升（或升华），并由这种升华而能将自己客体化地进行审视，从而同时看到了人的崇高与残缺、伟大与无力、对个体的超越与对生命的敬畏……总之，通过爱而领悟了爱，尽管你仍然不能言说爱，但你获得了爱的能力，这便足够。

第一，对象性的不能实现，恰恰是将自己客体化的契机，即由此造成的空间距离使你获得一种超越性的反思眼光和视野，将自己与对方的时间、空间和精神的距离或关系进行打量和审视，而直接探询爱的本质

[①] 本节文字写就于2005年7月11日，曾略有增删发表。参见罗云锋：《人情交往结构与心灵交往结构的若干社会学思考——关于"爱与社会化"的思想札记三则》，载《同工异曲：法律与文学研究》，第3辑，上海远东出版社2014年版。

第一章 人类学理论文本：文化、国界、个体、陌生化

（在此情形下，是精神层面和哲学层面的主客体合一状态），即在爱的统领下来思考爱的本质，在这种爱的领悟中领悟生命的价值和意义。

这可分为两种情形：对方另有所爱与对方一无所爱。

如果对方在爱着另一个人，则又能使你弥合相互距离而将自己和对方进行身份重合，以爱来超越性别的差异，乃至超越主体与客体的界限（即不再将自己和对方的关系当作主体与客体的关系；爱情初始阶段不可避免的做法是将对方当作客体，其实是将对方异化或物化，因为有意无意地忽略对方的主体性，即对方爱的主动选择的权利和能力，以及对方对爱的个体领悟的能力），即认识到对方不仅是你的爱情中的客体，也是她自己爱情中的主体，有她自己的对爱的领悟（从自己的思想中解放出对方的爱情主体地位），从而超越单一性的爱情探询途径，直接追问爱情的本质；同时，也意识到自己不仅是爱情中的主体：由于距离的出现，自己也被距离客体化，成了对方的爱情的客体，既被自己超越性地进行审视，也由于被对方客体化地进行审视，从而认识到了自己的客体化地位；再者，由于自己所爱的人的对象化过程得以实现（爱上另一个人，尽管不是你自己），又由于爱情很大程度就是将生命承诺出去，一种生命的奉献和牺牲，一种实现爱情的对象化从而消弭残缺、融合主客体的过程，一种以给予对方存在的幸福与愉悦感（或是存在的遗忘）来拯救个体存在意义上的孤独感和虚无感的努力，对照自己爱情对象化过程中的孤独感、存在的焦虑感、虚无感等心理体验，你又因为对方对此的顺利超越而导致自己的超越。质言之，爱情寻求的是以融合来消弭残缺和孤独，以寻求对方的幸福来寻求自己的幸福，所以，爱情伊始就已经预先设想自己与对方已经融合一体（通过移情作用将自己与对方融合为一），这是爱情的起点，也是终点，所以，如果对方的幸福感据此得以实现，即是说，如果看到对方能在存在的意义上实现愉悦，自己的孤独感和虚无感也便得以克服。从而，看似爱情对象化的障碍其实恰恰就是爱情对象化的实现：间接地实现了对象化。所以，无论对象化具体过程是怎样的，如果你是在力图真正领悟爱情，那么结果都是一样的，

即无论双方能否在时空维度走到一起,对象化却总能得到实现,换言之,真正的爱情无论具体情形如何,总具有一种拯救作用。从这个意义上讲,只要去爱,爱情便总是有收获的,爱情也总是能实现的,这种实现甚至不以某个具体的爱情故事和爱情对象为转移。在此意义上,爱情非关对象,却以主体的对象化思考和领悟能力的实现而实现了爱情。

以对象性的不能实现而实现了自我超越,从而间接地实现了爱情的对象性,这后一种对象性的实现又获得了一种形而上学的普遍性的存在论意义。不过,最后,我要问的是,自己所爱的人的爱人在这个过程中到底扮演了一个什么样的哲学角色?他是领悟了爱的真谛的拯救者吗?

此外还有另一种情形:如果对方仍然一无所爱。那么,两者的对象化都无法实现,结果是:爱情要么就此错过,要么根本就没有发生……

第二,对象化的另一种方式则是:爱情对象化得以顺利实现,其间的对象化过程又极为不同。因暂不在本文考察范围之内,故兹处从略,但可参看下文对"爱的对象化必须是相互的"这一命题的论述。

第五节　个性扩展、主体间性存在、爱与相互承认[①]

超越对象化的困境而实现"主客体合一"的关键,在于个性的"作为自我又作为自我之他者"的分裂式统合(自我他者化)以及由此所获得的反思精神。超越对象化是个体的永恒历程,永难完成,但永远在路上,这也涉及个性扩展的命题。严格地讲,和所有个体的交往都可视为个性扩展的过程,包括爱情。爱是人际间的跨文化交流——因为每一个体就是一种特别文化的存在。个性扩展可从两个方面来谈,一是具体个体的个性扩展,一是人类的个性扩展,后者又可加入历史主义的维度。前者又可分为几种:作为两造主体间性交往的个性扩展;一主体对无限

---

① 本节文字写就于2005年8月21日,曾略有增删发表。参见罗云锋:《人情交往结构与心灵交往结构的若干社会学思考——关于爱与社会化的思想札记三则》,载《同工异曲:法律与文学研究》,第3辑,上海远东出版社2014年版。

第一章 人类学理论文本：文化、国界、个体、陌生化

多维主体的个性扩展；作为无限多维主体间性的个性扩展（这一点如果加上历史主义的维度便称为人类个性的扩展）。本文并无意系统化地详细论述，而只是试图揭示出一些零碎的思考路向。

黑格尔的"精神"（Geist）和别尔嘉耶夫的"个性"有相似之处，互有启发，所谓的"作为自我又作为自我之他者"正是个性的一与多、内向与外向、坚守和交往的另一种表述。个性正是通过不断地拥抱世界但又始终没有离开个性本身的方式来自我实现。霍耐特所言之"自我他者化"①——自我回归，即外化与回归的双向运动——当然是为了分析的方便而进行的逻辑抽象，而实际上，外化即是回归，回归即是外化，二者同为一事，霍耐特所言的"精神依次在内在结构、本质客观性的外化和向主体性领域的回归三个环节上表现了出来"②亦当作如是观。每一次外化都意味着又一次回归，所谓的反思和思想分化是以外化或交流为表象和特征的，但却以归一为内在特征。丰富性是以整体性为依归的。

外化和回归，和心理学上的通过他人眼光来发现乃至定位、建构自己的个性有相似之处，不过此处的"他人"在具体形式上也许表现为单一的个体、群体、阶层等而显示出有限性，但在抽象理论模式上却是包括一切可能性，显示出超越性、无限性的品格。

事实上，精神哲学内在结构方式总具有一种反结构的倾向，导向否定社会学——这当然并非意味着反对一切社会形式，而只是意味着精神或个性的实现过程不应该表现为国家关系的一种建制，个性与精神某种程度上更多地置身于政治制度的配置方式之外，准确地说，是以交往、反思、回归的方式进行政治或社会配置。如果有精神的社会实在性的话，那也只能在外化（交往）与回归的意义上来理解。

所谓（个性的）扩大是以整体上的类似于"太一"性个性去印证、推衍、反观以达到本来便具有的丰富性——可能被习染遮蔽了，所谓否

---

① [德]阿克塞尔·霍耐特：《为承认而斗争》，胡继华译，上海人民出版社2005年版，第38—47页。
② 同上，第39页。

定和重构即去染迁"太一"性个性的过程。

个体意识独自创造了现实秩序便意味着个性丰富性的不断开拓和投射,其结果便表现出主观精神的对象化——这不仅仅是精神上的超越和无限扩大化,而且应该体现在实践或行动上。霍氏认为黑格尔的意志本身就是一种实践,其实,意志具有实践品格,是精神超越的内驱力,也是精神超越与实践行动的中介,为行动提供心理支持。

"意志的对象（das Wollende）,即它要将自我设定为自我,将自我当作对象。"① 意志意味着自我选择自我的勇气,即自我对象化的行动的勇气,这种对象化行动就是实现自我个性的丰富性和完整性。

相互承认即主体间（性）存在,不同个体的个性的扩展在本质上不会产生矛盾和冲突,因为个性之自由是普遍的。个性的扩展本身便具有否定社会学的品格,否定社会学并不是反社会,而是反对社会建构,反对强加的制造"陌生人"的社会化建构,而认可自然形成的多层次多维度的并不产生或排斥任何陌生人的社会形式——或许,应撇开"社会"而代之以不同的概念。否定社会学就是追求没有陌生人的社会学,或者,追求某一种社会形式,在其中,大家都是一定程度上的陌生人却相安无事。

爱情之中的自我关系比较特殊（不同于劳动关系）：两者互为主体的同时互为客体,因此［通过反思和对对方主体地位、自己的客体地位（对象化）的承认］相互承认,选择接受和在对方中认识自我的互惠经验,这就是个性交往的否定社会学的特征,实际上可以推广到一切个体之间的关系上,即主体间的主体关系和社会结构——其以互相承认为前提和特征。

所以,上文虽然指出,即使爱的对象化不能实现,却并不妨碍爱的领悟和获得爱的能力。但倘要获得爱的实现,爱的对象化却必须是相互

---

① ［德］阿克塞尔·霍耐特:《为承认而斗争》,胡继华译,上海人民出版社2005年版,第41页。

第一章 人类学理论文本：文化、国界、个体、陌生化

的，亦即互为主体、互为客体并被两者意识到，并得到相互的认可和接纳，即相互承认，才是真正的爱情，否则只是单方面的爱的潜能的发现。爱的潜能的发现是爱以及否定社会学的前提，但却并非爱情或否定社会学本身。个体的爱的能力是构筑共同体公共生活的必要前提，而非充分前提，其他前提包括"被爱的经验"或由被爱的"伦理的预感"引发的被承认，以及相应的对共同体的信任和自信等。换言之，被社会无歧视地接纳，获得其受到公平平等对待的权利——这需要为承认而斗争，以适应主体互惠的要求，这种互惠性是爱的社会共同体得以建立的根本原因，而"若无被爱的情感，伦理共同体的理念要获得所谓内在心灵的再现形式就是不可能的"[①]。最初是双边交往的形式上的"在他者身上认识自我的互惠关系"，这种双边主体交往是最基本的交往和承认形式，将之予以扩大化——即可由最基本的主体双边交往扩展到多主体多边交往，承认的政治就在这种扩展中展开——则使主体间的共存采取反思的形式，互相在第三者身上反思互惠关系即相互承认关系。在家庭—爱中，这个第三者常常是"孩子"，一个较为特殊意义上的第三者。

其实，追求的过程及失恋都能见证和导致"互相对象化"，即对对方主客体合一地位的承认，对互为客体以及互为主体关系的体认，而不必借助婚姻形式中的"孩子"这个特殊意义的"第三者"的中介。相爱之后则意味着主体或自我意识的部分融合，或换言之，亦意味着能同时容忍和认可不相融合的部分（罗洛·梅），将其或悬置，或作为对方的权利予以承认，即这种融合本身就意味着相互承认的实现。平和地接受失恋的现实亦意味着相互承认的实现，只不过这一次起主导作用的却是主体地位或自我意识中不相融合的部分（由认识到不相融合的部分进而认识到相互承认的必要），尽管在双方个体情意结构和人格整体中起次要作用的部分或能相互适应和融合——这也是爱的扩大化以及得以据此

---

① [德]阿克塞尔·霍耐特：《为承认而斗争》，胡继华译，上海人民出版社2005年版，第45页。

社会化的根本原因所在,即爱情(爱爱人)和爱邻人在内在生成机制上是一致的。换言之,爱邻人的情感本身就是一种爱情——但起主要作用的却是主导情意结构的融合(相反,爱邻人甚至可以在次要情意融合的基础上得以实现)而非相反,而不同个体有着不同的情意结构,相互承认即意味着对这种差异的承认。

在爱情或其他形式的交往中,他们互相在"对方"身上看到了爱,这是他们对自我意识整体的体认,换言之,是自我意识的无限扩展及对这种无限扩展的某种感受和体悟。但这个"对方"必须是在无限扩展的意义上的,否则就是社会化的束缚和局限,是自我意识的受限形式而非无限扩展形式,即不是个性。

爱的关系之所以是原始承认关系的成熟形式,就在于其构成了人类生活中的一项重要而经典的形式,在此形式中正面地肯定了相互承认的积极形式,并由此赋予个人一种不可缺少的基本自信,即爱的能力和由此推衍的爱的信仰,以及对爱的社会的建成的信心。① 但从来和谐的爱的承认关系确实仍是一个"未完成的经验领域",原因便在于没有经历对立性的冲突的考验,"在家庭成员的相爱关系中,那些形形色色的冲突还没有使主观精神彻底错乱"②,没有从负面、否定、消极的层次进一步检验相互承认的原则——这种检验是以积极斗争的形式进行的。没有经历冲突考验的爱和友谊不是成熟和完全展示自身的爱和友谊,相互承认亦如是,"正是这些冲突迫使主观精神意识到这种普遍化的交往规范,主观精神就无从把自身当作具有主体间承认权利的个人"③,这使得相互承认上升到普遍和规范的层次,采取更具制衡作用的客观形式。相互承认最终都会寻求普遍化的交往规范,不管是通过习俗、契约的形式还是社会关系的精神内化的形式。规范不是对个性的束缚,而是对个性的

---

① [德]阿克塞尔·霍耐特:《为承认而斗争》,胡继华译,上海人民出版社2005年版,第46页。
② 同上,第46页。
③ 同上,第46页。

第一章　人类学理论文本：文化、国界、个体、陌生化

（相互）承认，是个性确证自身的必要手段或参照物——通过个性之间的无限交往和相互承认。所谓"确证"，就是个性自我意识的自我体认和扩展，但这种体认不是单一的，而是一与无限的相互确证，即相互承认。所以，这种规范的所谓普遍性也并非是有关具体内容方面的规定，毋宁说是对交往关系的一种普遍设定。

相互承认的规范通过两种形式得以建立：爱与冲突。前者往往发生在家庭中（但可推广至社会）；后者往往发生于社会环境中（但亦可见之于家庭）。作为家庭承认关系的爱往往是正面实现的，所以"主体在家庭承认关系中还不能把自己当作一个有权利的个人，黑格尔就重新在理论上把主体安置在一种社会环境中，这种环境起码在外在表现形式上类似于自然状态学说所描述的情境"[①]。有意味的是，正面实现相互承认关系的家庭又可以作为个体构筑类似于不同个体交往形式的不同家庭之间的交往，以此探讨社会生活和社会结构发生的过程。值得注意的是，爱与冲突这种两分法是有问题的，或至少仅仅是一种理想化的抽象分类，因为爱的过程中亦内在地包括冲突，而在某些冲突中甚至也包含有不同关程度的爱的因素和成分。基于爱的个性扩展是以承认冲突（相互承认个性的扩展部分）并将这种冲突部分纳入自我意识或自己的个性中的方式而达到一种新的平衡和新的和谐。爱不是压抑冲突，而是包涵冲突。

相互承认是一个主体间性的概念。

社会化对个性的束缚常常发生在集体（"多"）层次，而非双边交往的层次。在双边交往层次上容易实现相互承认，但一旦扩展到多边或集体共同体的层次，由于其普遍性的规范往往会导致对个性的压制，换言之，相互承认在集体层次的要求往往是专制者借以压制个性、实现专制的手段。

---

① ［德］阿克塞尔·霍耐特：《为承认而斗争》，胡继华译，上海人民出版社2005年版，第47页。

主观精神或个性本身就是法人,但这种法人必须在无限交往中呈现自身,并以此为互动框架,构成同一性的持续发展。

第六节 嫉妒与社会化:个性与从众压力的陷阱①

除了爱与爱情这一特殊形式的人际交流或主体间性存在,日常社会生活中更大量存在的是普通个体之间的关系,以及普通个体和社会之间的关系,这就涉及社会化这一重要论题。社会化既是社会生活所必需,又有可能在从众压力下导致对个性的扼杀,以及导致其他种种问题。本节将简单论及此一论题。

"为什么一个人不能做到相信自己的感觉、抗拒一个集体的意志?"② "三人成虎"之所以往往有之,其原因就在于由于群体的一致强调而导致对自己的怀疑,并进而影响了自己的观察和独立判断。有的时候,这种误判,以及被引诱或被胁迫做出某种与原初决定不同的判断,还暴露了个体深层心理的认同危机,或换言之,担心被群体所抛弃,和由之而产生的所谓孤立状态或"孤独"心理体验,因而有意无意(违心)地改变了自己的初衷。这种生成机制充分地说明了:群体或社会可以影响和改变一个人的感觉能力以及判断能力。尤其在中国这样一个注重中庸处世之道、强调同集体保持一致步调、反对拔尖(枪打出头鸟、反对出风头等)的文化体系或共同体中,"三人成虎"更能发挥自己的蛊惑和胁迫作用。这就是:从众的冲动或压力、特立独行的危险与恐惧。

由上可知,感官的感知觉能力和理性判断能力并非是独立于社会、文化、心理、意志之外的纯粹生物学意义上的概念。许多的社会控制程序(社会化)恰恰是利用了这一点。从众的压力居然能使人自黜聪明,

---

① 本节文字写就于2005年8月3日,曾略有增删发表。参见罗云锋:《人情交往结构与心灵交往结构的若干社会学思考——关于"爱与社会化"的思想札记三则》,载《同工异曲:法律与文学研究》,第3辑,上海远东出版社2014年版。
② [奥地利]赫尔穆特·舍克:《嫉妒与社会》,王祖望等译,社会科学文献出版社1999年版,第49页。

第一章 人类学理论文本：文化、国界、个体、陌生化

自闭耳目！自从有了社会之后，身体便是为社会的存在，而非为人本身、为自己即自为的存在！看来，身体从来就不是自己的——无论在什么意义上或什么事情上都是如此，爱情、情欲、快感、情感等亦概莫能外——因为这些同时还是社会和文化的存在。譬如，敢于相信自己的眼睛？还是相信他人的嘴巴？相信声音还是相信对声音的描述？相信事件还是相信对事件的解释？这是颇难一言而论的。由声光电构筑的虚拟现实就是对人的感官能力的自信的考验，并因而亦是对真实与虚假的传统区分的一个挑战。所以，很多心理问题并非单纯心理学意义上的，其背后、深处总是表现为更为深远的文化问题、历史问题、社会问题，乃至物质技术问题。心理医生不好当，因为他不同时是一个社会改革家，或者，不是一个乌托邦的设计师和参与建设者。要真正治好一个心理病人，首先要有能力治好文化和社会的疾病——这显然非一般的心理医生所能做到的。

有人在秘密投票的情况下也不敢按照自己的意志和意愿进行自主选择，担心最终仍要被他人或某种现实力量所知晓，这种恐惧的原因得自于恐惧之外的早已预先存在的社会控制机制（譬如国家监控、窥探——福柯所谓的全景敞视主义）、人与人之间的不信任氛围等。这一方面是因为文化历史由来已久的塑造，或由于刻骨铭心的血泪记忆的静态沉淀或积淀。摆脱这种因袭的文化心理重负并非易事——斩断历史、文化的血脉谈何容易！另一方面亦和现实各种政治力量的"规训"有着直接的关系，何况，在一个公共程序、规则和制度没有真正确立起来的国家或共同体，是无所谓真正的保密可言的！专制社会只有统治阶级的秘密，从来就不允许民众有秘密。最大的控制不是外在的控制，而是控制人的心理乃至自我意识本身；最成功的威胁不是具体的暴力，而是成功地种植了恐惧，以至于暴力不在场亦能起着与在场同样的威慑作用。集体、社会的影子像幽灵一样无处不在，以至于不在场亦起着在场的威胁作用，这种效果的出现源头和最终保证当然是直接的暴力，它常常隐藏在平静表面与和平表象之下。

"在当今世界上,一个人不能够过多地和别人相对立,不然的话,就会维持不下去。当我上小学和中学的时候比起现在(上大学的时候)来,倒是更为独立的。在当代生活里就是这么回事:一个人总是得要尽可能地同意别人的意见。谁要是避开这种做法而在做出判断时和别人的看法不一致,那就会被别人看作是人品不好。"① 这一自述的后半部分揭示了集体或外在力量常常使用的胁迫手段,那就是:从众的威胁常常和道德污蔑挂钩。或者,以一些社会一般认定的贬义词语——社会的流行道德观念、评价标准和用语(这本身就是已经被社会化或客体化因而被改造成社会化的一种外在力量或手段的事物)——来刺激人的道德耻感②,并进而控制人的选择。这种评断式或审判式做法通过转移被评断和被审判的人的注意力而使人未反思道德本身,亦未反思事物本身,更未反思两者之间的关系,而将注意力吸引到事情本身之外,以一种流行的预设价值观来左右对事物的判断。而这句话的前半部分说明了什么呢?为什么可以对小孩子更为宽容一些?是因为他们尚不具有独立意志,因而亦不是国家公民,或不能作为一个有着独立行事和判断能力的人吗?或者,是因为他们本身就处于一个脆弱的地位因而构不成对其他人或社会的威胁而可以忽略吗?或者是小孩子社会化程度不深因而相应地更多表现出个性的本来面目?还是因为小孩子并不会和社会构成根本利益上的竞争和冲突,因而对其叛逆和不守规则可以多少放任一些?或者,小孩子更多一些自由,不过是对他们的社会化改造尚处于途中,而并非是外在力量有意遗漏了他们?换言之,外在力量从来就没有放松过对小孩子的社会化强行改造——同对成人的改造一样?或者,小孩子由于最少受到社会化外在力量的沾染,因而其个性力量是最强大的,所以

---

① [奥地利]赫尔穆特·舍克:《嫉妒与社会》,王祖望等译,社会科学文献出版社 1999 年版,第 48—49 页。
② 这种耻感因为前提就是有问题的,所以耻感本身也是有问题的,但被社会以此命名或讨伐的人往往不会思考到这点,他是那么容易被激怒而表现出非理性的不必要的愤怒来——就像因为别人赞美你而发怒一样。因为,如果考虑到前提的错误,则盲辞的侮辱本身恰恰是对你个性品质的一种赞美。

第一章 人类学理论文本：文化、国界、个体、陌生化

对他们的改造或塑造要花最大的力量和最长的时间（学校家庭社会等，从婴儿一直到青年），而到青年时，这些效果已经开始发挥综合作用，因而显得青年时期更容易社会化，更容易被各种错综复杂的关系深深卷入社会化之中——而这些，不过是早期所有措施和努力的一个水到渠成的结果而已？

人之所以在交谈或其他各种交流活动中不愿意表露自己的不同意见，主要并非是由于担心对方的嫉妒（当然有时也确实会这样，即对方会嫉妒，自己会因此担心，所谓的露才扬己、恃才傲物，因而激起对方的嫉妒心理，所以有必要采取韬光养晦的策略），而是担心激怒他人而造成争论，并进而影响互相的关系，背后的根本原因是认同诉求或个体归属诉求，而非担心嫉妒。当然，不同的文化或不同的个性会有不同的应对表现，据说，西方人能够坦然接受不同的意见乃至批评（当然也仅仅是是"据说"而已），而中国人总不能做到这点，而要记恨于心，并有意无意地在适当的机会进行报复——对于这样的对象，人当然有所顾虑和忌惮。

内聚力或团结不应以牺牲真理和正义来获得，譬如极端民族主义。但以下例子也说明合理的社会化的必要性，即通过让渡个体的某些权益而求得整体社会的稳定发展，但这也不意味着必然要牺牲个性的丰富性来达到。个性与社会化可以不相矛盾吗？

"如果没有嫉妒，就构成不了任何重要的社会结构。"① 就社会化是要求无一例外的一体化来说，这句话是对的，尽管是否要以带有明显心理学色彩的"嫉妒"这一词语或概念来进行说明则是另一个问题，换言之，我们亦可以换一个社会学色彩更为浓厚的概念来进行描述，譬如"一体化"的要求。从这个意义上来说，嫉妒不仅是合理的，简直就是必要和合法的。当然，从另一个角度来说，个性，或拒绝同化或社会化

---

① ［奥地利］赫尔穆特·舍克：《嫉妒与社会》，王祖望等译，社会科学文献出版社1999年版，第51页。

的人就可以被描述为不会嫉妒的人——不会嫉妒的人必然要被嫉妒的人排斥出去,或换成亚里士多德的表述,即为"不是政治的动物"。嫉妒必然要求嫉妒者相互监督(这就是嫉妒的政治,或政治本身),以防止有人处于"一体化"过程之外,因而要排斥处于一体化之外的"不会嫉妒者"。而"不会嫉妒者"则不是一个"政治的动物",没有参政意识,因而不会相互监督,以让大家处于自由发展的地位;甚至不会监督自己,而让个性自由地发展。社会化或一体化本身就是一种政治行动,显然,"不会嫉妒者"参政意识的缺乏就导致了他被排斥的地位和必然命运。而嫉妒者的一体化和参政意识便必然会导致施虐快感或平等遭受痛苦的心理,他们的相互监督和告发便是这种心理的最好体现。即使他们意识到一体化和社会化会造成对个性的戕害和对自由的致命创伤,但由于嫉妒或痛苦的平均主义要求——他们自己也承认在客体化过程中的苦难,甚至也有摆脱的强烈意愿——必然促使他们要将所有的人都拖入到这个造成痛苦和命运悲剧的社会化过程中来,以求得心理平衡。所以,承受痛苦的平均主义出现的原因或许正是以上意义上(一体化的要求)的嫉妒。

有时,谁都不认为某些单位、组织、群体、共同体的不合理、不公正、罪恶的制度或客体化本身是好的,是解放人的,但谁都要求大家遵守这种制度,接受制度或客体化的压迫,这就典型地说明了制度本身的压迫力量,这种压迫是通过"制度主体化"和"个体客体化"的双重运动来达到的。"正是由于对还有待于学会随遇而安的新手遭到的痛苦感到幸灾乐祸,对加诸不采取一致行动的伙伴身上的惩罚感到幸灾乐祸,才使得每一个成员都自然而然地变成了警卫犬和驯犬员。"① 出于嫉妒,他们以痛苦的平均主义享受来作为对自己曾同样遭受过的痛苦的补偿和心理平衡,却不去谴责罪恶(的制度)本身,而认为,既然有此坏制度

---

① [奥地利]赫尔穆特·舍克:《嫉妒与社会》,王祖望等译,社会科学文献出版社1999年版,第53—54页。

第一章 人类学理论文本：文化、国界、个体、陌生化

或恶制度，那么普天之下（严格来说，此一群体之内），皆当受同样的苦，否则即为不公平（正），是上帝优待了某一位受优先眷顾的漏网之鱼。痛苦的平均主义使人逃避对罪恶与痛苦的产生根源的追问，乃至丧失了由己及人的人道主义同情本能。如果我入地狱，那么大家也都入地狱（再不要说什么"我不入地狱，谁入地狱"了）。某些单位、组织、群体和共同体的邪恶意识形态的压迫性力量以及能够延续的原因，都表现在其成员对上帝的宠儿即个性的嫉妒。"那种出于胆怯或者为了贪图安逸而违背自己意愿以及顺应形势、随遇而安的人，对于别人表现出来的勇气，对于他们仍然享有的自由，常常怀恨在心。"①

"那些屈从于权力的人们，总是希望其他还可以摆脱权力影响的人同样也屈服下来并采取一致行动"②，将此论述移用于对封建专制主义权力和制度的分析，则其原因有以下几点：（1）大家都做奴才，以求得心理平衡，以让奴才做得相对的、比较的心安理得一些：既然那么多人都是奴才，那么，我是奴才也没什么好羞愧的。正如公共的堕落并不令人羞愧一样，这仍然是从众心理的一种特殊表现形式，即从众的安全感、身份感以及因此对心理羞愧感的相对减轻或克服（因为道德一定程度上本来就是社会性的数量法则，或平均状态）。（2）嫉妒，保持个性的人无所牺牲（牺牲自由和个性）地获得同样的幸福，甚至还更为自由，并保存了无比珍贵的个性，这让奴才极为嫉妒和不平。因为奴才其实也珍惜个性，尽管他已经或至少暂时失去了这无比宝贵的东西，并且奴才并不是那么好当的，要付出人格、尊严、道德以及其他奴才式劳动等的代价。（3）有些人在奴才结构里取得先来者的较高地位，从而获得一级奴才对二级奴才的心理优势感以及等级压迫等特权——既通过永远保存一种奴才等级的历史动态升迁机制，以维持奴才等级的上下流动活力和吸引力，又永远维持一种奴才等级的动态平衡。（4）以招揽更多奴才并因

---

① ［奥地利］赫尔穆特·舍克：《嫉妒与社会》，王祖望等译，社会科学文献出版社1999年版，第55页。
② 同上，第54页。

而使自己有机会成为次级主子（换一种说法，即次级奴才），上升到奴才结构的更高地位——这种机制就像时下流行的"传销"因为发展"下线"而获利一样。（5）其他人不奴才化，自己亦难享受奴才对主子的种种惬意的好处，不但如此，还可能由于时时通过和自由人的比较和对照，而反证和提示着自己的奴才实质地位。越是存在着自由人，越发显出奴才对自己屈辱身份的自我确认和道德情感折磨。所以，选择不做奴才是要招致奴才的怨恨和毒害的。（6）只要在任何领域表现出对权力的十分在意，只要在任何领域表现出不平等的意识，这种人就必然要在自己成为奴才的前提下制造更多的奴才。

　　据说，愤怒、憎恨和嫉妒等情感构成的强烈混合物，是那些同行们针对颇有成就但又不在他们圈子内的人员所抱的态度的特点，那么，即使圈子内的人物又如何呢？不过隐忍着维持虚伪的温情脉脉的假象，他们在等待幸灾乐祸的机会。被嫉妒者的无动于衷或完全不知情，尤其会激怒嫉妒者并加深其嫉妒，因为这是对他们存在的忽视乃至轻视，这甚至侮辱了嫉妒者，使嫉妒者愈发产生一种低人一等的屈辱感和自卑感，于是嫉妒者总想挑起事端以便正面冲突以发泄自己的情绪和不平衡心理。自由人对奴才的嫉妒的完全忽视，甚至是对嫉妒者"人格""价值观念"的一种蔑视。另一方面，有时，被嫉妒者亦往往要制造出嫉妒者，否则亦会产生不出被嫉妒的快感。

　　嫉妒真是一种无谓的感情，为什么不嫉妒远方或古代的陌生人呢？如果嫉妒能转化成一种追求的内在动力，为什么不去嫉妒古今中外的志趣高洁的英雄义士而自亦效仿、成就之呢？

　　社会化当然不可避免地要产生被排斥的人，不管被排斥的是人本身（罪犯、精神病人等）还是人的某一种属性（狂傲不羁等）。然而同时社会化又力图将所有的人纳入进来，不想有漏网之鱼，想把所有人组织到基于共同价值观念的社会结构中来，亦是为了避免产生局外人，或本国（社会、群体）的异乡人，或"在"而"不属于"的浪子，为所有的人强行提供共同的归属感、社会认同感和安全感，使人把其所处的社会当作他自己的世界,从而亦导致其主动认同和维护之,排除社会意外事件,尤其是,恶意破坏行为。因为,说到底,恶意破坏行为体现了这样一种社会(心理)现象:因找不到不平等的根源和具体明确的发泄或报复对象,于是将愤怒发泄到体现出不平等的具体可感的物质器物层面——因为这是现实活生生可见的差异本身——而非制度或阶级层面,这也是慈善机构、福利事业等产生的根本原因所在:让每一个人都觉得世界没有遗弃他,他属于这个世界——即使这也许只是一个虚伪的表象。

第七节 从来如此?文化专断、教育专断与权力的再生产

人类学质疑所有宣称所谓"从来如此"或"天经地义"的东西,并且还要追问一句:"从来如此,就对么?"(鲁迅之《狂人日记》)相反,人类学不断地剥下所有宣称"从来如此""天经地义"的东西的画皮,将之还原为一种文化的存在。在这方面,社会学亦复如是,而将之还原为一种社会的存在。换言之,人类学和社会学首先揭示出"从来如此"的表象事实,然后试图揭示出其背后的深层社会文化机制和内在机理,最后进行综合的评估——当然并非简单的批判。在"天经地义"的形成过程中,除了直接的权力关系,教育亦在其中起到了十分重要的作用。教育形成一种文化的代际传承或交流,同时亦是一种权力关系和文化关系的代际交流,这种代际传承交流有时表现出对既往权力关系和文化关系的"再生产"。下文将对此稍作阐述。

前文谈及社会化,其实,关于社会化,教育在其中所起的作用也十分关键。有时,专断权力通过符号暴力施加专断教育,用以保证既有权力结构的再生产,并由此继续规约个人的社会化。换言之,微观层面的个体的社会化与宏观层面的社会结构和权力结构的再生产,后者成为前者的背景,两者之间形成一种同构关系,或者形成某种紧张关系。"从

教育行动（AP）是由一种专断权力所强加的一种文化专断的意义上说，所有的教育行动客观上都是一种符号暴力。评注：下述命题（直到 3）适合各种教育行动，而不论它是由一个社会构成或一个集团所有受过教育的成员来实施（不正规教育），由肩负一个集团或阶级的文化赋予他们这一使命的家庭组织成员来实施（家庭教育）；还是由直接或间接、全部或部分具有教育功能的一个机构为此明确委托的一整套人员来实施（制度化教育）；或者，除去专门的特例以外，这一教育行动的目标是再生产统治阶级或被统治阶级的文化专断。换言之，由于这些命题适合于被当作各集团或阶级之间权力和意识关系系统的任何社会构成，它们的应用范围便得以确定。"①

但通过教育所施加的权力关系的再生产往往是隐秘的，并非所有的人都能觉察出来，而这恰恰是其发挥功能的特别方式之一。换言之，越不能意识到教育专制和教育权威及其背后蕴含的权力关系，则教育专制和权威的实施就越为成功。施教者亦为教育专制对象的一部分，因而，施教者亦可能对教育专制的存在一无所知。教育权威则高于施教者，某种意义上讲，教育权威就是权力的化身或权力关系本身。

"工具（符号的或非符号的）系统保证了一个集团对其他集团，或者一个阶级对其他阶级的统治，并使这一统治永续。"②"它（指建立起了合法性的权力关系。——笔者注）在防止人们认识权力关系真面目的同时，也有助于阻拦被统治集团或阶级向自己提供对自己力量的意识可能赋予他们的全部力量。"③ 换言之，这种权力关系便阻碍了受教育对象的超越之途，譬如向历史（时间）的超越之途，因为所有的历史文化选择都是专断的，是从历史的无限丰富的可能性中，专断地抽出其中的很小一部分，来作为现存的文化，而剩下的则被阻止和剥夺了成为文化组

---

① ［法］P.布尔迪约、J.-C.帕斯隆：《再生产——一种教育系统理论的要点》，邢克超译，商务印书馆 2002 年版，第 13 页。
② 同上，第 22 页。
③ 同上，第 23 页。

第一章 人类学理论文本：文化、国界、个体、陌生化

成部分的可能性，"构成一种文化的各种'选择'（任何人都不进行的'选择'）是专断的。在通过比较的方法，把它们与现时及过去的全部文化加以联系的时候是这样，在通过想象中的变化，把它们与所有可能存在的文化组成的世界加以联系的时候也是这样。"① 事实上，这后一句话正说明了现代人类学的意义所在，即对"从来就如此"的断言的驳斥和揭露，并通过人类学的考察来展示文化的多种可能性和丰富性。但文化专断和教育专断则总是要维持一个虚假的历史决定论的表象，因而总是尽量抹杀和掩盖人类学的事实，希望给人一种"由来如此"的刻板印象，"在'总是如此'的天真幻想和对文化无意识概念的实体论使用中表现出对起源的遗忘，可以使作为历史产物的意义关系永远存在下去并因此而被'移植'"②——即权力关系的"再生产"。换言之，为了达到这个目的，他们所使用的手段至少可以从以下几个方面进行：从主体方面，重新塑造主体，通过教育专制对教育内容的专断选择，以及相应的专断教育方式譬如专断灌输等，来改造受教者的历史意识乃至自我意识，从而以或隐蔽或赤裸裸的方式迫使受教者将历史遗忘，最后造成一个民族或一个国家的集体失忆；从客体方面，用各种方法大规模地歪曲、掩藏乃至抹杀和销毁历史（《1984》），消除一切可能接近历史真相或历史丰富性本身的蛛丝马迹。这同教育专制过程中对教育内容的专断选择与对专制本身的隐藏两方面齐头并进的过程是一样的，一方面，通过教育内容（文化产品）的有选择性的编撰，以保证再生产权力关系和社会结构，"教育行动有助于再生产这一社会构成特有的文化专断系统，即主文化专断的统治，并由此促进把这一文化专断置于主导地位的权力关系的再生产"③。另一方面，还要隐藏教育行动的客观真相，即对教育专制真相的隐瞒，"权力关系不仅源于教育行动，而且也来自对教育行

---

① [法] P. 布尔迪约、J.-C. 帕斯隆：《再生产——一种教育系统理论的要点》，邢克超译，商务印书馆2002年版，第16页。
② 同上，第17页。
③ 同上，第19页。

动客观真相的不知。后者决定了对教育行动合法性的承认,这一承认又构成了教育行动的实施条件"①。质言之,"强加专断"和"对强加专断的掩饰"是一个问题的两个方面,是教育再生产机制的双重任务或功能:"权力关系决定了一种教育行动所特有的强加方式,使之成为强加一种文化专断和掩饰这一强加的双重专断性所必需手段的系统,即成为符号暴力的工具与掩饰(即合法化)这一暴力的工具之间的历史性结合。"② 质言之,权力关系设置出一系列精巧的系统,通过教育专断和文化掩饰的双重作用,实现了既有权力关系的"再生产"。对于人类学家和社会学家而言,便是揭示出这一过程,并予以合理有效的应对。

---

① [法] P.布尔迪约、J.-C.帕斯隆:《再生产——一种教育系统理论的要点》,邢克超译,商务印书馆2002年版,第23页。
② 同上,第24页。

第二章 文学与人类学：
想象世界的"田野化"

第一节 文学想象世界的田野化
与文学批评的社会科学转向[①]

自人类学诞生以来，对"异文化"和"田野"概念的理解也经历了一些演变，由最初的所谓"落后"的前现代文化体系、社会和地区，到后来将现代发达国家社会也"田野化"；由对现实生活中的奇风异俗与当地人的自我描述、话语的关注，到将各种文献文本纳入考察范围；由对历史文献材料的关注，到将小说等文学文本也视为"田野"而予以人类学、社会学的关注和考察。那么，是否可以从文学文本来分析当下的中国社会呢？换言之，能否将文学文本视为一个人类学"田野"，由此进行人类学田野分析？这其实和陈寅恪所言的"诗文证史"有着内在的关联。本节将以对"城市文学"的分析为中心，对"想象世界的'田野

---

① 本节文字曾发表，参见罗云锋：《挤压与突围：城市文学的困境与转机——兼及文学批评的社会科学转向》，载《南京社会科学》，2011年6期，第132—138页。

化'"和"文学批评的社会科学转向"等学术命题略做分析。

在涉及城市文学时,便可提出这样一个命题:挤压与侵蚀:城市倘将陷落,文学如何突围?对此一命题的分析将首先总结出当代城市文学面临的一些挑战,譬如科层化城市生活、社会科学、网络传媒等因素对文学的挤压。其次,在对城市文学史的学术脉络进行梳理分析的基础上,本文对当代城市文学的缺失及其可能的发展路向,提出若干见解,譬如,科层化城市生活状态下文学的认识功能、文学世界的田野化、文学批评的社会科学转向等。

一

人聚而为群,定居而为村,聚工商诸业而为市、为城(当然亦有军事重镇或城池等)。城市古已有之,对城市生活的描述和想象亦如之。就中国文学史而言,唐宋明清时期(尤其是明清时期),由于工商业的繁荣,城市和城市文化亦有相当发展,这其中也包括了诸如话本、戏曲杂剧、小说等反映当时城市生活的文学作品,可目之为早期的城市文学。历史发展到今天,城市、城市文学以及我们对它们的认知都发生了巨大的变化。理性化、现代化、市场化、信息化时代的城市与城市文学,呈现出日益纷繁多歧的发展面貌,既日益丰富多元,又颇多问题与困惑,导致所谓的"城市文学的问题或困境"。然则,倘有所谓"城市文学的困境"——这一论题本身是否成立是可以商榷的,那么,或许一是城市的困境①,一是文学的困境。两者孰为根本?前者基于社会的困境、文化的困境、政治经济的困境、现代性的困境与世界的困境等更大背景之中。后者即"文学的困境"——如果真的有的话,则意味着(城市)文学面临着多重力量和因素的挤压与侵蚀。

---

① 不过,在论述此一论题之前,必须明确一点:城市本身也是分层的,可从功能、规模、内涵等多个角度进行分类。关于城市的意象,除了诸如北京、上海、南京、广州等大城市,也包括中小型城市或城镇。它们既面临着一些共同的问题,在某些方面又表现出巨大的差异性。

第二章 文学与人类学:想象世界的"田野化"

首先是社会科学的挤压,我名之为"文史哲淡隐,社会科学凸显"①。

这涉及知识范式转型或知识权势转移,其大背景又是现代社会转型,即理性化、科层化、现代化社会取代前现代社会的大趋势。事实上,对于城市与文学的双重困境,社会科学扮演了重要却不同的角色。总的来说,是"挤压文学的生存空间,积极应对城市的诸多困境"。

新世纪的当代城市变革巨大,问题丛生,需要人文社会科学学者的及时关注,面对城市的困境,社会科学及其研究者积极介入和关注,譬如,社会学关注城市农民工问题、"逃离北上广"现象、上学难、看病难、买房难等民生论题以及其他城市文化问题;政治学、法学关注城市拆迁、征地、维权、维稳等问题;经济学关注房地产、股市、汇率、通胀、消费指数、税负以及城市文化产业等论题。

但与社会科学的尖锐畅快而直接有力的专业化介入相比,文学介入的声音就弱小得多。"文史哲淡隐,社会科学凸显",这几乎是一个世界性的现象,既是现代知识体系建构与学术权势转移的必然表现,也是现代性或理性化(牢笼)的直接表现或后果之一,也即笔者所谓的"社会科学治国"。(但理想情形却尤应重视文史哲等人文学科的作用。此亦可置换为"人文学科淡隐,社会科学凸显",这里采用的都是狭义概念,狭义的人文学科主要指文学、史学、哲学等,而狭义的社会科学则主要指社会学、经济学、政治学、军事学、法学、传播学、国际关系学等等。)社会科学(学者)日益走向前台,全面接管现代社会的规划与治理。就中国历史现实而言,20世纪80年代初之后的20年,文史哲的人文学者在思想文化界发挥着思想启蒙、政治介入和社会关怀的重要作用。但经过30年的恢复重建之后,社会科学及其学科建设飞速发展,

---

① 参见罗云锋:《现代中国文学史书写的历史建构·后记》,法律出版社2009年版;罗云锋:《文学研究与文化研究的双重变奏——20世纪80年代以来的文化学术镜像》,上海人民出版社2010年版;罗云锋:《批判知识分子的变迁——兼与陶东风教授商榷》,载《探索与争鸣》,2011年第6期,第38—41页。

培养了一大批社会科学工作者,日益超越乃至取代人文学者而成为社会问题的积极参与者与讨论批评者。尤其是20世纪90年代末以来,随着社会转型的深化,理性化、科层化、专业化的步伐加快,社会科学的作用也更加凸显。当然,作家、文学批评家等人文学者仍有其发挥特别作用的空间,但显然再也不可能恢复到20世纪80年代的那种程度。

总之,在理性化、专业化时代,文学经世经国("盖文章,经国之大业,不朽之盛事。"——曹丕:《典论·论文》)的理想,逐渐让位于社会科学治国的现实。面对种种(城市)社会问题,以前人们往往还会诉诸作家,现在则诉诸(社科)专家;鉴于此,以及对自身知识结构在理性化时代的局限性的清醒体认,作家也更多关注文学、形象与情感本身,或主动或被动地收缩文学经世的雄心。于是文学减负了,文学回归文学,作家即使有社会关怀和介入意识,也是以文学的方式。

其次是大众传媒与网络新媒体等的挤压,即所谓的"纸质文本式微,影像网络扩张"。

文学杂志、纸质作品等不再是文学的唯一载体,键盘、网络日益侵蚀纸笔以及文学的独大地位而成为文学的新工具、新形态。网络文学、博客、微博、电子游戏、影视作品、漫画、手机阅读以及其他多样化的当代文字或文学"形态"和消遣形式,既侵蚀了包括城市文学在内的地盘,也侵蚀了传统形态文学所需要的闲暇。

许多问题,读者以前往往诉诸文学,希望从作品中得到生活、情感与心灵的启发,现在诉诸的对象或资源就扩大得多了,譬如,由于在视听维度方面相对于传统文学形态的优越性,青年群体可以并且往往主要求助于影视动漫、网络等新兴媒介。从某种意义上讲,一种新的文化媒介的出现,既可促进新的文学形式的出现和发展,亦可能吸引、争夺、分化或剥夺了之前的文学形式的受众,譬如,报纸、广播、影视动漫对受众的争夺;当然,在当今社会,尤其极为重要的是网络对受众的分化或剥夺。诚然,这其中也包括网络文学,后者在文学创作主体、阅读客体、文本的形式和内容等三方面都高度分化和分层,每一方面都可以按照不同的切入角度进行多元的划分。这既是城市文学发展的新特点,也因此影响和冲击着传统纸质文本。

第三是城市生活与社会的挤压,导致"闲暇的缺乏""无暇诗意"与"经典消隐,快餐速递"。

对比于传统农耕时代乡村的闲暇,都市生活变得越来越忙碌,导致城市人越来越缺乏闲暇,也因此"无暇诗意""无暇浪漫",灵性自我无暇,亦无处安放。当代城市的发展为人们带来了许多便利,但随着城市人口的日益膨胀,生存空间的拥挤和逼仄,各种资源的巨量消耗,现代生活方式和器物科技层面的加速度变迁,以及现代城市生活和社会管理的高度组织化、科层化乃至高度机械割裂化、福特化等,也导致了许多城市问题或城市病,譬如:城市拥挤,生活成本高,污染日益严重,竞争压力空前加大,工作异化,各个领域、各种群体的内部管理文化政治及其运作机制被挤压,现代城市生活快节奏、高速率,欲望膨胀等。这些都导致各阶层城市人日益被卷入城市生活的高速度运转逻辑中,譬如学生忙于考证就业,教师忙于科研教学,白领、公务员忙于加班业绩与升职,市民忧心于收入与消费,诸如此类,使得身体和心灵往往难得片刻的停驻和休憩。因为缺乏闲暇,于是"无暇"关注心灵与精神层面,无法安静下来、沉潜下来进行闲适悠然的精神品味与心灵抚摸。闲暇的缺乏是文学的最大敌人。忙碌了一天,只想休息,睡个懒觉;或者放纵感官,享受即时的视听刺激,乃至肉体的暂时狂欢。于是,必须与闲暇伴生的诗意、浪漫因其难得,而成为可望而不可即的一种奢侈品,又因生存压力而被排在价值序列的最后,成为可有可无的东西。

一方面,忙碌放逐了文学;另一方面,忙碌也挤压和异化了文学,或导致了一种"快餐速递"的文化与文学。因为缺乏闲暇,所以城市人往往形色急促,慌慌张张、匆匆忙忙,日程表永远是满满的,仍有各种事情不断加塞进来。难得的空闲不过是两件事情中间偶然的组合剩余,或从本已榨干的干瘪牙膏瓶中挤出的残膏。身心的疲惫让对文学的细嚼慢咽变得有心无力,缺少闲暇时间也使得人们无法沉潜入经典作品的创作和阅读欣赏。这种双重的交互作用导致文学或城市文学的快餐化、话题化、平面化、世俗化、时髦化，就其功能而言，这些往往不过是用以填充片刻余闲与空虚的边角料而已。因此，当代城市文学的作品虽多，题材亦极广泛，却往往浮光掠影，一个话题接一个话题，你方唱罢我登场，没有什么能够真正流传下去的经典作品。与此相应的是，作家或文字工作者往往无暇于亦无意于经典，只是求得一种情绪的放纵，自我的宣泄，或是即时的关注、财富与名声。当然，此亦可视为社会多元化、文字民主化、兴趣个性化、生活平面化等因素对文学或城市文学的挤压。

第四是物质的挤压与心灵的挤压，即"物质挤压心灵，欲望挤压身体，社会文化政治挤压精神"。

与此同时，不仅仅是"无暇诗意"，而且还是"无意诗意"或"贬损诗意"。就当代城市生活而言，直接的与显在的问题便是经济的挤压，这首先表现在物质的挤压（物质的匮乏与对物质的无尽追逐），以物质放逐诗意；其次是对精神的挤压，这背后又有总体的社会文化政治因素在内。和现代化、工业化、科层化、科技化相须而行的城市化，让城市及城市生活不断纳入理性化的轨道，既造就了规则、秩序、稳定、理性，也让梦想的空间越来越狭小。一方面是理性化的不足，另一方面又太过理性化，现实主义、功利主义等大行其道，挤压和放逐了浪漫、想象与意象。

具体而言，亦可归纳为几大表现：时间的挤压（竞争压力大，缺乏闲暇），空间的挤压［缺乏生活空间与文字空间（房子），生存空间小］，情感的挤压（时空的双重挤压导致情感无处亦无暇安放，累与"宅"），社会文化政治的挤压（"围观""打酱油""俯卧撑""你知道的"，在"说"与"不说"之间艰难抉择），良心的挤压（在种种主动与被动、无奈或无辜、救赎与沉沦、清醒与疯狂、积极与消极的艰难选择中彷徨踟蹰，进退维谷）。

第二章 文学与人类学：想象世界的"田野化"

二

城市的困境及城市文学所受到的挤压与侵蚀既如上述，作为研究者，便要追问这样一个问题：城市倘将陷落，文学如何突围？本文拟从以下几点展开讨论。

第一，在城市文学的文学史脉络里看新世纪以来的城市文学。

城市既古已有之，城市文学亦不例外。唐宋话本、元杂剧、明清小说中颇多反映城市生活的作品。而明清时期的许多世情小说、人情小说或世态小说更是当时城市生活的直接反映。

而就当代城市文学地图而言，既可以地域划分：北京的王朔，上海的王安忆、卫慧、棉棉，南京的叶兆言、朱文、朱颖，广州的张欣，武汉的万方，长沙的何顿，等等（张欣之"浮华"，卫慧、棉棉之"欲望"，王安忆之"王琦瑶"）；亦可以城市文学的阅读主体进行分层：城市大学生的文学口味及选择（大学生或青年群体的"穿越文"、耽美文学、玄幻文学、女尊文、后妈文等网络文学），一般市民的阅读口味，白领的职场小说、商业小说《夺位》等，机关公务员的官场小说，所谓50后、60后、70后、80后、90后（或所谓右派作家、知青作家、先锋作家等）的文学接受状况等。而单就小说内容分类，亦呈现出多元化的特色，譬如：商业文学、政治文学、官场文学、职场小说、教育小说、政法小说、单位小说、纪实性小说等。而如果就新世纪当下的城市文学而言，无论是创作主体还是阅读主体，青年及其文学创作和接受都占据了越来越重要的地位，这自然也与网络这一新生传播媒介或信息载体的出现有关；此外，都市影视剧颇为红火，譬如情感伦理剧（《蜗居》为代表）、谍战剧（《潜伏》为代表）等，赚足了广大白领、市民阶层的关注和大众评说。

从以上叙述可知，当代城市文学呈现出多元化的特色，无法进行单一简单的概括，那种妄图以一种文学标准和眼光一统天下的做法既不再被认可，也不再是现实。就其全景而言，无论城市陷落与否，文学或城市文学始终都在突围，突破单一狭隘的表述对象和方式，突破批评家的褊狭视野、既定价值观、阐释方式，突破城市在身心、器物、政治经济文化等方面的限制，试图把握人性、心理、生活与社会的丰富复杂的面相与全景世态。

第二，当代中国本土化与主体性问题视域下的文学认识功能。

城市文学的丰富性却并不必然意味着其深刻性，事实上，尽管每年要出版上千部长篇小说，网络上更是持续不断地产生着海量文学作品（包括海量的作者、读者），但这一切都无法掩盖许多作品的苍白与肤浅。然而，即便如此，以整体眼光看来，当代文学依然大致反映了这个时代和社会现实，或者，和这个时代有着某种同构的关联。

文学有诸如审美、想象、娱乐、教化、认识等多重功能，这里重点关注文学的认识功能。对于好的经典文学作品，譬如《金瓶梅》《红楼梦》等世情小说，读者甚至可以通过其文本了解一个时代或一个社会丰富复杂的面相。但对于当代中国文学来说，还比较缺乏这样的作品，以包括某些纪实文学作品在内的现实主义作品为例，往往要么过度拔高（如符合主旋律或赞美正面典型人物的作品），要么过度贬损，或进行情绪化、表面化描述（揭黑作品、痛打落水狗或失势的反面典型人物的作品等），没有深入揭示出生活的深层次真实；要么根本就是闭门造车，悬空玄想，皆非真实生活本身。换言之，在这样的当代中国城市文学中，对中国社会生活的表现或表征，往往与中国现实存在着一定距离，是表层的，未触及社会的深层。事实上，这和中国社会的自我显现以及一般人对中国社会的想象与把握的表里二元性恰相一致。呈现出来的往往是"虚"与"表"，真正发挥作用的却是"实"与"里"（又譬如规则与潜规则的对比），这样一种断裂状况恰恰反映了中国整体社会文化的二元分离结构：虚与实，表与里，表面化的真实与深层次的真实之间的分裂。这是中国的一个本土化现实，亦是对中国主体性问题的分析起点，即首先要区分主体性的虚与实。

然而，不管意在了解适应，还是批评改造，社会个体都更希望能够

第二章 文学与人类学:想象世界的"田野化"

借由种种方式认识中国社会的深层结构和真实面相。作家和社会科学研究者以不同的方式来展现社会世相。就社会科学的学术研究或文化介入而言,固然可以通过种种方式揭示社会的结构性真实,但因为学科特点的限制,其成果形态一般表现为晦涩难懂的学术论文、繁复的数据图表、抽象的理论分析,往往无法穷形尽相地展现诸如心态、情感、形象、象征、暗示、想象以及细致生活等方面的具体细节和复杂多样性,此外还有一些意识形态的限制,所以并不一定能全面反映社会真实;并且由于其学术性而导致阅读群体少,不利于发挥其社会影响。而文学,由于是虚拟世界或想象世界,反而有利于避免一些敏感问题的限制而得到较为自由的表现,并且得到较多的社会关注,产生更大的社会影响。换言之,就其努力方向而言,在某种意义上,文学的想象世界反而可以比社会科学研究所揭示出的社会面相,更为全面、具体、形象化和真实,也即,借由作家基于其自身深刻的生活经验、社会阅历体悟等建构而成的文学世界,透过表象,可以揭示和展现出真正本土化的社会现实或社会真实,从而发挥文学的认识功能。这样的作品,当然非寻常小说所可比拟,"结构穿插,固能尽小说之能事,而于扬州社会情状,曲曲传来,矫正习俗,庄谐杂见,洵有功社会之作,非寻常小说也"[1]。此亦即《老残游记》之作者刘鹗所言:"野史者,补正史之缺也。名可托诸子虚,事须证诸实在。"有偏激者甚至断言,"从此是连正史都不足信的了"[2]。确实,有时,野史及文学作品非但补正史(包括报纸、广播电视等正式制度化媒体)之缺,更毋宁说是另一种形态的更真实的历史。质言之,其(认识)价值在于,以文学补社会科学之缺。

事实上,这涉及野史与正史、文学虚拟世界与现实世界及其常态与非常态的复杂关系(譬如谴责小说大多意在揭露畸形现象,于整体社会而言,或许是为非常态;于某一群体而言,譬如当时的官场,或许为常

---

[1] 老谈:"序",见李涵秋:《广陵潮》,江苏古籍出版社1985年版。
[2] 吴趼人:《二十年目睹之怪现状》,上海古籍出版社1997年版,第558页。

态;而于当时的人情心态而言,或许又为常态变态兼而有之),以及其与虚假意识形态的复杂关系。如果要论述中国主体性乃至中国模式等论题,都必须考虑到这些思考层次。

第三,科层化城市社会生活语境下城市文学或文学的价值与作用空间。

这可分别从作家与批评家两个方面来谈。

作家。不妨在整个社会转型的大背景下谈城市文学。城市生活的一个特点是其理性化、科层化,以及在全面领域的管理运作上的现代化与专业化。专业训练、专业技能及作为其体现的文凭,日益取代原来的各种形式的委派制、恩赐制成为职业准入的基本原则,个体收入、生活水平、身份、地位等更多地与专业能力相关联。甚至文学也专业化了,成为一门职业或一种谋生手段。对许多城市人(白领、中产阶级、科层组织结构中的主体等)而言,和其科层化生活密切相关的或直接需要的知识文化资源,是社会科学以及与社会科层化生活相关的知识信息。城市人日益生活在社会科学与社会科层化生活的碎片与夹缝中。这种职业的、知识的割裂与异化亦导致关注领域、阅读趣味的分化与异化。于是,正如上文所述,社会科学因此挤压了文学的一些空间。但与此同时,有意思的是,关于各个领域尤其是科层化社会生活的状态与面相,文学都有表现(如职场小说《杜拉拉升职记》、财经类小说《夺位》等)。很多作家直接从事相关科层化的职业工作,对其中的经验、细节有着直接而全面的感知和领悟,更因为其本身在取得竞争职业准入资格时业已掌握的专业知识,往往还能进行某种程度的专业化反思。总之,在科层化城市生活语境下,作家的职业分层、知识与生活背景、读者定位意识都更加清晰和专门化。质言之,由于社会的科层分化导致城市人与城市作家的科层分化,再导致文学作品与读者的功能分化。

批评家。批评家似乎尚未跟上这样一种与知识体系变迁、社会结构转型相须而行的文学生态变化的脚步,在面对这些"专门化"作品的时候,其知识结构与阐释的理论资源相对陈旧,在阐释时有些力不从心,

第二章 文学与人类学:想象世界的"田野化"

或者,隔靴搔痒,无法进入其专业化的论述结构。质言之,一些批评家阐释的理论资源和方式仍然停留在 20 世纪八九十年代,更多是人文主义的(文史哲,新批评的文本细读、新马克思主义、女权主义、后殖民主义、结构主义、解构主义、新历史主义、心理分析等),有时候甚至是有些情绪化的、表面化的肤浅苍白的批评。而事实上,要真正深入有效地批评和阐释这些文学作品及其所反映的科层化社会生活,需要批评家对社会科学以及科层化社会结构有着更深入的经验感知和知识理论把握,再力图进入其知识学术脉络里进行理论上的剖析与批评[①],譬如,文学的社会学解读或分析,文学的政治学分析,文学的经济学分析,文学的法学分析,等等。这便涉及文学批评范式的转换,亦即文学批评的社会科学转向。

第四,文学想象世界的(社会科学)田野化,或文学批评、阐释的社会科学转向。

文学批评范式的转换。此亦仍是接着上述文学的认识功能来谈。如前文所述,不同于社会科学的切入方式,文学揭示出另一种形态的更全面细致的真实,因此拓展了文学的认识功能与价值,即文学对了解历史事实和社会现实的独特作用。其间之总体线索,可归纳为陈寅恪所谓的文史互证(以诗证史)到笔者所谓的"文学世界的田野化"或"文学批评的社会科学转向"(以文学证社会科学)。其实,近现代以来,知识范式由传统的经世、经史之学转为现代的人文社会科学,分化而专业化的社会科学亦因此分担了大部分传统经史之学的求真任务,就此而言,"以文学证社会科学"与"以诗证史"有着内在理路的一致性。内在于"文史互证"的是包括诗文笔记在内的"野史补正史之不足"。伴生于作为"文学批评的社会科学转向"的前提条件的,则是"文学世界的田野化"。

所谓"文学世界的田野化"主要针对以往的对文学想象世界的偏见

[①] 罗云锋:《批判知识分子的变迁》,载《探索与争鸣》,2011 年第 6 期,第 38—41 页。

来立论，这种偏见认为文学是对现实生活的虚构、改写、夸张和想象，是一种审美的、虚构的世界，和真实的社会现实并不吻合，所以不可遂以"当真"。这固然说明了文学的独特反映方式，尤其是对于那些想象、虚构成分较多的作品而言。但是，对于许多严肃的现实主义或纪实类文学作品来说，这却可能成为一种偏见。因为，无论是从深度还是从广度来说，真正有生活积累的作家对各领域生活现实及其细节的掌握，都具有常人乃至一般学者所无法达到的程度或高度。即使出于文学或政治等目的而有所隐讳和修饰，却仍能穷形尽相地摹写人生世态，"以含蓄蕴酿存其忠厚，以酣畅淋漓阐其隐微"①。于是，这样的作家的文学作品事实上便可以很好地承担起人类学家的民族志田野调查的功能，换言之，作家文本的想象世界竟然符合人类学家格尔茨所谓的"民族志深度描述"。作家的生活经验和人类学家的田野调查比起来，毫不逊色，甚至更为细致全面。人类学家和其他社会科学研究者会花上一年半载的时间进行参与式田野调查，作家却是几十年乃至一生都在某地、某领域、某行业生活、工作和体验，并将这种熟谙转换为文学作品。两相比较，很难说社会科学研究者对现实的理解会更深刻，尤其是当这个作家还同时具有相关专业化社会科学知识的话。譬如：文学真实与社会学真实，谁更接近于社会真实？《官场现形记》与《大清律例》，哪个更能反映晚清的政治社会现实？又譬如说，笔者正在研究"人情社会学"，以自己目前的年龄和生活阅历，对人情世态的了解和把握很难同那些阅历丰富、熟谙人情世故的作家相比。更因为时间关系以及自我的学术战略规划，笔者无法也无意像人类学家或社会学家一样花费太多的时间去做田野调查，那么，在这样的情形下，许多现实主义文学作品就能起到提供相关的田野调查材料信息的作用，譬如明清以来直至当下的世情小说、谴责小说、黑幕小说（"黑幕是一种中国国民精神的出产物，很足为研究中国国民性社会情状变态心理者的资料；至于文学上的价值，却是不值一

---

① 李伯元："序"，见《官场现形记》，凤凰出版社2007年版，第784页。

文钱。"①)、官场小说等。某种意义上，这些文学作品其实是一种"想象世界的真实与深度描述"。

这种文学批评的社会科学转向即意味着将文学的另类田野志描述与社会科学的阐释结合起来，这也对批评家的知识结构、阐释能力提出了更高的要求。其内在理路是：野史补正史之不足，作家文学作品补社科学者直接经验之不足，学者学识补作家分析、批判能力及力度之不足（学者指社会科学学者、研究者；文学作者则指作家、记者、一般评论者及市井舆论；文学作品亦可包括新闻、各种网络信息等），市井世故生活常识与社会科学理论常识互补不足。

第五，城市文学史的当代针对性启发。

然而，就当代城市文学的现状来看，能够充当社会科学民族志材料的文学作品或小说有多少呢？这却确实成为当代城市文学的一个问题。然而，如果将眼光转向城市文学史，反而可以获得更多的写作经验、文学资源营养、借鉴和启发。

对城市文学的文学史脉络稍做回顾便可发现，明清世情小说的特点在于对市井生活、风俗人情、心态世故的精到把握；晚清谴责小说的特点在于速写式全景展现，以全面深描见长；20世纪二三十年代茅盾的社会剖析小说的特点在于宏观结构分析，以分析魄力见长；20世纪三四十年代的新感觉派对城市的想象及其表现重点在于"颓废"及天堂地狱的想象，以想象力与文字意象见长；20世纪40年代张爱玲的城市小市民文学系列，则以描述城市中的小人物的内在精神心态见长，等等。

以上对城市文学史脉络的梳理，自然有其当代针对性，换言之，意在借鉴其优点与特点，为当代城市文学的发展（语言的困境、想象的困境与生活的困境）提供借镜与参照，以及相应的文学、艺术资源和某种启发。譬如，借鉴晚清谴责小说的叙述方式和结构方式，以人物游历见闻的方式，描绘人物群像和总体社会面相，展示那个丰富复杂的"大"

---

① 周作人：《再论"黑幕"》，载《新青年》，第6卷第2号。

时代（《官场现形记》《二十年目睹之怪现状》《老残游记》《孽海花》等）；借鉴茅盾的社会剖析及其建基于社会科学分析能力上的社会识力，从总体和宏观上来把握那个时代（《子夜》）；借鉴新感觉派有关城市的文字、意象及其想象力；借鉴张爱玲对城市小市民的中国本土式的深层内在精神心态的细致入微的把握和表现，等等。这当然是针对当下城市文学的弊病而言的，即：从总体上看，当代城市文学虽然题材多样，亦不乏有一定力度的作品，但就每一内容或题材领域的具体作品而言，却颇为缺少那种或波澜壮阔或点出当代城市生活特质的、可能成为经典的文学作品。

这里且略以当代官场小说为例。与晚清谴责小说比较起来，当代官场小说的特点与缺陷相须而行：重情节、对话，轻分析，尤其是缺乏对真实生活背后的有关世故人情、心态情理、黑幕伎俩、制度"规矩"、人性之复杂歧异等深层潜流的淋漓酣畅、鞭辟入里的分析把握；重主题集中及情节贯穿性，反而不利于像晚清谴责小说那样以讲故事的形式或见闻形式来展示社会生活的整体面相；语言浅俗，情节构思模式单一，迎合小市民的庸俗趣味或猎奇心理，较为缺乏深度批判和反思；批判深度不够，没有揭示出其背后的深层次的文化与制度性因素；重在背后的经济利益等（许多作品从一开始便有着明确的市场意识，且同时兼顾影视改编而获得更大的商业利益）。诸如此类，不一而足，这样一种状况当然会大大削弱其文学的价值。而如果回过头来打量晚清的谴责小说——譬如，李涵秋的《广陵潮》便因为由对官场的单纯揭露而转向对更广大丰富的社会世相的展示而获得更大的批判力度——便能获得更多的启示。

三

不过，当代城市文学虽然表现出如上所述一些缺陷，倘若要追问城市文学是否真的面临困境，却仍然需要审慎地评估。事实也许是，社会与文学都多元化了，使得从以前时代过来的作家和批评家不适应，失去了解释和批评的能力,于是不无偏见地予以错误的评价和抨击。另外,从社会学的角度来看,有什么问题,就会有相应的功能主义反应和应对;有正功能,便有负功能。就此而言,批评家无须太过担心,城市、社会都有其自我更新和自我生成的能力。文学亦如此,有问题,就有应对;有什么社会现象,就会有相应的文学和社会科学反映,反映的方式亦多样,积累到一定程度,时机一到,总会有集大成者予以总体的表现,就此而言,(当代城市)文学经典的出现不过是时间问题而已。13亿人的生活,13亿人里面肯定会有人去表现和书写。等待的,不过是时机,绝不是戈多。

借用狄更斯在《双城记》的开头所言来看待新世纪的城市文学,似乎颇为切题:"那是最好的年月,那是最坏的年月;那是智慧的时代,那是愚蠢的时代;那是信仰的新纪元,那是怀疑的新纪元;那是光明的季节,那是黑暗的季节;那是希望的春天,那是失望的冬天。"①以相对主义的眼光来审视,自有一定道理。

第二节　华文文学研究与跨文化交流:
语言、文化、地域与种族

上节论及"文学批评的社会科学转向",涉及不同学科间的交流借鉴问题。本节则主要分析"华文文学研究"方面的论题,涉及跨文化交流等更为深广的历史文化维度。"华文文学研究"涉及跨文化交流、文化主体性、语言(母语等)、文学、种族、民族、民族主义、文化研究等多项议题,颇有分析的价值。2002年2月26日的《文艺报》刊登了汕头大学台港及海外华文文学中心的几位研究者的一篇题为"我们对华文文学研究的一点思考"的文章,对当时华文文学研究现状谈了自己的看法,认为从华文文学研究诞生到那时,尽管取得的成绩有目共睹,进

---

① 参见狄更斯:《双城记》,石永礼、赵文娟译,人民文学出版社1993年版。

步不小，但华文文学作为一门独立学科的地位却始终未得到确认，换言之，缺乏起支撑和主导作用的基础性观念，而更多的是在一种虚假的语言学表象的想象中把它作为文化种族主义的表征和附庸来看待，未能揭示出华文文学的内在本质。鉴于此，他们呼吁抛弃以往的"语种的华文文学"的陈旧研究思路，而代之以"文化的华文文学"，并以此作为华文文学研究的指导性、基础性概念来重新审视和定位华文文学研究。[1]文章触及了当时华文文学研究中存在的一些问题，并进行了严肃、深入的思考，这对推动华文文学的建设和发展无疑有好处。但笔者对其观点和判断以及所提出的解决思路和方案却颇有质疑，现略陈如下。

命名与本质

在我看来，华文文学只是一种命名，是对某种文学现象和文学作品或作家群体的归纳性指称。从某种意义上说，华文文学是与中国大陆文学相对而言的，尽管中国大陆文学显然也属于广义的华文文学。按传统的一般说法，华文文学包括台港澳及海外华文文学，这里面天然地便预设或包含了语种和民族两个维度，或更明确地说，语种和民族是判断是否为华文文学的两个基本要素：汉语与中华民族。（少数民族语种文学当然也属于广泛意义上的华文文学的范畴，但它另有少数民族文学的独立指称，不在今天的讨论范围。另外，之所以特别强调中华民族这一概念，原因便在于，在所谓的海外文学中还可能存在着这样一种群体，即身份属于中国少数民族，却用汉语写作，对这一文学现象怎样归类也便成了一个新鲜的命题，在笔者个人看来，这一作家群体既可归入少数民族文学范围，同时也是华文文学的一个支脉。）然而这两个条件又并非是缺一不可的必要条件，只要符合其中的一项，便可以判断为属于华文文学的范畴（当然这里必须加上另一个补充性条件，即地域的维度，亦

---

[1] 又可参见吴奕锜、彭志恒、赵顺宏、刘俊峰：《我们对华文文学研究的一点思考》，载《华文文学》，2002年第1期。

第二章 文学与人类学：想象世界的"田野化"

即中国大陆本土之外的华文文学创作），这就使这个概念更具包容性和涵盖性，很多原来无法归类的文学现象现在都可以在世界华文文学的总的名称下得到自己的身份，譬如海外华人以及台港澳作家的外语写作、外国人的汉语写作（目前尚不多见）等。相反，如果抽掉语言和种族（另外加上地域）两个基本要素，华文文学便完全失去了它赖以存在的规定性。

简而言之，如果将"世界华文文学"分拆为"世界华文"（内含地域、语言、民族三要素）和"文学"两部分，那么前者便圈定了研究的范围，后者则明确了研究的对象。当然，笔者无意于把世界华文文学这个概念变成一个收罗破铜烂铁的大杂烩，但文化或文学身份的交叉与重叠也是文化或文学领域中一种屡见不鲜的现象，外国有萧伯纳等的例子，中国也有余光中（一身兼台湾作家与香港作家两重身份）等人的例子。对某一文学现象的命名是一回事，对它的解释又是另一回事。命名只是一个外在的标签，至于特质或本质却难以从标签或三言两语中悉数尽现，否则，倒极有可能犯化约主义的危险。如果要凸显某一独特文学现象的身份和特质，完全可以在这一命名的基础上进一步划分和细化研究。

环境、种族与时代

丹纳（H. A. Taine）曾在其著作《艺术哲学》中把影响文学的因素归纳为种族、环境和时代。以丹纳的文学观为指导可以很好地对讨论中的华文文学概念做一辨析。在韦勒克（Réne Wellek）看来，丹纳所说的"时代"其实是一个模糊乃至多余的概念，它是种族与环境的总和，有时又仅指某个特殊时期的环境，"所表示的是一个时期的统一精神或一种文艺传统的压力。它的主要作用是借以提醒人们历史是动态的而环境是静态的"①，即一种历史的维度。显然，华文文学是一个随着时代而出

---

① [美]雷纳·韦勒克：《近代文学批评史》，第4卷，杨自伍译，上海译文出版社1997年版。

现的文学现象。回溯华文文学的历史,某种意义上也是回顾中国的近现代史,异族的入侵,领土的分割及其后长时间的隔离,淘金梦,劳工泪,苦难,恶劣的生存环境,大规模的背井离乡漂流异土,以及留学热,移民潮……历史是一个魔法师,让人惊诧莫名——苦难的枯枝上居然也可以绽放出鲜花。(造化弄人,沧海桑田。时光老人的手自有一种奇妙的力量,所抚之处,疤痕渐渐平复,尽管隐隐的创痛仍不时穿过历史记忆的重重迷雾顽强地向我们侵袭,但终于成了历史的记忆或过眼烟云,乃至被抛入奔流不回的忘川之中,湮灭无闻了。然而,历史(过去)、时代总会在未来烙下自己的印痕。)随着世界上不少国家华人群体的形成,以及他们在当地地位的不断提高,相应地便产生了在文化上发出自己声音的要求,这就是海外华文文学兴起的时代背景。同时,由于一定程度的隔离状态,加之异国文化的影响,遂使得这些地方的华文文学乃至文化呈现出某种相对于中国大陆的异质性。由于从前对海外华文文学的忽视,造成对这些文学现象研究的空白。因此,20世纪80年代初期海外华文文学研究的出现便起到了填补这一研究真空的作用。

同样,我们可以很清楚地看出,从世界华文文学的起源和历史来看,世界华文文学这个概念内在地包含了地域的因素,是相对于中国大陆文学而言的。之所以在华文文学之前加上"世界"这个修饰词,原因便在于此。丹纳是根据环境尤其是气候和社会状况去阐说文学艺术的,而把地域纳入到环境中来进行讨论,即风俗、气候条件、文化传统等因素通过影响人的心理及体质等,进而影响到某一地域的文化和文学创作,使之呈现出某种特异性,导致文学的差异。其实,文学的地域差异在中国文学的发展过程中本就颇为普遍,先秦时周文化同商文化的东西差异,春秋战国时期以屈原为代表的带有浓厚浪漫色彩的瑰丽奇幻的楚文化与中原文化的南北差异,等等,不一而足。中国传统文论里面对地域文学差异的论述同样很多,所谓的"北人学问,渊综广博;南人学问,清通简要","南人约简,北学深芜","南贵轻绮,北重气质","南重义理,北重考证","南崇虚无,北崇实际"等便是对文学或文化

第二章 文学与人类学:想象世界的"田野化"

的地域差异的精彩论述与发现(钱钟书对此也做过深入的考辨和分析)。循此思路分析下去,从某种意义上讲,所谓的世界华人文学不过是中国传统文论中讨论甚多的南北文学差异的另一种形式或变相,大而言之,亦是比较文学的一种变相,尽管这中间有着部分与整体、国别与国别、国别与地方等多种形式的具体分别。

从种族的角度来分析,海外华文文学的创作主体当然是广泛意义上的华人,同样,这批人也必然会使用自己熟悉的母语即汉语进行写作,这是一个客观存在的事实,以此作为研究的基本指向,并不必然体现出所谓的"文化民族主义"。安德森(Benedict Anderson)在其著作《想象的共同体》中把民族作为一种虚假的、想象的共同体,它的出现是由于印刷、出版、媒体和资本主义的发展从而给人们造成的一种群体身份认同,也因之把本来在地理上相距遥远且互不相识、没有任何联系的人联系在一起,导致一体化的虚假表象,在这种虚假共同体的人群中造成休戚相关的心理联系。[①] 安德森据此质疑民族主义的真实性。我们姑且不论安德森的理论有多大的说服力,因为安德森由之得出结论的考察对象多为欧洲大陆的民族,是否可以照搬来说明中国民族的起源和发展,还颇成问题,其中最大的一个纰漏是安德森回避了血缘联系(种族)在民族形成过程中的巨大作用。安德森之所以研究和考察民族的起源问题是有他的现实考虑的,他的意图在于通过颠覆"民族"这一概念,以为曾给人类造成灾难的狂热的民族主义降温。应该说,这种思路能给我们很多启示,但确实也有矫枉过正之嫌。民族是现代文明的一个客观存在,是现代文化、政治现实的一大特点,而且,尽管全球化的呼声高涨,但现实地讲,全球化并非可以一蹴而就,各种条件也并不充分,种族或民族作为现代社会的一种整合力量的地位和作用仍将存留相当长的一段时期。据此以推,世界华文文学中民族的因素不可否认,尽管并非唯一的因素。

[①] [美]本尼迪克特·安德森:《想象的共同体》,吴睿人译,上海人民出版社2005年版。

但民族与民族主义却是两回事,如果在两者之间画等号,不仅不符合安德森的初衷,也难以更全面、客观、深入地研究所谓的世界华文文学。在安东尼·吉登斯(Anthony Giddens)看来,"'民族'指居于拥有明确边界的领土上的集体,此集体隶属于一统的行政机构,其反思监控的源泉既有国内的国家机构又有国外的国家机构",而"'民族主义'这个词主要指一种心理学的现象,即个人在心理上从属于那些强调政治秩序中人们的共同性的符号和信仰"。① 民族和民族主义均是现代国家的特有属性。民族主义不仅提供了群体认同的基础,而且还显示出这种认同是一种与众不同、弥足珍贵的成就,因为民族主义的象征提供了相对于前民族主义时期的地方社区或亲属群体等组织,能给人以个体认同的一个现代的替代物。"在'道德意义'已退居私域和公域边陲的地方,民族象征所提供的公有性(特别是通用的语言,可能是共同经验的最有效载体),就为本体的安全感提供了一种支撑手段,尤其是当感到存在来自国家之外的威胁时。"② (但民族主义又有它的两面性:"一方面,它引发为祸甚烈的民族侵略性,另一方面它也引发启蒙的民主理想。")而且,"民族主义是对主权的文化感受,是拥有边界的民族—国家行政力量协作的伴随物","这个统一体不可能是纯粹行政性的,因为它所包含的协调活动预设了文化同质性因素"。③ 事实上,"共享通用的语言和通用的象征历史性是达致'观念共同体'的最彻底的方法"。照此看来,在提供某种文化同质性和个体认同或群体认同的意义上讲,民族和语言是我们研究所谓的"世界华文文学"的题中应有之义,或者,是一种宿命,而恰恰并非《我们对华文文学研究的一点思考》一文所声言的"是华文文学的语言学表象与文化民族主义心理相混合的结果"④。

---

① [英]安东尼·吉登斯:《民族—国家与暴力》,胡宗泽、赵立涛译,北京三联书店1998年版。
② 同上。
③ 同上。
④ 参见吴奕锜、彭志恒、赵顺宏、刘俊峰:《我们对华文文学研究的一点思考》,载《华文文学》,2002年第1期;另参见2002年2月26日《文艺报》的同名文章。

第二章　文学与人类学：想象世界的"田野化"

众说纷纭话"文化"

《我们对华文文学研究的一点思考》一文尽管呼吁"文化的华文文学",但对文化本身却稍觉语焉不详。事实上,"文化"是一个相当纠缠不清的概念。18世纪德国启蒙思想家赫尔德(Johann Gottfried von Herder)在他的名著《人类历史哲学概要》中给文化定位过三个基本特征：首先,文化是一种社会生活模式,它的概念是个统一的、同质的概念,无论作为整体还是社会生活的方方面面,人的每一言每一行都成为"这一"文化无可置疑的组成部分；其二,文化总是一个"民族"的文化,用赫德尔的话说,它代表着一个民族的精华；其三,文化有明确的边界,文化作为一个区域的文化,它总是明显区别于其他区域的文化。[①]可以说,这三个特征迄今一直被认为是关于文化理论的比较权威的说法。而从以上赫德尔的分析可以看出,文化也内在地包含着民族与地域的区分(当然,这里的文化并非那种被看作是人类单一的、总体的、天地一统的单数形式的文化,而是预先设定了存在着不同体系的文化,也即复数形式的文化,事实上,这也是赫德尔的天才创造性的表现之一),这说明,即使是所谓的"文化的华文文学"仍旧不能剥夺内在于"语种的华文文学"概念之内的"民族"和"地域"这两个据以把"华文文学"同其他汉语言文学区别开来的本质特征。

有关文化的定义,总共不下百余种,仅从这一点就可看出文化的复杂所在。比较有说服力的人类学意义上的文化概念来自英国著名人类学家爱德华·泰勒(Edward Tylor),他在《文化的起源》一书中,视文化和文明为一物,认为从人种学的广泛角度来看,文化是一个错综复杂的总体,包括知识、信仰、艺术、道德、法律、习俗和人作为社会成员所获得的任何其他能力和习惯,即文化成为人类经验的总和。社会学的文化概念则将重心移到社会共享的价值观念和行为特征等方面。此外,还

[①] 陆扬、王毅：《大众文化与传媒》,上海三联书店2000年版,第1页。

有其他诸如哲学的、艺术的、教育的、心理学的、历史的、生态学的和生物学的等文化概念，不一而足。① 但无论何种定义，文学都是作为文化这个大的概念下的一个具体形态或表现，是次一级概念，以上级概念来界定次级概念的本质属性，明显违反了基本的逻辑常识。

由以上对文化的定义的简单介绍便可以看出，文化几乎是一个无所不包、内涵极其宽泛的概念，以此作为华文文学的本质所在，要么是把华文文学变得包容性极大却有丧失或偏离本身学科规定性之虞，从而沦为其他学科的附庸，要么是越俎代庖，根本混淆了华文文学研究与其他学科的区别（更遑论与相关文学研究的必要区别）。无论是哪一种情况，都不啻取消了华文文学学科本身。而且，以此作为研究华文文学的指导性观念，多少便给华文文学的研究做了某种预设，有先入为主之嫌，反而会制约研究者的研究眼界和多样思路，丧失学术研究应有的活力。从方法论上考虑，不必预先给研究套上种种条条框框，或规定一个努力的具体方向，从而使学术研究活动越走越狭窄，比较务实的做法是尽可能向多个方向开掘，但仍必须以文学而非文化为本位和中心。

文化研究的陷阱

或许，"文化的华文文学"的提出同文化研究对传统文学研究思路的冲击有关？我们知道，狭义的文化研究是指第二次世界大战以后在英国逐步兴起，尔后扩展到美国及其他西方国家的一种学术思潮和知识传统。而英国的文化研究学派对文化的理解又不同于此前的诸种定义。雷蒙·威廉斯（Raymend Williams）奠定了文化研究的理论基础，它概括了文化的三种界定方式：理想文化或经典文化；作为知性和想象作品的整体的文献文化；作为一种整体的生活方式的文化。正是这最后一种定义，奠定了文化研究的理论基础。根据这种定义，文化研究的目的不仅仅是阐发某些伟大的思想和艺术作品，更重要的是阐明某种特殊的生活

---

① 转引自陆扬、王毅：《大众文化与传媒》，上海三联书店2000年版，第7页。

第二章 文学与人类学：想象世界的"田野化"

方式的意义和价值，理解某一文化中"共同的重要因素"。其实，文化研究目前还是一个颇有活力却又最富于变化、最难以定位的知识领域，在与传统文学研究的对比中，可以勾勒出它的一些基本倾向：（1）注重研究当代文化而非历史经典；（2）注重研究大众文化而非精英文化，尤其是以影视为媒介的大众文化；（3）重视被主流文化排斥的边缘文化和亚文化，如资本主义社会中的工人阶级亚文化，女性文化，以及被压迫民族的文化经验和文化身份；（4）注意与社会保持密切的联系而非局限于象牙塔内，关注文化中蕴含的权力关系及其运作机制，如文化政策的制定和实施；（5）提倡一种跨学科、超学科甚至是反学科的态度与研究方法。

显然，文化研究为我们提供了一种与传统的研究全然不同的、新的学术视野和研究范式。但文化研究也只是提供了多种文学研究的学术路径中的一种。眼光局限于一隅，顾此失彼，抛弃、压抑其他包括传统的文学研究方法和范式，必然不利于学术研究的深入发展。我们应以客观辩证的眼光来打量文化研究的地位和作用：就任何类型的文学研究都可以借鉴、吸取、采纳文化研究的方法而言（当然，前提是确有必要且确实对文学研究有帮助），文化研究是具有普适意义的；就文化研究只是众多研究方式中的一种而言，则我们必须为文化研究的应用设限，不必强求一致。文学所包含的内容是无比广阔的，绝不仅仅局限于文化研究所注重的"整体的生活方式"一端，文学研究也便不仅仅是文化研究。

比较文学研究：华文文学研究的归宿？

世界华文文学研究能否归入比较文学的范畴也许是一个悬而未决、有待商榷的学术课题，不忙遽下断语。但华文文学研究却不妨借鉴比较文学研究的思路和方法。目前国际比较文学界公认的两种研究方法是法国学派所谓的"影响研究"和美国学派所谓的"平行研究"，前者注重于对不同国别的文学在内容、主题、艺术技巧、体裁、语言、风格等文学本身的方面进行比较，总结它们的异同及相互影响和吸取关系；后者则扩大文学研究的范围，把文学研究扩展到其他学科领域，借鉴、融合其他学科领域的研究方法、学术成果来加强文学研究的深度和广度，表现出了较为宽广的学术视野，同时较好地做到了与相关学科领域的关联，取得了一定成绩。作为比较文学研究领域的大家庭中的一员，世界华文文学研究大体也必须采取这两种研究思路。至于这其间关涉到的诸如种族、母族文化等特殊情况，既不可想当然地做出某种预设而遮蔽了应采取的更为宽广的学术眼光，亦不可因怕陷入文化民族主义的窠臼而踯躅徘徊，刻意回避确有可能存在的某种精神的或文化上的联系。

尽管"文化"仍是一个令人疑窦丛生的概念，然而如果姑且认同赫德尔给"文化"定位的三个基本特征，则比较文学或华文文学研究必然也会涉及不同文化之间的差异、对比、冲撞和融合等问题，因为文学本身既是受着各种文化的潜移默化的影响，同时也是文化形态的其中一种。文学研究中一定程度的文化研究或文化比较无可厚非，我们只须牢记这一点，文学自有其基本的面向，即文学是人学，它反映的是人的生存状态，人所面临的生存困境，思索、追问生命的尊严、存在的意义。或许，只有从这个意义上我们才可以说：文学无国界。

第三节 语言文字与跨文化交流：
以"韩语汉字词"的教学为例[①]

在跨文化交流中，语言是最重要的互动媒介之一，文字又使得语言交流获得赋形，于是语言与文字的学习在跨文化交流中就不仅仅是技术问题，而是一个必要的文化前提。本节主要讨论对韩汉语教学中韩语汉字词的教学问题。

韩语汉字词主要有三种：汉源词、日语汉字词、韩文汉字词。可分

[①] 本节文字大体写就于2006年12月23日，曾发表。参见罗云锋：《试论对韩汉语教学中"韩语汉字词"的教学》，见在韩中国教师联谊会编：韩国《汉语教学与研究》，第7辑，首尔出版社2007年版，第95—102页。

第二章 文学与人类学:想象世界的"田野化"

别采取直译、转译与并译的方式。按照它们与现代汉语词汇之间的关系又有一一对应与不一一对应之别。与此相适应,在汉语教学中则可采取直译与并译的方式。笔者认为,并译的方式更有利于韩国学生对汉语言文化的有效和深刻掌握。此外,本节还就相关学术研究领域的研究前景提出了一些展望。

众所周知,朝鲜语(韩语)的词汇根据来源大致可以分为四类:固有词、汉字词①、外来词与混合词。必须提及的是,和本论文的研究课题密切相关的汉字词主要包括三类:一类是从古汉语(近代以前)中引进的汉字词,即所谓"汉源词";第二类则是(主要是近代以来)从日本语(汉字)中引进的汉字词即所谓的"日语汉字词"②(当然,这里也存在着颇为复杂的情形,一方面,近代以来,中国和朝鲜一样,也从日本直接引进或经斟酌比较后选用过一些现代词汇;另一方面,中国的现代语体文也创造和发展了现代汉语词汇。这导致一个复杂的局面:韩国从日本引进的汉字词组词汇,有的与现代汉语相同,有的却并不通行于现代汉语。于是,在对韩汉语教学——包括翻译——中如何处理后者就成了一个值得探讨的论题);第三类则是韩语独有汉字词(为了与前面两种区别开来,姑且称之为"韩文汉字词")。有意思的是,虽然就当下政治文化现实而言,韩国特别强调母语的主体地位,并因此一度废除汉字(韩国社会和学术界对此一直有不同的观点和争议),但在西方民族主义观念全面影响东方社会的近代之前,情形却并非如此。尽管对汉

---

① 韩语汉字词可分为两大系列:一是汉源词,二是韩国独有汉字词。究其本源,汉源词理应属于外来词,但是汉源词在韩语词汇体系中占有很重要的地位,已形成了自己的体系,所以,韩学界不把它归属到外来词里,而是和韩国独有汉字词一起归属到汉字词里。参见李得春:《试析韩国语汉源汉字词和韩国独有汉字词》,载《延边大学学报(社会科学版)》,2005年第1期。不过,在本论文中,笔者另加上"日语汉字词"这一系列,特指近代以来朝鲜(以及后来的韩国)从日语中所引进的汉字词,并一概归入所谓的"韩语汉字词"中。

② 在本文中,所谓"日语汉字词",特指韩语中从日语引进的汉字词,而非指概念更为宽泛的日语中的所有汉字词。以下"韩语汉字词"的提法亦同。

文学与母语文学——这是后来才提出的概念——的表现力问题亦间有异议[1]，总的来说，以汉字承载的汉文学却一直被视为朝鲜民族文化传统的一部分。实际情形正是如此，以至于近代以来朝鲜（包括1948年以后的韩国和朝鲜民主主义人民共和国）在能够很方便地引进日本汉字词汇时[2]，其引进方式却颇为独特，即其字音既不是日本音，也不是中国的白话或普通话，而仍然使用朝鲜语本来的古汉语语音系统[3]——换言之，有着共同的汉字基础，却有着相对独立承传发展的汉字语音系统。[4]在对韩汉语教学中，这三类汉字词都必须翻译成现代汉语字词。总体而言，从理论上来说，这存在着三种可能的方法：汉字直译，转译成现代汉语词汇，并译即同时标注汉字与现代汉语词汇（或古先今从；或今先古从）。这就牵涉到几个问题，第一，古与今[5]，即汉源词与现代汉语词汇的对译问题，这涉及古代汉语与现代汉语之间关系的问题。理论上，这存在着上述三种可能的方法。譬如韩语中"평소"一词的翻译就有三种可能：直译："平素"；转译："平时"；并译："平素，（现代汉语）平时"（古先今从），或"平时，（亦作）平素"（今先古从）。然而，以上三种对译都会面临着一些问题，直译会导致语言交流功能的难以实现，因为很多古汉语词汇已不再在中国社会的日常生活中流通；转译则

---

[1] 张哲俊：《东亚比较文学导论》，北京大学出版社2004年版。
[2] 出于对民族主体性地位的强化等考虑，相对于"中华文化圈"和"汉语文化圈"而言，当代韩国人似乎更倾向于所谓"汉字文化圈"的提法。
[3] 笔者注意到一个有意思的现象，当代韩国电视媒体在翻译中国人的姓名时，多用韩国语音记录普通话语音，所以"刘江"被翻译成为"리우지앙"而非"유강"，从韩语中完全无法了解其汉字姓名。同时，尽管仍有大部分韩国人使用汉字命名，年轻人却并不知道怎么书写其汉字姓名。不尽适当地套用德里达的说法，可以说在韩国，是"语音中心主义"取代了"逻各斯中心主义（汉字中心主义）"，而所谓"汉字文化圈"中的最重要一环"汉字"反而缺席了。
[4] 其实，中国的方言发展历史亦是如此，譬如粤语和闽南语便拥有和普通话差异明显的汉语语音系统。据学术界考证，这两种汉语方言语音系统更多地保存了古汉语语音。同样，韩语也保留了相当多的古汉语语音，关于韩国语与中国各地方言之间的比较研究，请参阅韩国汉阳大学中文科严翼相教授的论文，《韩国汉字音和中国方言的语音类似度》，载《语言暨语言学》，2005年7月，第483—498页，兹不赘述。
[5] 有时也是一个书面语与口语之间关系的问题。

第二章 文学与人类学:想象世界的"田野化"

导致韩国学生的记忆负担,影响记忆效率和规律,干扰记忆和理解,并且由于迷失了汉字来源而失却了文化的根基①;并译当然是一种兼顾的中庸之法,但有时也会加重学生的学习负担。第二,内与外,即作为"外"的韩语中"日语汉字词"与作为"内"的现代汉语的对译问题。亦有两种情况:(1)"日语汉字词"如果与现代汉语相同,即"内外和合",则不妨直译,譬如将"사회"直接译为"社会";(2)如果现代汉语并没有引进相应的日语汉字词汇,即"内外有别",则又必须转译②,譬如将"지하철"转译为"地铁"而非"地下铁"③。第三,"韩文汉字词"与现代汉语的对译问题,这同样可以有直译、转译和并译等三种解决方案,但总体而言,一方面由于这部分汉字词数量并不多,另一方面由于现代汉语中并不存在这样的词汇,所以比较合适的翻译方式应为"并译",故不再多做论证。

由上可知,无论是哪种汉字词,都存在着(汉字)直译、转译和并译三种方式,而所谓并译其实就是前面两种翻译方法的相加。一般而言,翻译的原则是"信、达、雅",然而,落实到汉语与韩语之间的语

---

① 当然,这里又同时牵涉到韩国对本身民族文化根基的认识以及其中所牵扯的民族主义等诸多问题。其实,韩语固然和汉语有着无法剥离的千丝万缕的联系,甚至还可以通过对古汉语词汇的坚持而在和现代汉语进行交流的过程中,进行词汇互动,即一定程度的所谓反向影响。这里当然有一个文化强势的问题,而且由于韩国社会和学术主流强调母语文学,对汉字的掌握在年轻一代中间已经日益弱化,所以这一可能空间已越来越小。
② 显然,抛开意识形态、民族主义等敏感问题,这里同样可以探讨直译的可能性,换言之,在面对这一情形时,以上所分析的三种应对方式同样可以适用。
③ 这里同样涉及汉字文化交流的互动性,即日本汉字直接转化为现代汉语(这已经是部分事实,并且有相应的学术研究著作)以及通过韩国的中介而介绍到中国现代汉语,将汉字交流的单向度转移和影响转为双边和多边交流——这与跨文化交流的思路是相通的,同样还可以和东亚共同体的长远目标挂钩。当然,这其中仍然存在诸多问题,除了政治和意识形态层面的考量之外,还有很多具体的技术问题。关于前者,当然需要一个长期的过程,是在中日韩三国间(还可以包括朝鲜、越南以及其他汉字文化圈中的国家和地区)的政治、意识形态、经济、文化社会等方面发展到某个程度之后的事情。而后者则需要包括训诂学家、音韵学家在内的语言文字学家的共同参与和共同研讨。而近代以来中国学术界关于外来词的一些争论和研究也可以为这个课题提供有益的经验和借鉴(当然,这其中必然要涉及各国的约定俗成——却并不严格符合正统的汉字运用方法——的一些汉字用法)。而且,在"书同文"与"文化多元主义"之间始终存在着一种合理而必要的张力。

际翻译或语言教学,则存在着相当特殊的情形。就语言教学而言,如果两种语言系统的词汇存在着一一对应的关系,或有着相当严整的对应规律,这样的语言学习最有效率,因为有相当的规律可循,可以举一反三,提高学习效率,且不会造成记忆的负担。当然,在语际交流中,大部分词汇并不存在严格的对应规律。但语言教育与学习——尤其是在缺乏完全语言环境的情形下——的一个重要原则就是经济原则,两种语言,愈是能找出更多的一一对应关系等严整规律,则愈便于学习掌握。所以,在语言教学中,教学双方总是尽量寻绎和归纳出规律。具体到对韩汉语教学中,关键就在于汉字。考虑到韩国(朝鲜)文化历史发展过程中引进汉语的方式①,以及韩语中汉字词汇所占的近70%的比重②,汉字教学比词汇教学更为重要和根本。汉语具有非常强的生成能力,这种生成能力也以汉语为基础的韩语汉字词中体现出来了。众所周知,古汉语多为单音节文字,且汉字数量众多,能够自由组合为双音节或多音节词,加上构词方式灵活多样,完全能够应付随着社会文化发展而层出不穷的新事物和新概念,并以意译的方式将之逐渐纳入和内化到本土语言文化体系之中。就这一点而言,以汉字为代表的表意文字比拼音文

---

① 学术界一般认为,古代朝鲜人使用古汉语作为书面语,而口语则使用朝鲜语;接着分别使用"书记式记录法"与"吏读式记录法";1443年世宗召集众臣根据朝鲜语的语音特点和中国音韵学的相关知识创制朝鲜文字后,将朝鲜语的表音文字称为所谓的谚文,主要在下层人民中间流通,总体而言使用的人仍然不多;至"二战"后,朝鲜语言文字的使用情况有了较大改变,包括韩汉并书、韩汉夹写(韩主汉从)、韩汉夹写(汉主韩从,即"韩汉夹写文"——"或韩汉混用文""国汉文"等)、纯韩文等方式——换一种思维方式,这些语言书写方式也可以为对韩汉语教学提供某种有益的启发。毋庸讳言,在此一历史过程中,朝鲜语(韩语)受到汉语的深刻影响,一个最直接的表现就是大量的汉语词汇的固化。
② 参见李熙升编纂:《国语大辞典》(1961年),其中所收275854个词条中,固有词占24.4%,汉字词占69.32%。有意思的是,有的现在被认作韩国固有词的其实也可能是汉语词汇,只是由于使用年代的久远,无论是韩国人还是中国人往往一时都不清楚其本字(汉字)。在日语方面也存在相似的情况,清末时期,中日文化交流频繁,学习日语成了很多留学日本的中国人的一件大事,而当时的中国学人也往往喜欢给日语汉字在中国学术文化典籍里面寻找根据,以让"东都人士读之而生水源本木之思;中土学子见之自此不致骇为域外异字"。参见但焘:《日语古微》,著者刊,1910年5月13日初版。亦可参见李小兰:《从中国史籍记载看中国人的日语知识》,载《东北亚学刊》,2001年第2期。

第二章 文学与人类学:想象世界的"田野化"

字拥有更多的优点。事实上,双音节词和多音节词占主要地位的现代汉语正是这样发展起来的。所以,掌握了基本的汉字(音与义,尤其是古汉语的音义),对由古汉语汉字衍生或生成而来的现代汉语词汇的掌握就相对容易得多,尤其对韩语汉字词对应的现代汉语词汇的掌握也便利而有效率得多。

不同于西方国家,韩国在掌握汉字方面拥有着得天独厚的优势条件。虽然,在韩语中,汉字的意义和现代汉语往往有着细微的差别,但如果纳入到整个汉字文化历史之中,则这种细微差别几乎可以忽略不计〔和有着大量意义转换和自创的日本汉字比起来,韩语中的汉字意义和(古代或现代)汉语的意义体系拥有更大的交集和吻合之处〕。换言之,韩语中汉字的意义即使和现代汉语的汉字意义有所不同,却仍然是继承了古汉语的汉字意义,在语际交流过程中,对中国人而言,并非完全不可理解。这种细微差别当然会一定程度上影响到语言的交流功能,但从长远和深度来看,却能更好地促进韩国学生掌握汉字文化,使韩国学生不仅能知其然,还能知其所以然,包括更有效地理解本民族的传统文化(譬如对韩语中的汉字词汇的进一步理解)以及汉语系统的汉字文化等。① 所以,在对韩汉语教学中,无论其意义是否和现代汉语词汇系统完全吻合,在韩语汉字词教学时,应该一律让学生了解其一一对应的汉字,譬如:"광역전철노선도""안산역",应该同时译为"广域电铁路线图""安山驿"而不是仅仅翻译为"大都市地铁路线图""安山站"等。换言之,在教韩语中的汉字词时,总的原则是采取"并译"的方式,即既将韩语中对应的汉字如实写出,同时写出翻译成现代汉语的汉字词汇。当然,在具体教学(包括词典编撰原则方面)中,对不同的汉字词可以有不同的对待方式,以下进一步论述。

我们可以用另一种分类方式将韩语中的汉字词区分为两类:和现代

---

① 有意思的是,随着中韩两国在文化、政治、经济等各方面交流的扩大,有不少中国人也开始学习韩语,因此,此一汉字教学的思路照样可以运用到韩汉语言教学实践中而取得良好的学习效果。

汉语词汇存在着一一对应关系的汉字词①、和现代汉语词汇并无一一对应关系的汉字词。

根据以上三种情况，我们可以列出一个图表：

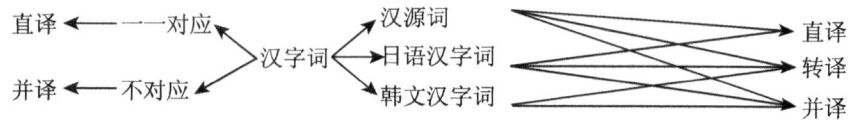

由上图右边部分可知，韩语中的三种汉字词大体都可有直译、转译、并译三种方式。然而究竟何种方式最好，却还要根据汉字词与现代汉语词汇体系的关系而定，这就转移到上图左边部分。即以另一种分类方式——韩语汉字词与现代汉语词汇之间的汉字意义关系——将韩语中的所有汉字词区分为一一对应的汉字词与不一一对应的汉字词，前者自然不妨采取直译，后者却可以采取并译的方式，即先告诉学生与韩语发音对应的汉字，再告诉学生翻译后的现代汉语词汇。具体到词典编写上，则不妨先写出现代汉语词汇，再在括号里注明相应的汉字。譬如：화장실：卫生间，洗手间，厕所（化妆室）。但这里也存在着一种特殊情况，这就是脚注①中所提及的和现代汉语词汇有书面语与口语之分别的汉源词，其翻译仍取并译方式，但在教学或词典中则在括号中注明汉字的同时还标记为"书面语"，譬如：평소：平时（〈书〉平素）。② 当然，运用并译方式的主要目的在于帮助韩国学生更快地学习汉字，提高学习效率，而对于韩语汉字词与现代汉语词汇之间的意义差别，教师在

---

① 和现代汉语词汇有书面语与口语之分别的汉源词，亦可归入此类，但翻译方式却应该采取并译的方式，并在教学或词典中分别注明"书面语"与"口语"，而不是后一类所采取的在括号中标明"汉字"的方式。
② 其实，在对韩汉语教学中，因为韩语与汉语的特殊密切关系，以及韩国传统文化的积淀，还可以考虑优先进行古汉语字词教学的可能性，尤其是在韩国的大学中文学科的汉语教学方面，并可以在教学过程中尽量教给学生更多的包括音韵学、训诂学等在内的语言文字学方面的知识，更好地促进对汉语言文化的掌握——当然，这对师资本身也提出了更高的要求。

教学时仍然必须明白无误地指出来并进行细致辨析，否则就会造成语言交流功能不能顺利落实。①

值得注意的是，这一教学方法的有效实施应具备一些基本的前提条件，主要关涉对中、日、韩三国汉字词的交流史的梳理和整理（当然，就更大学术视野而言，此一研究还可以将朝鲜、越南、新加坡等国家和地区包括进来，并在诸如所谓汉字文化圈或东亚共同体的学术研究中以及促进东亚社会的文化社会交流等诸方面发挥出更大的作用），譬如近代以来中国（现代汉语）从日语借用的汉字词及其异同，日语从汉语中借用的汉字词及其异同，韩国从汉语中借用的汉字词及其异同以及韩国从日语中借用而来的汉字词及其异同等，分别编修相关词典。有了这些作为基本工具书的词典②，可以进一步促进相关的学术研究。目前东亚思想文化界关于东亚共同体的讨论颇多，撇开诸如统一汉字编码、汉字词的比较研究等文化层面的探讨，仅仅集中于历史、社会、政治、经济、意识形态等方面的研讨似乎并不充分。不过，要处理这样重大而复杂的论题，却远不是学殖荒落的现在的我在这样一篇简短的论文中所能解决得了的，权作后话罢。

第四节　文化的"他山之石"：跨文化的交流与借鉴③

如前所述，对于跨文化交流而言，"摇椅上的人类学家"往往试图

---

① 亦可参见王秀珍：《实用汉语会话教学——重点难点有的放矢》，载《汉语教学与研究》，第6辑，首尔出版社2005年版，第163—166页；贺国伟：《韩国语中的汉字源词及对韩汉语的词语教学》，载《华东师范大学学报》，1998年第2期。
② 事实上，诸如近代以来中国从日语中引进的汉字词等论题，学术界已经有了相关的一些著。参见周荐：《汉语词汇研究史纲》，北京语文出版社1995年版；史有为：《汉语外来词》，商务印书馆2000年版；张强、朱洁：《汉语外来词的界定与引进刍议》，载《外语与翻译》，1997年1期，等等。但本文所讨论的所谓"日语汉字词"，笔者限于见闻，尚未见到韩国学术界的相关研究著作。
③ 笔者于2006年在韩国工作期间，曾于回国前夕的2007年1月17日，和韩国著名的中国现代文学研究专家朴宰雨教授进行过一次访谈，本节与下节文字即基于此次访谈整理而成。

从历史文献材料切入来了解异文化，但更重要的却是深入文化对象内部，两种文化主体进行直接对话、交流乃至生活互动本身。后者在许多多元文化社会中已经成为事实，而跨文化对话也越来越成为跨文化交流的重要方面。这种对话对象既包括对象文化体系中的一般民众，也包括对象文化体系中的文化专家或研究者，两者在跨文化交流中有着不同的意义。此外，对话和交流既是为了了解对象文化，亦是为了借对象文化反观和反思研究者本身所寄身其中的主体文化，而表现出双向的启发意义。下文所示便是笔者和韩国学者朴宰雨先生的对谈，具体背景是，"笔者于2006年至韩国公干，遂欲趁此良机广晤东国之俊彦硕学，请益切磋。朴宰雨教授乃韩国中国现代文学研究界之执牛耳者，余素仰其大名，此番遂慕名拜访，蒙其不弃，乃有此一席谈天雕龙，颇多启悟，现董理如下，以飨读者。然则仍须声明一事：于意识形态、学术概念术语、学术叙述语言、方式，与乎学术观点诸方面，韩国学术界与大陆学界实有所不同，故读者诸君自不妨以批判眼光看待、判断之。本文则取实录姿态，以期存韩国学术界及朴教授思考之原貌。斯亦绍介域外学术界之研究现状及其动态，俾略示'他山之石，可以攻玉'之微旨云尔"。

一、正统的叛逆：从司马迁到鲁迅

罗云锋（笔者，以下简称罗）：我列了一个提纲，但是准备得不是特别充分。之前通过网络和其他老师的介绍，对您有了一些初步的了解，您现在的学术兴趣主要是研究中韩文学交流与现代文学中的韩人形象。

朴宰雨（以下简称朴）：对，主要是韩中文学的比较，包括作家作品的影响研究以及平行研究，也有形象学研究，也就是关于韩中文学的交流与关系的研究。所以，韩中之间所有与文学有关的东西，都是我所关心和研究的对象。

罗：但是从您的学术经历来看，您以前是研究古典文学的，譬如研究《史记》。

第二章 文学与人类学:想象世界的"田野化"

朴:我此前也对中国现代文学有兴趣,譬如鲁迅。但是在我1982年9月到中国台湾去留学的那个时候,在台湾的大学里,包括台湾大学,很少有人研究中国现代文学,而台湾大学的课程里面,也没有中国现代文学的研究课程。不是少的问题,而是一门都没有。

于是我只得采取另一种迂回的方式。你知道鲁迅最喜欢的古典作品是什么吗?是哪位作家?对,是司马迁的《史记》。鲁迅很推崇《史记》,称之为"无韵之离骚,史家之绝唱";另外,我的指导教授也推荐我阅读司马迁的《史记》,因为研读《史记》可以为中国文学的学习研究打下一个坚实的基础。尽管我对此本来并没有多大兴趣,但随着逐渐深入的阅读和研究,却发现很有意思。司马迁的精神和鲁迅的精神有很多可以互相沟通的地方。

罗:您说的"沟通"是指……

朴:人生经历方面,司马迁的人生经历也是不简单的;另外还有思想方面,司马迁有着与正统思想不同的叛逆思想。从美学的观点来讲,孔子、孟子等属于"正"派,司马迁的文学观念则有着和正统派不同的理念,和一般的主流有着不同的看法,属于"奇"派。司马迁具有比较强的怀疑精神,鲁迅继承了这种精神。因为同样秉承这样的精神,所以他们写出来的东西也很有相通之处。此外还有他们的"作风",写作的"作风"或"文风",也有同样的味道。换言之,与其他作家有着不同的文风。

罗:我觉得很有意思的是,您的经历似乎和司马迁、鲁迅也有某种相似之处。我从网上了解了一些您的经历,您参加过民主化运动,对朴正熙[①]有过批评,甚至有过短暂的牢狱生活。

朴:司马迁也坐过牢,但目前尚没有一种公认的、确切的结论。以前我研究过这个问题,结论是司马迁大概坐了两年左右的牢。鲁迅先生没有坐过牢,但是在蒋介石时代,在国家法西斯政策、高压政策之下,全中国都可以看成是一个大的牢狱,所以即使没有身陷囹圄,其实也跟

---

① 20世纪六七十年代的韩国总统,以军事独裁以及当下颇为中国人所熟悉的新村运动而著名。

坐牢是一样的，此也即鲁迅所谓的"铁屋子"。我也是在学生时代参加过民主化运动，坐过短期的牢，所以和他们也有灵魂上的共鸣。

罗：我觉得您选择司马迁也罢，鲁迅也罢，也许有和他们在气质性情上有着某种契合的原因。

朴：可能是吧。

罗：那之前是什么样的契机促使您走向鲁迅呢？

朴：读中文系的时候，不大熟悉司马迁的《史记》。当然，读高中的时候也知道司马迁，对《史记》的列传、世家等历史故事，也都有所了解，然而，至于里面有什么深刻的感染力，有什么样的文学力量，这些当时是不知道的。如果大学时代没有发现鲁迅，我可能不会继续研究中国文学。因为那个时候朴正熙的独裁很厉害，很多学长被追捕和投入牢狱。在那种情况下，在韩国，只能研究中国的孔孟儒家、《三国演义》等古典文学，这好像是韩国的一种法西斯统治力量和意识形态的构成成分之一。中国古典和统治形态的合作，构成了一种统治力量，一种主义。我那个时候很反抗这一点，所以对这种（中国古典文学）研究不大关心，没有多少兴趣。后来发现鲁迅，觉得很兴奋：原来中国文学里面也有这样的精神界的战士，原来中国文学里面也有反抗的精神，于是对中国文学的印象便有了改变，有了兴趣。

二、研究外国文学的意义：要有借鉴性，才有意义

罗：和那个时候韩国整体的社会政治氛围、文化氛围都有关系。

朴：对，其实也可以——并且事实上也确实有——从纯粹学术的角度来研究中国文学的，但是对我们来说，中国文学是一种外国文学。那么，我们那时便常常思考和反思这样一个问题：在韩国的历史、现实政治形势下，研究外国文学的意义在哪里？譬如，为什么韩国的情形现在这么严酷，这么厉害？韩国的民主现在这样黑暗，在这样的情形之下，你去研究外国文学，是为了什么？那时就不断地这样追问自己。

罗：那么，当时您追问以后，您对刚才所提及的那些问题是什么样

的想法,也就是说,研究外国文学的意义和目的是什么呢?

朴: 最主要的是,要能对韩国的文化现实和文学现实给予一些启示,或者对于解决这些文化现实问题或文学现实问题能有其启发性。要有借鉴性,才有意义。不然的话,纯粹欣赏外国文学,停留于这个层次,可能是没有多大意义的。甚至从某种意义上讲,如果自己仅仅停留在这个层次,可能恰恰就在不知不觉间成了帮凶,亦即法西斯主义政治和政策的帮凶。但我不想做帮凶,怎么办?乃有这样的自我追问:从外国文学里面,能不能找到一些对了解韩国的文化、文学现实会有所帮助或有启发性的资源?于是带着这些需求和疑问去阅读、研究中国现代文学。后来在鲁迅的作品里面找到了,换言之,在中国文学里面也有改变韩国文化现实的一种文学资源。这就是叛逆性,但更重要的是斗争性。斗争性从哪里来的呢?我在反思这个问题。能不能反思自己,从自身上寻找原因?自己是否直接参与到封建"吃人"的过程里面?对,"吃人",在"吃人"的封建社会结构里面,我也正在"吃人"!这样就对自己也有一个反思。这就是忏悔,不忏悔,哪有道德性的力量?!忏悔性从哪里来?就是迫近自己,批判自己。

罗: 这里还涉及一个知识分子的问题。我们等一会再详细探讨。

三、学术研究的出发点:对祖国前途启发性大

罗: 我注意到,之前您比较多地关注鲁迅,但1996年以后您的学术研究大体上有一个转向,譬如,开始转而关注对中国现代文学中的韩人形象的研究,以及关于中韩文化、文学的比较研究。那您为什么会有这样的一个转向呢?

朴: 本来很想继续深入研究鲁迅,但是我注意到中国、日本的鲁迅研究学界,对鲁迅的研究已经达到了相当的水准,取得了很大的成果,不容易找到研究鲁迅的新的切入点。所以,尽管对我而言,从鲁迅的思想中可以得到一种精神资源,把鲁迅看成是我的朋友,这点没有改变。然而,在现实生活中,学术界和学校却要求我们必须写论文,这对我们

的压力很大，我们是靠做学问吃饭的学者嘛。所以，后来我便思考着怎样继续学术研究的问题。回到我自己，出发点仍然是一样的：就是选择对韩国的前途启发性大的。那么，在中国现代文学研究领域，较少被人关注和研究的学术领域是什么？当时便注意到了"韩人小说"这一研究课题，于是我开始向很多学者去问询、交流和联络，譬如杨义、吴福辉，还有山东大学的黄万华教授，还有东北师大的一位教授，等等，询问他们是否关注过这个论题，在这方面有没有资料，从而从他们那里得到一些资料信息和一些作家的相关作品。从1994年到1996年之间，我找到相关作家的26篇作品，后来又增加了一些，现在一共达到30多篇作品。最近还扩展到台湾文学方面的韩人题材的小说，由此慢慢扩大和增加。是这样的一个情况。

四、中国现代文学中的韩人形象研究

罗：这样的一系列文章，您最后想达到一个什么成果？

朴：从学术研究的角度来说，这属于比较文学里面的形象学。但是从韩中文化交流的角度来说，这是一种文化交流。日据时代，很多朝鲜人跑到中国大陆去，包括东北和上海等地，在这个过程当中，中国作家跟朝鲜人之间发生了文化沟通和文化互动、交流。既有直接的交流，也有间接的交流，朝鲜人成了中国作家观察的对象，以及得到启发和灵感的对象。这本身就是一种文化交流的活动。那么，我要考察的便是，文化交流活动对文学会产生什么样的影响和结果。这就是韩人题材作品所能提供的启发，这和考察韩国文学作品里面的中国人形象，是一样的。

罗：这方面的课题，也就是韩国文学作品里的中国人形象，您也做吗？

朴：还没开始，但是已经掌握了一些资料。互相的文化交流活动嘛。很多研究中国文学的一般韩国学者，并不知道韩人题材小说这个课题所具有的很多内涵——中国现代文学的内涵。但这对研究中国现代文

第二章 文学与人类学:想象世界的"田野化"

学的韩国学者来讲,是很有意义的。

罗:我在网上看到一篇介绍您的文章,说您在中国北京、上海的图书馆花了很多工夫找相关的资料。我觉得在中国东北地区的资料可能会更多一些,尤其是在东北沦陷时期。那时,东北地区的中国作家有的用汉语、有的也用日语写作。当时流亡到中国东北的朝鲜作家,他们是用什么语言来写作?这方面的材料您涉及得多吗?

朴:最近比较关心的就是这方面的。以前只是单纯地研究中国现代作家的韩人题材的创作。后来也关注日据时代的韩人题材的作品。日本帝国主义时代的殖民地,当时叫作三大殖民地①,就是中国台湾被统治50年,朝鲜被统治35年,"满洲"②(中国东北)被统治14年。此外还有日本发动侵略战争以后占领的诸如上海等其他沦陷区。还有日本本土,也有反抗的、被压迫者的文学。这些地区的文学、作品、作家之间的交流、文化的活动,对各个地区的文学创作都有影响。最近正在写有关台湾作家钟理和在伪满洲的体验。他在"满洲"生活过两年半左右,也就是1938年到1940年中期。他跟他的妻子——他们是同姓的嘛,他的妻子也姓钟,钟台妹,这样的同姓婚姻是客家社会所非常反对的,所以他们就高飞远走——到"满洲"去,在那边度过了两年半的生活。他曾经拿到了驾校执教证,通过教人开车这样的方式来赚钱吃饭。有时候,在驾校里面,也有一些开车的朝鲜人,所以他们就开始互相认识了,之间也会发生一些互动和故事,也就是在日据时代的"满洲",这样的一个特殊时代空间里,产生了这样的一些文化交流活动。后来他据此写了一篇题为"柳荫"的小说,这篇小说非常有意思:朝鲜人和中国台湾人在"满洲"——当时日本的殖民地,另外一种形态的殖民地——这样的时代空间里面活动。当然,这仅仅是

---

① 这里面涉及种族、民族、国家想象等问题,颇为复杂。此处叙说方式仅代表韩国学者对此的叙述,中国大陆对此有不同的表述,包括文中的其他一些术语和表述亦是如此,这是要特别声明的。

② 指伪满洲。

研究的开始阶段，后来，这个研究领域不断地扩大，不同国族的人——主要是生活在"满洲"的中国人，包括满族人，还有回族人，当然最多的还是汉族人——都在这一特殊时代空间进行写作，当然是用汉语写作的，但是也有用日文写的。朝鲜人有用韩文写作的，也有用日文写作的。但是，有些作家之所以使用日文写作，当然主要是因为那边的统治阶级是日本人。（罗：日本统治当局会有一个审查的机制。）他们大部分是用日文写作的，还有俄罗斯人用俄文写作。所以，在这样一种复杂的文学场域里，有着各种各样的相互影响，以及相互作用的活动和关系，构成了一种日本殖民地文化政策的影响之下的复杂文学景象。但是，这样一种有着各种各样尝试的丰富的文学存在，以及各种各样关系的文学现象，现在还没有得到很好的研究。

还有一个重要方面：在日本帝国主义时代，日本本土也是殖民地各国人民的各种文化活动的一个场地。那个时候，一些朝鲜人到"满洲"（中国东北）去流亡，在日本帝国主义的殖民政策之下，也有很多人到日本内地去劳动——这是基于日本本土对劳动力的需要。也有"满洲"人去日本的，梅娘就是一个从"满洲"来的中国作家，她也到了日本，观察从朝鲜来的另外一个殖民地的人的生态和活动，并就此写作过相关作品。还有郭沫若，也有相关的文章。但是研究这方面的人很少，而这是很有价值的研究领域。

五、研究鲁迅也需要古典的基础

罗：我觉得您的学术研究的一个转向比较有意思，即从之前的古典文学转到现代文学的研究。[①] 像您这样的学术转向，在韩国学术界有没有普遍性呢？

[①] 其实，从古典转向现代，再转向所谓的文化研究，其间内在理路是一致的，即关怀社会现实。而中国学者从现当代文学研究转向古代文学乃至历史的研究，亦是想更深入地理解中国社会和中国文化，更深刻有效地关怀现实社会中的文化中国。

第二章 文学与人类学:想象世界的"田野化"

朴:没有普遍性的。

罗:因为以中国大陆而论,中国的一些学者随着研究的深入,可能慢慢会向时间的纵深延展,即逐渐上溯到古代思想文化领域。譬如他原来是研究现当代文学的,或者研究文学理论的,慢慢就转向到古代历史或古典文学研究领域里去了,也就是从现代文学转移到古典文学领域里去了,这和您的学术研究过程好像正好有点相反,您对这个怎么看呢?

朴:我本来是从研究鲁迅开始研究中国文学的,但是在中国台湾留学过程当中,没有这种研究鲁迅以及中国现代文学的学术条件,所以只好研究中国古典文学。从纯粹学术的角度来说,研究中国古典文学也很有意思。我花了10年工夫研究司马迁的《史记》、班固的《汉书》,这对于我来说,打下了很好的基础。研究鲁迅也需要古典的东西嘛,鲁迅的古典文学修养是很好的,研究鲁迅就应该了解鲁迅的文学实践,自然也应该需要古典的基础。

罗:您说的这个很重要,请原谅我打断一下。20世纪50年代以来,中国的大学中文教育——主要指中国大陆,当然期间有很多变化——我觉得还是和传统有一点断裂。譬如在中文系的课程设置方面,包括中文系的专业设置和学术分科①等,对古典文学的基本训练,在我看来还是比较缺乏,即使到今天仍然没有根本的改观,譬如对于最基本的音韵学、训诂学、语言文字学等方面的学术训练,相对于台湾来说,这方面还是比较欠缺。据我所了解,中国台湾的大学中文系的课程设置非常注重这些基本的传统文化学术训练。所以我觉得您在台湾的这个学术经历,也使您因此而打下了一个比较坚实的学术基础。

朴:对,在台湾大学读硕士、博士的时候,训诂学、音韵学、古籍整理学、文献学,还有学术史,譬如梁启超的《中国近三百年学术史》,这些东西都学过,此外还包括《左传》《诗经》、李白和杜甫的诗歌,等

---

① 这里涉及笔者一直在思考的诸如"常识教育"等命题。

等，都学过。后来当然主要是研究现代文学，但是古典的东西都非常熟悉，对之有非常亲切的感觉。

罗：对，有时候我就有这样的感觉，因为我的年龄比较小，由于中国大陆的特殊教育制度和特殊历史进程，相对于中国台湾来说，我（我们这一代，更不用说我们的上一代了）所受到的传统教育还不是很系统深入。有的时候，在做某一项学术研究课题的时候，如果涉及中国古代、古典的一些东西，譬如我当下正有意着手进行的"人情社会学"，就感觉到自己古典学术的训练和传统文化的积累还是非常的不够。所以，一旦你的研究涉及古典的东西，你要去做的话，缺乏基本的学术训练和基本的一些历史文化方面的知识修养，就会觉得捉襟见肘。

朴：客气客气。

六、将新旧传统结合起来思考

罗：所以，有的时候，像我们这一代就有一个补课的过程①，对传统学术和古典文化文学的补课。还是回到刚才的问题，第一个就是您从古典转到现代这一学术转向在韩国学术界有没有普遍性；第二个就是说，有的中国学者从现代转向古典（朴：杨义就是这样。）对。我把这一现象解读为"回归传统"，重新找回被抛弃或被遮蔽的传统，如果借用"没有晚清，何来五四"②的说法，也可以说，没有传统的文化中国，哪有今天和明天的现代化中国。因为20世纪50年代以后，中国对传统的东西，基本上还是遮蔽了很多，所以我想这是不是反映了一个"回归

---

① 其实，下一代的情形也并没有好到哪里去，仍然存在着传统文化营养不良的问题（当然，要不要补课则是另外一个问题，因为也可能有另外性质的营养足以支撑生命体的需要），尽管他们终究有他们的新的知识结构和社会文化观念，看上去似乎即使缺少了传统文化也照样能赖此以解决诸如精神存在与社会发展的诸多问题，譬如现代化等。这便常常引发有关学者对恢复传统文化的必要性的怀疑和争论。然而，需要追问的是，很多人呼吁回归传统，这到底是基于什么样的考虑？譬如，是更多地从政治统治、民族国家想象与认同、道德伦理的角度，还是从文化、安身立命的角度来立论，这才是更值得我们深入思考的。

② 王德威：《被压抑的现代性——没有晚清，何来"五四"》，载《想像中国的方法——历史·小说·叙事》，生活·读书·新知三联书店1998年版。

第二章 文学与人类学:想象世界的"田野化"

传统"的趋势,不知道您怎么看。

朴:韩国的学者里面,从研究古典文学开始、后来研究现代的学者不多。这不是有普遍性的现象。只有几个人。我也是这样。我的硕士和博士论文都是研究古典文学的,然后转向现代——不能说是"转向"!可以说是"回归",回归到以前愿意研究的那些领域。回归,不是转向,是"回归"。拿到博士学位以后,回归到本来想做的研究领域,目前还较少有这样的与我有着类似学术经历的人。不过东亚大学的金东允教授(音)的学术经历和我有点类似。我和他还是一起在台湾做研究生的时候认识的,他那时是研究苏轼的诗,回国以后在韩国的成均馆大学读博士。他倒是一回来就马上回到自己本来要研究的领域,也就是研究鲁迅。如果他继续在台湾读博士的话,就不能回归到鲁迅研究了。其实,如果当时有机会,我曾想去日本留学,比如当时就非常关注东京大学的鲁迅专家丸山升先生,因为本科毕业的时候,读了他《鲁迅——其文学与革命》一书,颇受影响。所以,如果有机会,当时就打算去东京大学读他的博士。但是这个机会是不容易获得的,而且当时丸山升先生也在生病(罗:还是对鲁迅感兴趣。)对。但没有这个机会。那个时候,韩国人都是在中国台湾留学的,所以现在韩国从台湾留学回来的年纪比较大的教授都是研究古典文学的,或者古代语言学。也因此,在韩国研究现代文学的学者,当然没有研究古代文学的人多了……

罗:韩国国内的学者也只是研究古典文学?

朴:国内的也有研究古代文学的,不少;但是纯粹研究现代文学的人没有研究古代文学的人多,很少。所以,从古代转向到现代,或者从现代到古代再回归到现代,这是比较特殊的例外。

朴:第二个问题。中国的学者从现代文学的研究开始,后来转向古代,不知道这个情况在中国是否是普遍的现象?(**罗**:不是普遍现象,但是有若干这样的个案。)这跟中国的学风有关系吧。中国的学风,在我看来,上个世纪80年代90年代的文化热以后,对古代文化的兴趣提高了,认识到仅仅注重现当代文化发展的过程是不够的,还是要回归到古代。在这样的学术风气和潮流之下，需要更深地了解古代的文学文化。所以，便从现代再度回归到古代。

罗：我觉得您的分析非常到位。这里有个反思传统文化的过程，由"新中国"而回溯到"五四、民国"，再回溯到"晚清、近代"，再回溯到整个古代中国的文化文学，层层溯源，越推越前。而且，之前的中国现当代文学研究由于意识形态等方面的原因，遮蔽了很多作家，导致原有的文学史更多地叙述的是一些左翼的作家，其他的一些作家被遮蔽掉了。此外还包括对中国传统的解读，可能也遮蔽和误读了很多东西。而随着中国的改革开放，中国变得更加自信，意识形态的压力慢慢地也变得要小一些，文化学术领域也变得相对宽松自由，与此相应，便有了"重写文学史"的学术命题，所以便有"回归传统"的呼吁。

朴：所以说是新传统和旧传统的关系嘛。新传统是一种革命传统。你们的文学一直在新传统的范畴之内对新传统里面的作品进行解读和反思，这种反思的深度是很有限的。反思应该回归到旧传统里面，应该将新传统和旧传统结合起来思考问题①，这样的话才能够得到一些更合适的、更合理的、更客观的反思的结论，以及相应的文学史的叙述。

七、东亚的历史记忆：不一样的近代、现代与当代？

罗：在中国文学史的写法方面，也有一个不断的重新写作的过程，包括80年代的陈平原、钱理群、黄子平等在内的一批人，提出"重写文学史"的"学术"、"思想"抑或"政治"命题，把之前被遮蔽掉的一些作家作品重新挖掘出来，纳入文学史的叙述和撰写。除了对现代文学史的叙述对象的扩展之外，对古代文学的叙述对象、范围以及评价尺度也日益扩展或丰富。并且，也不再仅仅从现代史的角度来考察现代文学，而是日益将之置于更大的历史、文化、思想、社会、文学和时空脉

---

① 反思可以分为三种情形：以新传统反思新传统和旧传统，以旧传统反思新传统和旧传统，以新旧传统结合起来反思新传统和旧传统。当然，温故而知新、新旧相资等是另一种分析路向。

络里进行更为全面深入的考察和分析,包括横向的比较——譬如和世界文学之间的关系——和纵向的推衍——由当代而现代而晚清而近代而古代,于是越推越远,越推越大。但这里存在着一个有意思的问题,就是关于文学史分期以及历史分期的问题。据我所知,韩国学术界没有诸如古代、近代、现代、当代这样的一种分期方式。

朴:从我和中国学者的交流来看,有的时候我把中国学者的著述翻译成韩文的时候,能发现近代、现代、当代这样的分析法。但是这种分析法并不具有普遍性。在你们的观念里面,现代文学是从"五四"时期开始的,或者是从梁启超他们的时代开始,往往是这样的一种常识性的观念。而陈思和提出的新文学整体观,这种观念就很有意思,他把新文学看成一个整体来思考。这跟中国学术界一般采取简单的政治性的、时代的分期方式有区别。有的时候我们采取这种分期方式是为了交流的方便,但是在心里我却在思考:这样的分期表面上看起来有意思,但真的有其合理性吗?

罗:那么在韩国呢?韩国的文学史分期,以及韩国的历史分期是什么情形呢?在这方面韩国和中国有什么不同?因为我不是十分了解。

朴:以韩国而论的话,一般 1945 年以前叫作近代;1876 年我们开港——受到日本的压迫,我们被勉强开港,所以从 1876 年到 1945 年日本统治结束叫作近代;1945 年以后叫作现代。(**罗**:就是没有"当代"这样的说法。)对,没有这样的说法。英语里近代、现代、当代都是"modern",你们是将它们勉强分开来。

第五节 文化交流的不平衡与人文社科的危机

一、"韩流":大众文化也需要精英文化的引导,对人类进步有意义的,尽量的引进来

罗云锋(以下简称"罗"):我们可以谈点轻松的。您好像对所谓的"韩流""汉风"等比较关注。韩流,譬如韩国的影视剧、音乐以及其他的一些流行文化,最近在中国比较流行,尤其是受到年轻人比较多的关注。据说在韩国也相应地有所谓的"汉风"。我不知道您对这个现象怎么看。

朴宰雨(以下简称"朴"):我本来对"韩流"这些东西没有多大兴趣。但是,随着意识形态的尖锐对立这样的局面和格局都大致取消之后,对一般的社会和民众而言,有影响的文化就并不只是精英文化,而是大众文化。以前我比较重视精英取向的所谓精英文化,而对比较通俗的、重视人的欲望并与之妥协的大众文化相对忽略。人的欲望当然有值得肯定的一面,但是也存在着否定性的一面,需要适当控制。那时的我更多地看到了大众文化的否定性的一面,而较少关注其肯定性的一面,忽视大众的欲望。因此,当时并不认为有什么重视大众文化的必要。

然而,随着后来尖锐的意识形态对立的格局的逐渐消退,我慢慢意识到这种想法也不够客观全面,意识到对于大众文化也不必采取全面否定的态度,而应该更多地了解,尤其是对其中积极的因素,更要积极地引介进来。质言之,对于大众文化中积极的层面、进步的因素以及对人类进步有意义的好的方面,要尽量积极地引进来。对所谓的知识分子文化或精英文化而言,这也是一种有益的补充。或者,从大众文化的角度来说,大众文化也需要精英文化的积极引导,精英文化可以发挥向导的作用。由此,我慢慢关心有关"韩流"和"汉风"等大众文化层面的交流。

譬如,前些年中国大陆不大重视乃至看不起金庸的文学,而最近我看了金庸的一些文学作品以及改编的电影之后,发现也很有一些有意义的东西。又譬如,尽管"韩流"里面也有不少否定性的东西,但同样有很多积极的东西,可以引进来,这对于传播东亚文化共同体的理念,以及东亚共同体的现实追求,都可以发挥积极和建设性的作用。其他诸如中国的"汉风"、日本的大众文化、其他国家的各种文化,都可以自由充分地交流,都有其积极的、进步的、健康的方面,所以我们也应该尽量把它们引进来,当成我们研究和学习的对象。我是以这样的思路来关

第二章 文学与人类学:想象世界的"田野化"

心大众文化的。

罗:"韩流"在年轻人中间受到这么大的欢迎,您如何解释这里面的原因呢?譬如说中国大陆方面,为什么年轻人这样热衷于"韩流"?

朴:西方世界对韩流还没有多少兴趣,但是亚洲特别感兴趣。是什么导致这样的差别呢?为什么会有这样迥异的态度和现象出现?一般来说,中国大陆的社会主义文化比较强调意识形态,强调平等与正义等,当然,其间也包含有享受的文化,但常常受到抑制。而当中国大陆引进市场经济以后,这些情况就有了一定的改变(香港或许是个比较特殊而典型的例子,某种意义上讲,香港文化体现了一定程度的所谓殖民化的文化)。一方面,中国日益恢复对传统文化的浓厚兴趣和了解意愿。另一方面,中国也积极地引进包括美国文化在内的西方文化。这当然既是经济交流日益频繁的一个直接结果,也符合世界文化交流的潮流,尽管不同的国家因为种种原因在这一过程中的步调有快有慢。

就韩国而言,韩国也积极地引进西方文化,由此相应地导致韩国的大众文化往往受到西方文化的巨大影响,甚至可以说是西化了的大众文化。尽管如此,韩国一直致力于建立一种具有不同风格的新文化。众所周知,韩国之前受到中国古典时代的儒家文化、佛教文化等的深刻影响,近代以来又经受西方文化的洗礼,于是韩国将古典文化与西方文化结合起来,融会贯通,从而创造出新风格的文化。

于中国大陆而言,新的市场经济虽已建立,但相应的精神文化或享受文化尚没有很好地建立起来,在这种情形之下,一旦发现韩国的大众文化,马上受到冲击,并积极地吸收进来。以前有一种解释,认为"韩流"是中国古代的儒家文化出口到韩国,韩国再用西方文化包装成所谓的"韩流",然后再重新出口到中国。这样的解释当然亦有其道理,但不够全面。诚然,很多韩国电视剧里面表现出了浓厚的儒家文化气息和风范,譬如重视亲情、孝道、长幼有序等礼节礼貌,人与人之间讲究仁爱互敬、恪守礼节,等等,这样的东西也不少。但是"韩流"里面还包含有其他更加重要的内容信息,包括韩国在殖民化、民主化过程中体现出来的种种文化元素，譬如强调民主与平等。"韩流"大众文化往往通过种种方式，阐述这样的理念：人民就是大众，大众就是人民，人人都是平等的。

罗：在韩国有"平民总统"这样的说法。

朴：对，平民就是总统，总统就是平民。在我们的意识形态里面，每个人都可以保持其自身的个性，尊重民主化过程所催生的个性独立、自由民主等理念。这样一种时代风气，通过包括影视传媒在内的所谓"韩流"尽量地表现和传达出来，这才是"韩流"和韩国大众文化中尤为重要的因素。[①]

二、文化交流中的不平衡现象"似曾相识燕归来"：文化影响和接受之间的背离现象

罗：我在国内很少看这些影视剧，但是来韩国之后，为了了解韩国，有时也有所关注。拿电视剧《大长今》来说，当时一度风靡中国。不仅仅是年轻人，其他年龄层次的许多人也十分喜欢。但如果深入分析，则可以发现这里面其实存在着影响和接受之间的背离现象。从影响的角度来分析韩国大众文化或"韩流"，您强调韩国的主体性，强调"韩流"中的"新"，即将种种外来文化融会贯通之后熔铸成为一种新文化。但是从中国受众接受的角度来考察却甚有偏差，换言之，中国受众之所以欣赏和喜欢韩国的影视剧，并不在于其中的"新"，而恰恰在于其中所蕴含的"旧"，或曰"传统"，在于他们往往能够从中发现儒家传统文化的点点滴滴，因而有一种特别的亲切感……

朴：这就是所谓的"似曾相识"。

罗：对，"似曾相识燕归来"，或者说"改头换面'归'故乡"——从接受者的认知而言。这说明了什么问题呢？这必须结合当下的中国文化社会现实来谈。毋庸讳言，在追求现代化的过程当中，中国

[①] 关于"韩流"，亦可参见朴宰雨：《"韩流"与"汉流"在东亚的角色与方向》，见《交流与互动：上海、汉城（首尔）都市文化比较国际学术研讨会论文集》。

第二章 文学与人类学:想象世界的"田野化"

大陆以前相对较为忽视对传统的继承、保护和发展,一些传统在中国大陆已经很难寻觅。反观韩国,对儒家文化的保存做得较好,儒家文化也在日常生活中得到较好的体现——尽管近现代以来韩国思想文化界一直不乏对儒学价值是非的种种激烈争论。当然,"保存得好"并不仅仅意味着对于古迹的保存和维护,更是指这种传统文化很好地渗透和融汇到民众的日常生活、习俗、习惯和心理情意结构中。(朴:生活细节里。)对,融入到普通人的日常生活细节里面。

朴:对,韩国社会确实保存了很多传统的因素,譬如祭孔等仪式,以及日常生活中的礼貌礼节等等。

罗:也就是说,文化传统很和谐地濡染、渗透和融汇到生活细节里面去了,自然体现在人的举手投足的行为举止、待人接物的态度方式以及生活习惯和性情气质等方面。文化传统不是博物馆里面的东西。但是,由于近现代以来的特殊历史进程,中国大陆大体上存在着一定程度的所谓传统文化断裂,一些文化传统暂时地失落了,而更多地保留在书面文献中。突然有一天,中国的老百姓从韩国电视剧里面、从韩国社会的日常生活里面,重新发现了这些似曾相识的传统,自然而然地便会产生一种亲切感。此其一。其次,从整体的时代社会文化背景来说,这可能也反映了中国的一种变化趋势,即日渐重新反思传统、重新在一定程度上回归传统的趋势。回归传统当然也不是把传统的东西一概拿回来,但至少他会认识到:啊,原来传统的东西并不都是封建的,封建的东西也并不都是不好的。多少是因为之前的简单化革命话语,以及相应的学校教育和教化,当代中国人常常有一种思维定势或成见,总认为封建主义的东西就是不好的,将封建、封建主义、传统和迷信、腐朽、落后等画等号。但封建主义仅仅是一个概念,其实也有很多足资借鉴的东西。思想解放以后,中国人日益意识到这一点,于是呼吁回归传统,此其二。

拓开去讲,这里也必须将接受史和影响史区别开来。从影响的角度而言,跨文化交流的过程中常常会出现不平衡的现象,我对此非常感兴趣。好像朴教授也写过相关文章,就是谈中国和韩国在现代文学研究领域中的不平衡现象。在我看来,这种"不平衡"可以从不同的角度和层次来理解。总的来说,无论是中国还是韩国,一方面相对于古代双方密切的文化往来和交流,另一方面相对于近代尤其是现代以来各自和美国、日本之间的相互文化学术交流而言,中国和韩国之间的相互文化学术互动和研究还非常不够。具体而言,就古代而言,中国和韩国(古代朝鲜)当然有十分密切的文化交往,古代朝鲜引进了大量的汉文文献资料,然而,中国对韩国(古代朝鲜)文化典籍和文献的引介却不是很多,也不是特别积极,这种不平衡状况到目前仍没有多少改观;另外,就现代以来的文化交流互动而言,则无论是中国还是韩国,相互的历史、文化、社会等方面的绍介和研究都十分薄弱,这和两国之间日益密切的全面往来是极不相称的。

我来韩国之后,便想多了解一些韩国的社会文化,于是常常去参观一些博物馆,看了一些保存下来的诸如朝鲜时代用汉文书写的属于古典时期的那些文物和文献资料。当时我就有一个想法:如果将这些文献材料引介到中国,让中国更深入地了解韩国,那将是非常有意义的事情。其实,就中国大陆而言,对韩国的了解、认识和研究还非常不够,这亦是一种"不平衡"。但是,到目前为止,这方面的进展仍然非常不够。总而言之,除了古典文化社会方面交流的不平衡——如上所述,韩国对中国古典的介绍相对要好一些,还有现代文化社会方面交流的不平衡。如果缩小范围,仅以现代文学研究而论,双方的相互研究都比较薄弱,包括韩国对中国现代文学的研究,中国对韩国现代文学的研究。不知道您怎么看待这个不平衡的问题?

三、韩国人的三种"中国形象",韩国的"475 世代"与"386 世代"

朴:以前我在"中国文化的理解"的课堂上,给学生们介绍过韩国人的所谓三个"中国形象",一个是传统中国的形象,一个是革命中国的形象,第三个是改革开放以后的中国形象。韩中建交以后,很多韩国

第二章 文学与人类学:想象世界的"田野化"

人都去过中国大陆,对中国当然有了不少实际的了解。但在建交伊始,韩国人对现当代的中国历史却不甚了了,但对中国古代历史上的人物、事件则相当清楚。韩国人对传统中国形象中的周朝、春秋战国、秦国、秦始皇、汉朝——汉朝跟秦朝是我们特别熟悉的王朝——魏晋南北朝、唐宋元明清等,包括汉武帝的雄才大略、汉高祖刘邦与项羽的楚汉争霸、唐玄宗和杨贵妃的爱情故事、杜甫的爱国主义诗歌、诗仙李白的诗歌等等,大家都非常熟悉,在历史课本里面也都学过。韩国人对古代中国的感受和印象是:中国是大国,拥有大国的风貌,文化非常丰富。中国又是一个儒教国家,有诸如孔子、孟子这样的圣人的伦理思想,此外还有诸如杨贵妃的爱情故事之类的非常罗曼蒂克的一面。当然,也有不好的体验,譬如清朝以及日据时代到中国去的一些朝鲜人(譬如朴趾源等),也见过中国的一些负面的情形。但总的来说,韩国人对古代的传统中国的印象很好,尤其是在明代的时候,当日本人、倭人侵略朝鲜的时候,明朝军队帮助朝鲜军队共同驱逐倭寇。所以,在韩国人眼里,古代中国就是这样一种有礼貌的、致力于圣人政治和王道政治的有大国风范的仁爱的中国形象。

但韩国人对现代中国,尤其是革命中国却知之甚少。譬如,在中国的革命过程当中,特别是在中国文化大革命时期,中国人的个人体验和感受如何,只能通过诸如《霸王别姬》这样的一些文学或影视作品来进行模糊的管窥和猜测,但对中国人的实际生活和心理感受却仍然不大清楚。

罗:对,通过电影或文献等渠道了解的东西比较外在,同"摇椅上的人类学家"简单的远距离的了解并无二致。

朴:确实,对革命中国的了解十分薄弱,以至于实在没有办法理解。在20世纪60年代的韩国,无法了解中国的情况,由于政治意识形态等的对立,对中国的印象和评价都是负面的。[①] 70年代初,李泳

---

① 这一状况在韩国对鲁迅的接受史中亦有所反映,参见夏榆:《鲁迅:在东亚的天空下》,载《南方周末》,http://www.southcn.com/weekend/culture/200612140035.htm。

禧先生①写了一篇名为"转换时期的论理"（1974年）的文章，这篇文章里有对中国革命的正面性的介绍。此外还有《权力的历史和民众的历史》一文，文章以一种二元对立的结构框架来叙述中国现代史，认为所谓"权力的历史"就是蒋介石的历史，所谓"民众的历史"就是毛泽东的历史。这真是一篇振聋发聩的文章，给我以强烈的思想冲击，我甚至认为这是当时的知识分子所写的最为重要的文章之一。

通过李泳禧先生等的介绍，我们对中国有了新的认识，逐渐了解了中国革命的真相，而并非之前的那种完全负面反动的形象，譬如认为中国是一个让国民饿肚子的独裁的邪恶国家等。事实上，李泳禧先生对中国的诸如社会主义平等等各种社会现象的肯定性的介绍非常多，以至于当时的韩国官方试图压制这样的言论和出版。但真相是无法压制的，这些言论在知识分子的小圈子中慢慢扩大，产生了很大的影响。当然，现在这些都成为常识性的认识了，而且对中国革命也有更为深入全面的理解，但在当时却确实振聋发聩，非同凡响，为当时韩国的年轻知识分子揭开了迷梦一样的中国革命的真相，至今印象深刻。

罗：这其中是否也包括"386世代"②？

朴："386一代"是20世纪80年代的。70年代主要是"475世代"。总之，通过李泳禧先生等知识分子的介绍，作为"475世代"的我们慢慢地了解了中国革命的真相，这在80年代则慢慢变成"386世代"关于中国革命的共识，相关的一些书籍也能很方便地找来阅读，譬如斯诺的《红星照耀中国》。但这在70年代还是不可想象的，在那个时候，阅读这些书

---

① 可参阅夏榆：《"韩国鲁迅"的鲁迅——专访韩国社会运动元老李泳禧》，载《南方周末》，http://www.southcn.com/weekend/culture/200612140034.htm。

② 所谓"386世代"，是韩国当代政治文化中特有的一个说法，指出生于20世纪60年代、在80年代参加韩国民主化运动、现年三四十岁左右（至20世纪90年代）的那一代韩国人群体。具体说来，"3"指他们的岁数为三四十岁，"8"指上世纪80年代，其时正是韩国由军事独裁统治转向民主政治的学生民主化运动时期。"6"指上世纪60年代，这一群体大多是在这一时期出生的。"386世代"大多积极参加了韩国1980年5月18日爆发的震惊世界的"光州事件"，也称为"518"运动。下文所谓的"475世代"亦是同理，只不过时间更早一些。

籍还是很危险的。我也只能偷偷阅读和翻译毛泽东的《在延安文艺座谈会上的讲话》。当然,我使用的是笔名,所以还是没有问题啦,哈哈。

罗:换言之,在这一过程中,"475世代"所起的作用比较大。

朴:对,受到李先生影响的都是"475世代"。之后的"386世代"则受到"475世代"的前辈的影响。因为政治意识形态等方面的原因,韩国人最初对现代中国的想象大多是负面的印象居多,后来经过李泳禧先生等知识分子的努力,逐渐加深和扩大对中国的比较全面客观的了解,于是对中国也有了新的认知。而当韩国的军人独裁政权崩溃之后,就恢复到更加平衡性的中国认识。当然,中国形象由负面转向正面的这一转换过程对我们影响深刻,因为突然就发现了之前被扭曲的真相。我的"左倾"是从那时开始的,因为反对当时韩国严酷的法西斯政权,所以"左倾"。而中国知识分子则是右倾化。

罗:那第三个中国形象呢?

朴:第三个中国形象就是改革开放的中国。建交之后,越来越多的韩国人有机会来到中国实地体验。早期比较多地到吉林延边朝鲜族自治州访问,给韩国人的感觉是中国非常落后,尤其是农村,简直比韩国差三四十年;随着双边交流的日益扩展,韩国人慢慢去包括北京、上海等大城市在内的中国各个地方进行游历和体验,观察到种种不同的气象,而且每年都在飞速变化,很难用固定的形象框架来叙述。韩国人对改革开放以后的中国的认知,就像盲人摸象,众说纷纭。换言之,改革开放的中国形象既有开放的一面,也有非常落后的一面。

罗:很有意思。中国大陆对自身的历史有一个重新认识的过程,这也包括"重写文学史"。而韩国对中国大陆的认识和理解,也有片面遮蔽和重新认知的过程。

四、有关中韩文学交流:"文学韩流"? 通俗文学与严肃文学

罗:"盲人摸象的中国",这个说法很有意思,我觉得目前双方似乎仍然处在这个阶段。我看过韩国驻华大使写的"外交回忆录"之类的文

章,好像也反映了同样的问题。从另一个角度来说,这也正好说明了中韩文化社会交流的必要性和可能性,这其中当然也包括文学交流。我们不妨转回到刚才那个话题:我觉得可以加强中韩文学的相互译介。

朴:中国的许多古典作品我都看过,在韩国的图书馆或书店里也可以很方便地找到。但是流传或翻译到中国去的韩国古典作品却非常少,只有诸如《春香传》等几篇而已。这也是一种不平衡,尽管关系并不大,因为韩国的古典文化里面和中国相异的作品并不多。但韩国也有用韩文写成的富有韩国特色的作品,譬如新罗时代的乡歌,高丽时代的俗谣、诗歌,以及朝鲜时代的清唱等民歌,此外还有很多古代韩人小说等。但是这些民歌翻成中文的很少,也只有《玉楼梦》等两三篇而已,这当然是不平衡的一个层面。

现在的情形已经大不相同。由于韩中两国近现代以来的历史经验的不同,各自从西方文化和其他文化中吸取营养成分和优点,并发展自己国家的独特而丰富的文化,所以互相交流的可能性更加扩大。然而,这种交流仍然不平衡,譬如说,韩国翻译了包括鲁迅的作品等在内的300多种中国现当代文学作品,而翻译成中文的韩国现当代文学作品却只有寥寥可数的20种左右——这是1999年的数据。但从2002年开始,这个情况有所改变。"韩流"大致是从1999年开始的,最开始是电视剧,后来慢慢有了电影、音乐等。音乐等虽然富有爆发力,但流行范围仅仅局限于年轻人的圈子,年纪大一点的人一般都不太喜欢这样的艺术形式。可是,电视剧和电影就不一样了,影响范围更大,不同阶层、年纪的人都可以接受。此后的韩流还扩展到诸如IT、汽车、手机等方方面面,在这个扩展的过程中,"文学韩流"也开始出现了。文学韩流是从2002年开始的,最初是引进韩流电视剧的剧本、电影脚本等,慢慢也引进纯粹的韩国小说,譬如金河仁的《菊花香》就是纯粹的小说。但有意思的是,这部小说在韩国并没有多大影响,但翻译成中文反而名气大了。

罗:我也听说过一位叫孔芝泳的韩国女性作家,据说很受韩国年轻读者的喜欢。此外还有诗人高银,其作品似乎也有翻译成汉文的。

朴：对，现在越来越多了。包括许多严肃作家，譬如高银、黄熙英（音）等。

罗：这些翻译作品也跟"韩流"有很大关系？学术界是否在有意识地做这样一项工作呢？

朴：有，譬如"韩国文学翻译院"，最近这个翻译院经常推出优秀的韩语作家，把韩国的优秀作品翻译成世界各种语言，包括中文。

罗：即使在世界范围来看，由于受到种种因素的冲击，似乎严肃作品的情形都颇成问题。中国也是这样，譬如没什么读者、销路不好，等等，尤其是受到影视文化等的巨大冲击和影响。韩国严肃文学的情形怎么样呢？

朴：也成问题，但同时也在寻找相应的对策。就销路而言，如果是通俗性的符合大众口味的作品，中国的读者容易接受，销路也可以。但如果是不符合大众口味的艺术性强的作品，那销路当然也不好。

五、诗歌：金芝河与北岛中国诗歌里面最欣赏鲁迅的《野草》

罗：刚才谈到诗歌，我对诗歌颇有一些兴趣，也比较关注。据说现在没什么人读诗，又据说网络诗歌十分"繁荣"……我不知道韩国的诗歌状况如何。

朴：韩国的情况也差不了多少，但是正在逐渐兴盛起来。

罗：我也参加了上次韩国外大的学术研讨会，会上有位外大的老师研究北岛及其诗歌。我也写过有关北岛诗歌的评论文章，事实上，北岛和海子的诗歌是中国当代诗歌史上的重要收获，以北岛在诗歌艺术形式方面的成就而言，我觉得当代中国诗人里面似乎鲜有人能够与之相提并论。

朴：中国的诗歌里面，我最欣赏的还是鲁迅的《野草》，然后是艾青的一些诗。其他诸如穆旦、北岛等人的诗歌也不错。最近我的一个学生的硕士论文就是研究海子及其诗歌的，不过海子的诗歌并不合我的口味。

罗：穆旦、北岛等的诗歌比较凝重、厚重一些。

朴：《野草》亦然。艾青的诗不大一样，比较轻快，但充满了想象力。韩国也有很多诗人,除了你说的高银、金芝河之外,还有其他一些诗人,包括日据时代的一些著名诗人。高银和金芝河是韩国的代表性的诗人。

罗:但是这些诗人的作品翻译成汉语的似乎并不是特别多。

朴:对,只能慢慢地翻译成中文。韩国现代诗歌中,首先翻译成汉语的是金芝河的诗,大概发表在1975年中国的文学期刊《外国文学》或是《世界文学》上。

六、人文社会科学的危机?人文科学的批判性、净化与韩国的学术财团

罗:这里还有一些问题。我在韩国《东亚日报》上看到一篇谈论韩国学术界所谓的"人文社会科学的危机"①的文章,指出这样一些问题:第一,教育系统没能培养出国内的优秀学者;第二,在引进国外理论方面的落后性;第三,强调短期研究的评价系统的问题——这点和中国学术界的情形很相似;第四,学术共同体的支配现象;第五,强调理念或拉帮结派等行为所引起的学术共同体分裂。文章还列举了相应的解决方案,譬如:第一,扩大国家支援以及研究经费的透明化;第二,开发自主性理论——这涉及引进西方理论和本土性之间的关系;第三,改革教育制度,使国内学生比海外学生更有优势;第四,在评价方面,重视学术振兴财团的等级化;第五,把翻译论文和注释也认定为学位论文,等等。我觉得这篇文章所提及的一些问题都很有价值,在中国也程度不一地存在相似的情形,一方面,愿意攻读人文社会科学专业的人不是特别多,另一方面,人文社会科学本身也确实存在着诸多问题。不知道您怎么看待所谓的"人文社会科学的危机"?

朴:《东亚日报》是比较保守的报纸。我的基本看法是,现代社会是市场经济的社会,市场经济决定着社会经济文化等各方面的命脉,所以,诸如经济系、金融系、政科、理科等和市场经济有着密切联系和合

---

① 摘自《东亚日报》中文版网站(约2007年1月)。笔者原本保存有此文的网页,一时竟然寻觅不到,而《东亚日报》中文网站已经删除原网页,故其出处只得暂付阙如。

第二章 文学与人类学:想象世界的"田野化"

作的学科领域便比较吃香,可以获得更多的研究经费,因此这些学科门类也就比较活泼。而人文科学由于并不能对企业或市场经济产生直接的经济贡献,不能产生直接的经济效益,不仅如此,人文科学对市场经济或企业经济的主要层面往往持批判性态度,因此其重要性被忽视也不难逆料。但是,为了社会的振兴,还是必须发挥人文科学对社会的批判性功能,反思社会的落后面和不适宜层面,净化社会——净化或者透明化。因为市场经济、企业经济往往是受利益驱动的,不大考虑一般老百姓的生活、国家的政治发展目标等,缺乏社会责任感;而人文科学则非常重视社会责任和公共生活,可以很好地弥补相关缺失。人与社会应该建立起怎样的关系?这就是人文科学所要追问和解决的问题,企业做得到吗?市场经济做得到吗?我们应该从这样的角度来分析人文科学的危机。

罗: 文章谈到增加国家的投入的问题,这点比较重要。

朴: 在韩国,很多学者也意识到了这些问题,也建立增加人文科学方面的投入。但相对于理工科的资金投入和支援,对人文科学的资金投入还远远不够。《东亚日报》在这样的情况下,提出这样有意思的看法,当然也有一定道理。但还必须进行详细的检讨和分析,来判断他们的观点到底对不对。

罗: 另一方面,在中国的情况是这样的,即大部分学术研究经费基本上都是由政府负担和控制,而民间学术财团或学术基金会很少。这既可以说造成了国家和政府的沉重负担,从另外一个角度也可以说使得中国知识分子的独立学术空间相对更小。

朴: 韩国也并非民间财团,而是国家委托、政府投资的学术财团,所以不能说是民间的。当然,中国是国家直接管理;而韩国则是委托财团和大学学术机构等进行管理,国家则提供很大的一笔预算。当然也有一些民间学术团体和基金会。

罗: 韩国比较重要的学术财团主要有哪些?

朴: 也就是一般性的学术振兴财团。学术目的的财团主要有:"东北亚历史财团",这是为研究东北亚地区的学者提供学术基金和各种学术活动资助的一种财团；SK 财团；现代汽车的"东亚细亚财团"——这个是民间性财团；大宇财团也是民间性的；还有大山文化财团——这不是纯粹学术研究的财团，也包括文学译介，譬如将韩文翻译成中文，将中文翻译成韩文等。

罗：民间财团以及相关学术基金会等对维护学术的自主性、独立性非常重要。一个国家、一个社会应该鼓励企业或民间团体多多支持文化学术事业。

七、学术共同体与学术监督舆论，道德与法律，建立健康的学术体制

罗：刚才还谈到学术评价的问题。现在的学术评价体系往往只注重短期效果，譬如大学规定教师必须在一定时间内发表一定数量的论文，并把论文发表情况和职称评审以及工资水平等挂钩，这样一种做法既可以激励学术发展，但同样可能对学术造成一定的损害，甚至会导致学术剽窃、抄袭以及其他种种学术腐败现象。不知道韩国学术界的情形如何，和中国有何异同？

朴：我对韩国学术界的情况持否定性评价，认为应进行彻底改造，最主要的是要做到透明化。

罗：包括学术共同体的建立以及相应的学术监督等。

朴：互相鼓励、互相监督。应该建立起民主化的、现代化的、合理化的、健康的学术体制，这点非常重要。韩国正处在这个过程当中。韩国以前的某位总理以及现在高丽大学某教授都出现过一些学术问题，引起比较大的反响。在民主化、透明化时代，这些都得以揭露和讨论，必要的时候要受到相应的处罚，譬如引咎辞职，不能再担任高级管理者，等等。所以说韩国现在正处于净化的过程当中。

罗：那这样的制约力量是来自于法律，还是来自于舆论和道德的监督呢？

朴：舆论和道德，慢慢法律化，两者互相影响和促进。但仅用法律

手段也不一定完善，还需要学术道德的力量。此外还需要在学术体制方面有所变化和完善。总的来说，这也是目前学术界面临的一大困扰。我们只能按照自己的良心继续下去。

八、消化不良是正常现象，西方理论与本土化：拿来主义与融会贯通

罗：确实，个人的良心、勇气和坚持非常重要。另外，在人文社会科学研究中，引进西方理论和培养自主理论之间，应该是怎样的关系？

朴：拿来主义！如果是错误的就反对，正确的理论就引介进来。只要有启发性，就可以引进来，而不要老戴着意识形态对立的有色眼镜来看问题。西方文化的各种理论也有其现实针对性，这样的理论当然可以引进来，当然要有相应的问题意识，要和相关问题互相结合起来理解和消化，然后融会贯通，发展出一种新的文化。新的社会现象、新的学术问题往往是旧的理论框架所难以解释和解决的，需要不断地更新知识结构和理论结构，融会贯通，建立自己的一套新理论。

罗：在很多学术领域往往存在着这样一种现象，就是生搬硬套西方的理论来分析中国的经验，于是就感觉非常隔，解释不了。而又没有从中国本土的经验中提炼出自己的理论。换言之，对于外国的理论，往往消化不良。韩国学术界的情况如何？

朴：消化不良是消化的过程中发生的一种正常现象。当然，如果长期消化不良就不正常了。韩国过去当然也存在着消化不良的现象，但是现在却由"消化不良"而慢慢扩大消化，这才是比较理想的趋势。

九、文史哲淡出，社会科学凸显知识分子：世界观、价值观、人生观是最重要的

罗：刚才讲到，在中国大陆，有一些研究现当代文学的文学研究者后来却转向古典文学的研究。但同时也存在着另外一种情形，就是一些文学研究者转向以社会批判为主要目的的领域，譬如思想史、社会史、

社会科学研究或所谓的文化研究等。以前有所谓的"思想家淡出,学问家凸显"的说法,现在则大致是"文史哲淡出,社会科学凸显"——某种意义上,社会科学也可以置换为"西学"。又譬如,一些文学评论家往往热衷于所谓的社会批判或社会关怀。譬如一度颇为热闹的所谓文化研究也自我宣称为一种社会关怀。对中国大陆学者从文学研究转向文化研究这样一种现象,您有什么看法?这似乎也可以和知识分子的作用联系起来谈。

朴:这是关心社会的方式中的一种,一种新的思路。因为进行文化研究比纯粹专业的文学研究更容易发挥社会影响,"反响比较大",空间也更大,包括发挥政治性的批判功能的空间也更大,所以有意识地转向文化研究。

罗:您刚才说到知识分子对社会要起到一种批判性功能,我个人也这样认为。知识分子确实应该具有批判性的反思能力,起到相应的社会文化功能。但是,在提供社会批判的过程中,文学能够发挥多大的作用?换言之,知识分子本身的知识基础和知识结构也很重要,除了文学,更需要社会科学方面的理论和智力支持。[1]

朴:当然需要。尤其是世界观层面,因为最重要的还是世界观嘛。世界观对知识分子来说是最基本的;世界观、价值观、人生观的问题最为重要和根本。

第六节 遗忘与癫狂:艺术的心灵救赎[2]

理智与疯狂能否被视为两种文化,或两种对文化的不同态度和反应?理智(理性)与疯狂(非理性)之间能否进行某种跨文化对话?抑

---

[1] 这涉及笔者正在思考的诸如"社会(科)学立国"等思想文化命题。
[2] 本节文字写就于2003年4月10日,曾略有增删发表,参见罗云锋:《文学中的人情与人性:传奇、爱与苦役》,见华东政法大学人文学院编著:《传薪集2013——人文学科教学探索》,上海远东出版社2013年版。

第二章 文学与人类学:想象世界的"田野化"

或是另一种形式的战争和杀戮？为了共同生活和发展，人类的非理性被"合理地"驱赶到精神、心理层面，但如何在社会层面的理性与精神层面的非理性（包括美）之间建立某种良性的沟通，譬如生活艺术化或"灵魂深处闹革命"（"突入灵魂深处的革命"），却一直是人类所需要面对的一个重大命题。以下从对奈保尔短篇小说《花炮制造者》①的阅读分析中，试图获得某种启发。

> 帕斯卡说过："人类必然会疯癫到这种地步，即不疯癫也只是另一种形式的疯癫。"陀思妥耶夫斯基在《作家日记》中写道："人们不能用禁闭自己的邻人来确认自己神志健全。"然而，我们却不得不撰写一部有关这另一种形式的疯癫的历史，因为人们出于这种疯癫，用一种至高无上的理性所支配的行动把自己的邻人禁闭起来，用一种非疯癫的冷酷语言相互交流和相互承认。……我们有必要试着追溯历史上疯癫发展历程的起点。在这一起点上，疯癫尚属一种未分化的体验，是一种尚未分裂的对区分本身的体验。我们必须从运动轨迹的起点来描述这"另一种形式的疯癫"。这种形式把理性与疯癫断然分开，从此二者毫不相关，毫无交流，似乎对方已经死亡。（米歇尔·福柯：《疯癫与文明》）

故事发生在特立尼达岛屿上一个叫作米格尔大街的地方。

米格尔大街是一个贫民窟，但它又是一个"大千世界"，一个自足的社会，生活着形形色色的与众不同的人，展现着复杂的社会世相。

在这样一个疯子、笨蛋、懦夫、冒险家、哲学家各色人等聚集的小世界里，摩根更是一个特异的存在。正如"我"若干年前所认为的，他是一个喜剧演员，因为他总爱千方百计地故意装疯卖傻、作怪扮丑，拼命地自我作践，以博人一笑，而他便在这笑声中获得满足，惬惬然一副心满意足

---

① 参见［英］奈保尔:《米格尔大街》张琪译，花城出版社1992年版。

的样子。然而特立尼达人对他的行为并不买账，他们常常觉得那一点也不好笑，这让摩根有一种深深的失望和挫败感。摩根的职业是制造花炮，他热爱这个行当，几乎到了痴迷的地步，甫一谈及，便喋喋不能自休。然而特立尼达人却很少有人使用他的花炮，这尤其深深地刺痛了摩根的自尊心，让摩根怒不可遏，常常歇斯底里地发作起来。故事情节就在摩根的装疯卖傻、歇斯底里的发作和特立尼达人的目光、议论中交替进行，而这种交替对摩根而言只有一个共同的主题，那就是难以摆脱的失败感。

在大多数特立尼达人的眼里，摩根庶几是一个不可思议的怪人。冒险家哈特的评论典型地代表了特立尼达人的这种感觉："人是很滑稽的。你永远不能了解他们。"以至于当摩根在米格尔大街消失时，不少特立尼达人断定摩根是疯了。但真实情况也许并非如此。

摩根是米格尔大街上的一个身份卑微的小人物，处于社会的最底层。对摩根而言，卑弱的身份地位是一种无法改变和摆脱不了的无可奈何的客观境遇。也正因为几乎看不到任何改变现存严酷而卑贱的生存境况的可能性，摩根甚至没有动过这种念头，更勿论行动上的尝试和努力了。现实外在的物质生存环境一旦过于严酷，外在物质现实对内在精神世界的控制和扼杀力量也便显得愈加强大和残酷，它有时会遮蔽、剥夺乃至彻底"埋葬"人的理想憧憬。所谓彻底"埋葬"不是说阉割精神追求，而是将之赶到、打压进意识的深层，进入无意识的界域，成为隐秘的精神潜流。这种潜流像流淌在深层地底下的熔岩血脉，它终究会喷发，但却是以一种变形、异化、扭曲的形式表现出来。一方面是外在生活表象的苍白、冷淡、荒诞乃至疯狂。而在另一方面，内在精神力量的迸发却愈发剧烈有力，喷发着灼热的火焰，在胸腔中疯狂地撞击、四处奔突，想要寻找精神的出口，要从胸腔中突围出来，喷薄而出。熔炉已经炙手可热，温度已经超出了它的承受阈限，已经没有任何容器能够容纳得下这种超强度、超力度、高能量的精神烈焰的烧烤和煎炙，因此，在这种情形下，疯狂就成了必然的后果，人也就在烈焰中灰飞烟灭了。之所以承受不起精神烈焰的烤炙，首先当然是因为其强度和热度，但另

第二章 文学与人类学:想象世界的"田野化"

一个重要的原因亦不可忽略。当精神附丽于物质现实之上时,本来轻灵不羁的精神就从物质生活世界获得或借来了重量(重量不同于力量),因而才能稳住身形,立于坚实的大地之上。而这时,物质生活现实便显示出了其沉实的一面,它实际上起着一种(必要的?)制约作用,让精神不至于走得太远,让风筝不至于挣脱掌握绳索的那只手的牵挂和呵护,从而在一个安全的范围内有限地飞翔。这样,一头是代表稳定因素的有限物质现实,另一头是精神的不羁超越,在绳索的两头维持一定的平衡,也正因此,生活才成为可能的。

但在摩根身上,恰恰是这种平衡被打破了。

以现代变态心理学的理论看来,人类具有一种自我遗忘和压抑的心理机制,同样也存在着心理补偿作用。在我看来,摩根的怪异行为和表现恰好诠释了这种自我遗忘、压抑的心理机制和心理补偿作用,换言之,摩根的表现就是这种心理学理论的一种生动注脚。

摩根之所以装疯卖傻逗人笑话,原因并不在于行为本身,而在于行为背后所透露出来的深层意味,即复杂的心理动机,简单说来,就是他要借着这一悖于常情的怪异举动,忘掉现实生活,忘掉自己作为一个生活失败者的卑贱和屈辱的现实,这同借酒浇愁其实是同一个道理。所以,他对于自我丑化的行动乐此不疲而沉浸其中,这种具有麻醉作用的自我丑化对摩根来说便成了一种宣泄和释放的快感。当然,主动的自我作践或自报家丑有一个明显的心理特点,即预先完全承认、接受和暴露自己的弱点和可笑,似乎要表明自己宠辱不惊,表明自己已不在乎乃至蔑视别人的嘲笑,从而先在心理上取得某种优胜态势,给自己树立起一块心理防御的坚固盾牌。初看来是超然洒脱,其实是为了掩饰极度的自卑心理和失败感觉,是一种伪装得更隐秘和更深层次的片刻不能释怀的极度恐惧、胆怯、自卑心理的曲折表现,是一种对自己卑贱屈辱现实生活和地位的极度清醒的意识,这或许也是人的宿命。所谓借酒浇愁反而愈发愁闷,于是试图以打骂儿女等来浇浇胸中的块垒,但仍然没有效果。在这里同样能找到生活辩证法的身影,他像一个强迫症患者,总在逼迫自己遗忘，而竭力想遗忘的事实却偏偏时时如影随形地撕咬、纠缠和侵扰着他的灵魂，让他不得安然若素。自我作践和遗忘机制还有另外的一个潜隐心理前提，即遗忘的外在表现形态其实是经过精心的选择，换言之，他总在逃避和竭力遗忘，那像梦魇一般的事实，他不敢触动那根心弦，那里脆弱得一触即断，就像人身体上的神经支架，牵一发而动全身，完全地崩溃坍塌——摩根的悲剧结果证实了这一点。这种遗忘机制使真实心理以一种相反的方式被表现出来，所以，摩根越是骄傲地夸饰、吹嘘自己是十个孩子的无人过其右的父亲、是条"汉子"这一事实——这一点颇同于阿Q，即以阿Q式的精神胜利法来自解，他越清醒而绝望地发现自己并不是一个真正的"男子汉"，而是一个彻头彻尾的失败者——摩根太太在发现摩根偷情之后对其的痛詈正好证实了这一点，而正是这一点彻底使摩根从米格尔大街消失！

值得一提的是，"笑"在这种遗忘机制中起了一种十分重要的作用。笑声是宣泄，是注意力的转移，具有特殊的心理治疗作用。节日里的狂欢、假面舞会中的集体的笑声尤其如此，但这种笑声如果失去了集体的附和，就变成一种可怕的空洞的回响，释放出去的能量在冰冷的石壁上反撞回来，悲哀于是重新恢复了他的占领和霸权。在小说的前面部分，摩根缺少的便是这种集体或大众附和的笑声，他的拯救与治疗的希望于是在自己苍白、枯涩而冷清的笑声中沉沦了。也正因为这，作者说"我们就觉得挺对不起他"就显得弥足珍贵了，这一声对不起就是能照耀整个世界的人性的璀璨光芒，也正因了这一声对不起，小说才显示出了唯一的一丝神圣亮色。

但摩根仍然有最后的一条精神拯救的遁逃薮，那就是自我拯救，即艺术的拯救之途。

弗洛伊德的艺术升华理论认为，人在现实生活中的某个方面愈是遭到压抑，他愈是要在其他方面表现出更其强大的精神能量，尤其更多的是把这种精神能量转移到艺术领域。这是一种心理能量的转移，按现代心理学来说，也是一种心理补偿机制在起作用。正因为摩根在外在现实

第二章 文学与人类学:想象世界的"田野化"

生活中遭到压抑,他向往自由的意识于是愈加强烈,并因此以超乎常态的形式表现出来。人类向往自由的天性是无论如何难以彻底窒息和扼杀的,尽管这种追求并非必然都以自觉的意识和方式表达出来。摩根给他的花炮的命名方式颇有意味,诸如"太空舞""生命之舞"等等,从这些颇富象征意味的名字中,我们便不难对摩根的心理世界窥见一斑,事实上,这说明摩根是一个耽于幻想、雅好憧憬、喜欢想象而具浪漫气质的人,是一个热爱生活和热爱思考、追问生命灵魂、追求阔大自由而无拘无束的生命境界的人。追求想象力的自由飞翔和膨胀,这其实是象征着生命自由意志的灵动翔舞!

正如作为叙述者的"我"所宣称的,"摩根是我生活中碰到的第一个艺术家。他几乎每时每刻都在追求美,扮演小丑时也不例外"。那么,生活和艺术有什么必然联系吗?这使我想起了王尔德的名言,"生活艺术化""寻找美是生活的真正秘密""为充满诗意的生活而破产是一种荣耀""美是奇迹中的奇迹""艺术虽可能为生活所累,但一旦挣脱,便依然美丽"。美也许是虚幻的,正如小说中的花炮的意象一样,散发出一刹那的璀璨光芒便转瞬即逝了,然而这一瞬刻的美却也许正是我们毕生孜孜所求的,尽管它要耗费我们一生的时光,譬如摩根便是这样,在其消失的最后时刻,他造出了世界上最美的花炮。然而,真正的美是超越时空的,而并非以时间的长短来衡量。或许,艺术和美的真谛正是遗忘,是陶醉其中不能自拔,而人之所以苦,便在于不能彻底遗忘、不能完全沉醉其中。在小说中,摩根还是一个酒不离身的酒鬼,其实,酒和艺术或美的作用也是相同的,其核心机制是遗忘和陶醉,是制造虚玄的幻影。摩根不甘心于这样的一种现实,但他有没有力量和意愿扭转这种物质现实,于是在想象中建构出另一个时空,对生活自由的追求以一种异化、变形的方式表现出来,即在另外的方面进行补偿。事实上,在小说中,摩根哪怕是发泄怒气也有不同于别人的一种美的独特方式,并且,毋庸置疑的是,摩根在经过这一通发泄之后总能怒气消释,恢复到生活的常态,重新找回平衡的支点,这也是他之所以能继续生活下去的重要原因。在这里，艺术是慰藉心灵的唯一方式。

但这种心理能量的转移和补偿却以一种近乎疯狂的方式呈现出来了。正如前述，疯狂是平衡被打破后的结果和状态，依福柯的观点，疯狂是彻底的自由，是本真的存在，但却不是社会的存在，不是理性的存在，因为理性和社会需要平衡，因为理性建构和塑造了这个社会。

但理性是反美学主义的。理性用一种非疯癫的冷酷语言相互交流和相互承认，换言之，理性和语言共谋，将"自己的邻人"禁闭起来，以维持理性社会的"治安"和"风化"。无独有偶，这篇小说中就存在着这样一个禁闭邻人的理性主体，他就是哈特。

哈特在小说中的身份是一个冒险家，但他更像一个哲学家、智者乃至无所不知的专司预言的先知，他冷静而冷漠、理性而睿智、从容而超然，而根本没有任何冒险家的气质（相反，摩根却是一个兼集疯子、笨蛋、懦夫、冒险家、哲学家、喜剧演员等身份于一身的角色）。

哈特是聪明的，但某种意义上也是小说中最残酷的一个人。他总是表现得那样聪明，乃至睿智得像一个先知。他揭开虚假的面具，直突人人的灵魂，叫人无所遁形，叫人鄂鄂不知所措。但他显然忽视了一点，人要有尊严地活着，有时候是需要一点自欺欺人的精神幻觉，要有一点逆来顺受的精神麻醉，诸如此类……而哈特却只顾一针见血地揭露（或许他在这揭露中还能找到一种成就感，一种陶醉，一种因为具有超人一等的见识而获得的高人一等的满足）。尽管有时被揭露的确实是假象和悖谬，但其行动本身却是最缺乏人性关怀的。哈特一方面说："人是很滑稽的。你永远不能了解他们。"然而另一方面，哈特又总要对摩根评头论足一番，这正好自我颠覆了前述断言。譬如哈特说："一个人开始嘲笑自己一直为之奋斗的东西，你们不知道是该笑还是该哭。"哈特因此断定摩根就是个傻瓜。这里不妨联系作者前面宣称摩根是艺术家乃至应给他更多尊敬的声言进行比较，不难发现，作者其实是对哈特持尖锐的批评态度。但显然，如果由此而认定哈特才是一个傻瓜，则又掉入了另外一个轮回，即一方面不能说清和了解，另一方面又不停地解说，文本之外的人不停地批评文本之中的

第二章 文学与人类学:想象世界的"田野化"

人,从而又把自己作为下一个人的批评文本或对象,如此以至无穷。所以,唯一的选择便是沉默,生活就在沉默中自在流逝。

哈特的那些似是而非、貌似高深而颇富蛊惑性的虚玄言辞有时候确实有一种吸引力,但正如王尔德所说,"有时,人会说美是肤浅的,也许如此。但至少不像思想那么肤浅。对我来说,美是奇迹中的奇迹。只有浅薄的人才不以貌取人。世界真正的神秘性在于可见之物,而不在于看不见的东西",思想在美面前变成了无比多余而虚假的东西了。哈特的话语风格总容易让人想起忧天悯人的哲学家或是心理医生,然而事实是哈特根本就不是心理医生,思想也不能治疗摩根的"癫狂"。当摩根因为生产花炮的竞争对手胜过自己而大发雷霆时,哈特总要说"我们最好快把消防队请来",这句话颇富象征意味。从某种意义上讲,哈特是一个扼杀美、想象力与生活的天才火花的消防员。进而言之,摩根在哈特(包括"我"在内的米格尔大街上的其他人也共同参与了这次谋杀!)的理性话语和目光的注视下被异化和疯狂化了,被建构成疯狂他者形象,直至最后被目光所谋杀和蒸发。福柯的敏锐洞察在摩根身上应验如神。"伟大的激情为灵魂的伟大而设,伟大的事件只有一样伟大的人才看得见",可当人们以他者的目光,以本身亦系建构而来的所谓理性主体的眼光打量摩根的奇异表现时,摩根已经无可避免被他者化的悲剧命运了。"艺术有灵魂,而人却没有",诚然如是。艺术能慰藉人心,而人不能。这里有一个致命的背反,它反映了人性的复杂和深度:尊严与蔑视、高贵和卑贱、沟通与孤独。摩根之所以一而再、再而三地自我作践,其实是渴望被关注,渴望被社会所接纳,渴望获得男人(人性)的尊严的一种曲折表达方式,即以一种畸形变态的方式体现出来。然而在需要附和的笑声来安慰失败苦痛的心灵时,他得不到笑声。而在他最不需要、最害怕笑声的时候,笑声肆无忌惮地对他进行致命的轰炸!最想压抑到心灵深处乃至彻底遗忘的却偏偏被强行附着于沉重的肉身,生命的平衡怎能不被打破,怎能不枯萎凋谢?

悲哀的事实是,当摩根家失火时,围观者却去看报社的摄影记者而不看火。这是颇富讽刺意味的！正如米格尔大街的人只看到一个疯狂的摩根而没有看到一个作为艺术家、作为一个生命个体的存在的摩根一样，这同样也说明了围观人群的残忍的杀伤力！

作为一篇短篇小说，令我特别感动的是作者的一句"我们就觉得挺对不起他"，它流露出脉脉的温情和人性的光芒。真的，在生活面前，人是没有等级的，也许，这就是上帝的意义！

第七节 反思性悲伤：上帝的召唤与世俗的爱欲①

生活常常被两种以上的力量推动着，或齐头并进，合奏出缠绵婉转的交响乐，或交相缠结侵蚀，撕裂心灵，导致人生的彷徨与痛苦。其实，事物都是相对应的，和谐与矛盾，天命与人性，无一不会在生活中展现其存在。对于克尔凯戈尔来说，上帝的召唤与世俗的情欲，始终困扰着他，导致其"反思性悲伤"，其实，这样的悲伤，对人类而言，某种意义上是有其普遍意义的。质言之，乃为此岸世界和彼岸世界的关系。此岸世界属于一种世俗的爱欲的文化，彼岸世界乃是一种宗教的灵性的文化，对某一个体而言，尤其是对在有着浓厚宗教传统的文化中成长的个体而言，这两种文化之间的矛盾和冲突便内化到个体精神情意之中。本节将以丹麦宗教哲学家克尔凯戈尔（Søren Kierkegaard，又译克尔凯郭尔）的精神情感的冲突为例，简略论述此岸世界与彼岸世界的"跨界"沟通问题。

克尔凯戈尔在日记中宣称："那个舞动着烈焰腾腾的长剑的精灵厕身于我和每一个天真烂漫的少女的心灵之间的精灵——啊，主啊，就在这时，你征服了我，我感谢你，因为你没有立即让我迷失本性。"② 其实，"本性"这个概念的含义在克尔凯戈尔的这句话里极其含混不清，

---

① 本节文字写就于2003年11月3日，曾略有增删发表，参见罗云锋：《文学中的人情与人性：传奇、爱与苦役》，见华东政法大学人文学院编著：《传薪集2013——人文学科教学探索》，上海远东出版社2013年版。
② [丹麦] 索伦·克尔凯戈尔：《克尔凯戈尔日记选》，晏可佳、姚蓓琴译，上海社会科学院出版社2002年版，第36页。

第二章 文学与人类学:想象世界的"田野化"

毋宁说,克尔凯戈尔所谓的"本性"有两种解释和含义,一个是世俗伦理意义(其实也是生存论乃至本体论意义上的)的"本性";另一个是宗教信仰意义上的"本性"(克尔凯戈尔同样将这看成是本体论和存在论意义上的)。克尔凯戈尔在这儿恰恰透露出了他内心的几乎是不可解决的矛盾,即他一方面认同和皈依上帝的召唤,另一方面又始终难以摆脱世俗情欲的纠缠和折磨,尤其重要的是,在克尔凯戈尔看来,这种世俗情欲在审美的意义上,是和宗教感情的无限相通的。倒不必拿中国宋明儒学中的所谓"存天理,灭人欲"来做无谓的比附,但很显然,克尔凯戈尔在面对"本性"这个概念时,陷入了一个在他看来根本就无法调和的悖论之中。以一个超然于宗教情感的外在者的眼光来打量克尔凯戈尔的困惑,这种"本性"其实并非是"迷失",而是被压抑了。不过,对此我们暂且按下不表。

"——哦,我感觉是多么地孤独!——哦,这真是对于孤芳自赏的一种诅咒啊——现在所有的人都要瞧不起我了。"① 是,在爱尚未萌动之前,因为孤芳自赏,骄傲的个体并不感到孤独,反之,(当爱降临,)孤独感就会致命地向个体袭击过来,无情地抡起鞭子鞭笞……这种孤独感几乎是无法排遣的,除了自欺欺人,"就像一株孤傲的冷杉,兀然而立,直指天际,我站立着,不留下一丝阴影,只有原鸽在我枝丫上筑巢"②,这种看似雄壮的自我声称能说明什么问题呢?——只不过是用意志的力量将阴影生生地踩在脚下,不让他人和自己看到,如此而已。

很多文本其实是需要一种互文性阅读才不至于导致错误的理解,对克尔凯戈尔的著作的研读同样如此。如果仅仅读他的《引诱者日记》(也译作《勾引者日记》),那肯定会得出片面武断的结论,甚至以为克氏不过是一个玩世不恭的渔猎美色的登徒子而已,尤其是,戴上一副道学家的眼镜以道德伦理的标准来评判乃至谴责书中的约翰尼斯(并进而

---

① [丹麦]索伦·克尔凯戈尔:《克尔凯戈尔日记选》,晏可佳、姚蓓琴译,上海社会科学院出版社2002年版,第37页。
② 同上,第37页。

以此批评克尔凯戈尔)(《爱之诱惑》)。对这样的做法,完全可以不置可否,正确的做法或许应该是,既不百般曲意文饰开脱,亦不做武断的庸言判断,而是在深入考察了克尔凯戈尔的生平、思想状况以及克氏的诸种著作之后,再予以分析阐释。克尔凯戈尔的日记(《克尔凯戈尔日记选》)提供了一个很好的解构想当然的臆测的绝好契机。

克尔凯戈尔在《影子戏》中谈到所谓"反思性悲伤",这种悲伤"是秘而不宣的,沉默无语的,孤独无助的,并且总是试图躲避交流",相对于直接性悲伤,反思性悲伤总是掩饰自己的深层次内部的隐秘内心体验,它是"内心的图片",是"用灵魂中最微妙的情感所编织而成的","太微妙了以至于不能直接察觉它",它"总是处于变动的过程之中",并且"对外部事物及可见的事物是冷漠而且不与其联系",因此,对于这种悲伤而言,那些并非训练有素而敏感细腻、缺乏同情和怜悯之心的人就永远无法进入这种悲伤之中,而只是看到外在的虚假的表象。[①]事实上,所谓"反思性悲伤"是克尔凯戈尔的夫子自道。从日记中我们分明能感受到一个同《引诱者日记》的主人公形象截然两判的克尔凯戈尔:《引诱者日记》的主人公是近于玩世不恭的浪荡哥儿,而日记中的克尔凯戈尔则一往情深、矛盾重重、为爱情而痛苦挣扎和煎熬却又偏偏隐忍着,"我整夜整夜地躺在床上哭泣。但是一到白天我又和常人无异,甚至比预计的还要轻松、逗笑"[②],这种故作轻松洒脱而内心痛不欲生的严重分裂状态正是"反思性悲伤"的最好写照。谁说克尔凯戈尔对爱情抱着游戏的态度?因为自己的恋人蕾琪娜的一句话就自己亲自设计了一只小酒柜——没安搁板,这样才能如蕾琪娜所说的即使是住在酒柜里也毫无怨言,克尔凯戈尔将一切能令自己想到蕾琪娜的东西都珍藏其中。爱到深处,也不过如此了,因为真正的爱,是互相秘而不宣的,当事人

---

① [丹麦]索伦·克尔凯郭尔:《非此即彼——生活的一个片断》,封宗信等译,中国工人出版社1997年版,第82、86页。
② 同上,第45页。

反而互相拼命隐藏、掩饰心中炽热的爱，不让对方感受到，这种爱情心理，远不是一句自虐所可解释的……

克氏声称自己有严重的忧郁症，这种忧郁症——当然还包括他对宗教、上帝的独特理解和虔诚信仰，譬如他的苦修生活，以及他父亲的死对他的影响等因素——使得克尔凯戈尔在面对和蕾琪娜的爱情时瞻前顾后，思虑重重。他清楚地意识到了自己的内心需求，他早有预感，自己的生命和灵魂要皈依上帝，所以他清楚地意识到蕾琪娜对他将作为耶稣会士而死去的评论将是一种无可避免的结局——这生命的谶言啊，上帝早已向我预示！当然，要探讨克尔凯戈尔复杂的内心世界远不是这样简单，正如他自己所说，在和蕾琪娜断绝关系之后，他可能的选择就是"或者沉溺于放荡不羁的生活，或者潜心于绝对虔诚的生活"。

可以说，在克尔凯戈尔内心深处，始终有两股力量在交战、撕咬和冲突，一队人马是宗教、信仰、永恒、无限、恐惧与虚无，上帝之爱与皈依，另一队人马则是世俗、色欲、情欲、尘世之爱与迷醉。这样的冲突似乎永无结果……

第八节　心灵的形上体验：怀疑主义与求真意志[①]

鲁迅与克尔凯戈尔处于不同的文化体系中，却面临着类似的追问，譬如，人生的意义问题，是实在还是虚无，是希望还是绝望，等等。

其实，怎样看待鲁迅，这是一个老生常谈却依然严肃的问题。在把鲁迅当作祭坛上的"神"的"神化鲁迅"的阶段，强调的是鲁迅的"毫不妥协的战斗精神"等社会意义层面，他的一针见血、投枪匕首似的能置人于死地的论战文字被人所津津乐道和效仿。20世纪90年代大家对研究鲁迅的思路进行了反思，开始强调鲁迅个人的一面，大家开始

[①] 本节文字写就于2003年9月30日，曾略有删节发表，参见罗云锋：《试述〈两地书〉与〈野草〉中的形上体验》，见华东政法大学人文学院编著：《传薪集2012——人文学科教学探索》，上海远东出版社2012年版。

尝试进入鲁迅的内心世界，对鲁迅有着新的理解和评价，对"神化鲁迅"的倾向起到了一定的纠偏和反拨的作用。

海外的研究在这方面反应更早。林毓生在其《中国意识的危机》中就提到："在论述鲁迅意识的复杂性时，为了便于分析，我们要区别三个层次：显示的、有意识的层次；虽有意识但却未明言的层次；以及下意识层次。"① 李欧梵也说："如他的散文诗中所表现的，鲁迅'个人主义'地去看的生活的意义，是和他希望别人去看的那种意义大相径庭的。换句话说，他在为自己这方面几乎是存在主义的，而在为别人的方面却是人道主义和利他主义的。"②

确实如此，历来鲁迅研究界特别重视其充满战斗激情的杂文，而对散文注意不够，这便可能导致对鲁迅的严重误读。认识鲁迅，首当区分"人"与"个人"，作为"大写的人"（一种虚假的本质主义设定的统一体，但又非意味着真的存在一个抽象的共性的"人"），人类中的一员，我们应把鲁迅看成是一个社会人，一个生活于此世、纠缠于缠绕不清的众多社会关系之中、而又不得不做出选择与行动的俗世社会中的人；而作为"小写的人"，一个具体鲜活的、具有活生生的"个性"的个体，鲁迅只能为自己生活，严格地说，是为自己的精神生活，他就是一个独异的个体，一切都只能置于他的视点和立场上才能得到理解和具有意义。

因而，在解读鲁迅时，我们便应注意以下两点：第一，在鲁迅的全部文字中，散文特别是其中的《野草》更能展现鲁迅的真实灵魂、个体体验和对人生的思索。如果说在杂文等论战类文章中体现的是一个作为"社会人""大写的人"的鲁迅，那么在散文包括书信中，体现的便是一个苦苦追问生活意义的"小写的人"。鲁迅置身于错综复杂的社会关系之中，环境迫使他拿起笔，不得已写下斩钉截铁、爱憎分明的论战文字，

---

① 林毓生：《中国意识的危机》，贵州人民出版社1986年版。
② 李欧梵：《铁屋中的呐喊》，岳麓书社1999年版。

第二章 文学与人类学：想象世界的"田野化"

所谓的"但浙籍的也好夷籍的也好，既经骂起，就要骂下去"①；"默默地铁似的直刺着奇怪而高的天空，一意要制他的死命，不管他各式各样地眨着许多蛊惑的眼睛"②。然而，"我愤激的话多，有时几乎说：'宁我负人，毋人负我'。然而自己也往往觉得太过，实行上或者且正与所说的相反"③。因此，这类论战文字，当不得真，因为这其实并非主动的出击，而是被动的应战，激愤与仓促之间自难顾及审慎周全的思考与清明的理性。散文书信则不然，因为是写给自己或亲密的友人看的，他可以充分而无所顾忌地触及自己的内心世界和真实想法，因而更能袒露灵魂的真诚，我们读者也可以与作者建立某种内在的精神联系和情感通道，从而产生共鸣，把握作品的精神内涵，尽管这些散文，特别是《野草》中的情感意绪是以象征主义的手法、复杂晦涩的意象出之。

第二，还必须区分鲁迅自己的人生态度、对生命的形而上的体悟和鲁迅对他人，包括朋友、亲人的期许之间的差异。"总而言之，我为自己和为别人着想，是两样的。所以者何，就因为我的思想太黑暗，但究竟是否正确，又不得而知，所以只能在自身试验，不敢邀请别人。"④ 可以说，在《野草》中，鲁迅始终是一个"清醒"的个人主义者，一方面，他有自己对生活的看法，但另一方面他却时时怀疑这看法的真实性，故而不愿把这看法加诸朋友身上，只是一味自己咀嚼着生命意义丧失之后的苦涩与沉痛。我们读鲁迅的作品，也必须清醒地意识到这一点。

为什么鲁迅会有这样悖论式的思想表现呢？这可以从《野草》和《两地书》中找到答案。"绝望之为虚妄，正与希望相同"⑤，"我的作品，太黑暗了，因为我常觉得惟'黑暗与虚无'乃是'实有'，却偏要向这些作绝望的抗战，所以很多着偏激的声音。其实这或者是年龄和经

---

① 鲁迅、许广平：《两地书》（征求意见本），人民文学出版社1977年版。
② 鲁迅：《野草·秋夜》，见《鲁迅全集》，人民文学出版社1981年版。
③ 鲁迅、许广平：《两地书》（征求意见本），人民文学出版社1977年版。
④ 同上。
⑤ 鲁迅：《野草·希望》，见《鲁迅全集》，人民文学出版社1981年版。

历的关系,也未必一定的确的,因为我终于不能证实:惟黑暗与虚无乃是实有"①。"见过辛亥革命,见过二次革命,见过袁世凯称帝,张勋复辟,看来看去,就看得怀疑起来,于是失望,颓唐得很了……不过我却又怀疑于自己的失望,因为我所见过的人们,事件是有限得很的。这想头,就给了我提笔的力量。'绝望之为虚妄,正与希望相同。'"② 所以,"我"也仅只有"我""将向黑暗里彷徨于无地"③,而不敢"邀请别人"了。

汪晖把这看成是鲁迅"反抗绝望"的人生哲学。④ 李欧梵在分析解读鲁迅的《野草》时则断言:"诗人痛苦的情绪,可视为在希望和失望之间的不断的挣扎。"⑤ 可以说,这两种解读,已经深入到鲁迅的内心世界,进入到生存论的形而上层面。汪晖进一步说道:"'反抗绝望'的人生哲学并不仅是对个体生命的探讨,而且同时体现为普遍存在的人生状态的观察与思索",这就把鲁迅的人生哲学上升到人类生存论的高度。而我相信,这也是汪晖本人的"夫子自道",原因是"心同此理"。尽管如此,我更倾向于李欧梵的表述,这其中原委便在于我认为用"绝望"一词来描述人的心理状态是虚幻无效的。

从来便不存在纯粹意义上的绝望,鲁迅也从未绝望。因为绝望意味着丧失一切希望,而这对有自我选择能力(譬如选择生存,选择死;又譬如选择战斗,选择反抗等)的人来说是不存在的。活着便是尚存一线希望的表现,选择死,则是找到了摆脱所谓的"绝望"的希望,这便自动取消了"绝望"的说法。通常所谓的"绝望"其实是"失望"的代名词,是"失望"的误用。失望却仅具有失掉某些具体的希望的意思,却并不必然意味着绝灭一切希望。这样说来,如果存在着"绝望"的

---

① 鲁迅、许广平:《两地书》(征求意见本),人民文学出版社1977年版。
② 鲁迅:《南腔北调集·〈自选集〉自序》,见《鲁迅全集》,人民文学出版社1981年版。
③ 鲁迅:《野草·影的告别》,见《鲁迅全集》,人民文学出版社1981年版。
④ 汪晖:《反抗绝望——鲁迅的精神结构与〈呐喊〉〈彷徨〉研究》,上海人民出版社1991年版。
⑤ 李欧梵:《铁屋中的呐喊》,岳麓书社1999年版。

第二章 文学与人类学:想象世界的"田野化"

话,其唯一的表现形态便是疯狂,即无路可逃、无法可想而陷于精神分裂之域,如一棵被拦腰锯断的大树,躯干仍在,叶仍青,花亦红,生命却从此枯死。人处于这种境地,当是被失望所击倒,不过这只是以外人眼光见之,就狂人本身而言,他是不会自称绝望的。因此,即使就疯狂而言,绝望也非主体的心理表达,而只能作为一种病理描述的概念而存在。所以,不存在绝望的正常人,只有狂人或许才配得上"绝望"。任何可能的逃路一旦堵死,生命便将枯萎成死灰和傀儡;一念尚存,便已远离疯狂之域。这样看来,或许,可以把"反抗绝望"置换为"反抗疯狂"。疯狂的最大特征是"在"而"不属于"这个世界,肉体和精神无可避免地剥离、飘散了。按福柯的观点,癫狂者说出了"真理",所谓的理性主义者反而被缚住了手脚,才是"真正的"癫狂者。那么,鲁迅是否有着某种类似癫狂者的心理体验却终未堕入彻底沦落之域?

有人认为《野草》表现了一个虚无主义者的绝望。早有论者指出过尼采对鲁迅的影响,考诸《野草》的文体、语言、思想,确可看出这点,鲁迅本人也曾翻译过尼采的作品如《查拉图斯特拉如是说》。那么,虚无主义意味着什么?按尼采的说法,"意味着最高价值自行贬值。没有目的。没有对目的的回答",其前提是"没有真理。事物没有绝对的属性,没有'自在之物'"[①]。海德格尔(Martin Heidegger)解释为,"虚无主义就意味着:存在者之为存在者整体是虚无的",换句话说,"存在本身是虚无的"[②]。虚无主义便意味着形而上学的终结。然而尼采又说:"虚无主义乃是正常状态。"他把虚无主义分为积极的虚无主义和消极的虚无主义两类,以为后者是精神权力的下降和没落,是弱的象征;而积极的虚无主义则是精神权力提高的象征,可以作为强力(即强力意志或权力意志)的象征,是至高无上的精神威力、精力最充沛的生命的理想。尼采的这种似乎矛盾的论述想要说明的是什么呢?还是海德

---

① [德]弗里德里希·尼采:《权力意志》,张念东、凌素心译,中央编译出版社2000年版。
② [德]海德格尔:《尼采的话"上帝死了"》,见《海德格尔选集》下册,上海三联书店1996年版。

格尔的精辟分析一针见血:"一切形而上学的思想都是存在论,或者,它压根儿什么都不是","强力意志乃是价值设定的必然性的根据和价值评价的可能性的本原"①,用尼采自己的话来说,便是:"真理不是最高的价值尺度,更不是最高的强力",因为尼采早已经取消了真理的存在。

照这样的定义来看,鲁迅便不应该被归入虚无主义者的阵营了。鲁迅从未停止过对确定性、真理、存在的意义的焦灼的追问和不懈寻求。但追求的结果却是深深的失望,从而陷入了无所选择的严重的精神危机之中,以致喊出"惟'黑暗与虚无'乃是'实有'"这样沉痛悲观(失望?绝望?)的话来。但鲁迅又是一个内心世界极其丰富复杂的人,充满了矛盾、分裂、悖论、怀疑和否定,要理解鲁迅,绝不可根据他一时一地的几句话、几段文字而遽下断语。鲁迅从来就是一个热烈的怀疑主义者,"每不敢相信表面上的事情"②,一方面宣布"绝望之为虚妄,正与希望相同",另一方面,又怀疑这种言说的真确性,而"不愿将自己的思想,传染给别人。何以不愿,则因为我的思想太黑暗,而自己终不能确知是否正确之故"。所以尽管还"偏要向这些作绝望的抗战","很多着偏激的声音",但终于"不过是与黑暗捣乱而已"③。

有人因此称鲁迅是一个绝对的怀疑主义者,对此我难以认同。我很怀疑"绝对的怀疑主义者"的说法。所谓的"绝对的怀疑主义者"似乎只有一条遁逃之途——彻底的消失。因为生存本身便是一种选择和肯定。然而,主动的彻底的消失即死也不符合"绝对的怀疑主义者"的定义,死是以否定而绝望的形式——世界是没有希望和不可认识与把握的——做出的肯定的判断和选择,而绝望与判断不属于"绝对的怀疑主义"的精神范畴和人生态度。绝对的怀疑主义者既无权希望,也没有理由希望。然而,他每一刻既拥有希望又依然"绝望",或者说,他在绝

---

① [德]海德格尔:《尼采的话"上帝死了"》,见《海德格尔选集》下册,上海三联书店1996年版。
② 鲁迅、许广平:《两地书》(征求意见本),人民文学出版社1977年版。
③ 同上。

第二章 文学与人类学:想象世界的"田野化"

望与希望之间彷徨歧路,却永远找不到归宿,找不到某一个点,无论这个点的标签是希望还是绝望。严格地讲,对怀疑主义者而言,绝望与希望都不是言说存在与人生的哲学范畴(当然,怀疑主义者亦可抱有希望,但即便如此,这希望也还是蒙上了一层怀疑主义的迷雾)。即如鲁迅所说,"我的心也曾充满过血腥的歌声……而忽而这些都空虚了,但有时故意地填以没奈何的自欺的希望。希望,希望,用这希望的盾,抗拒那空虚中的暗夜的袭来,虽然盾后面也依然是空虚中的暗夜"①。最终,"绝对的怀疑主义者"便是一种不能成立的说法。而人,却被拘囿于现世——这是怀疑主义者的悲剧命运:时刻都在选择和肯定却终无选择。这或许也是人的"真实"存在状态!与那种有过片刻的犹豫和困惑而最终不顾一切地投身于某一目标或信仰的人不同,这种怀疑主义者"于一切眼中看见无所有,于无所希望中得救"②,不是因怀疑缚住了手脚而丧失了行动的勇气、生活的决心,也不像虚无主义者一样,要么浑浑噩噩虚掷光阴,要么游戏人生。反之,这种怀疑主义者充满了清醒的自省意识和严肃的自我否定意识,未找到可以寄托的信仰与真理并不代表没有,所以"但我做事是还要做的,希望全在未见面的人们"③,全在将来,因为"'将来'这回事,虽然不能知道情形怎样,但有是一定会有的,就是一定会到来的"④。这种怀疑主义者,无以名之,名曰永远的行动着的怀疑主义者。

"求真意志"是导致人生痛苦的根源之一。"形而上学的欲望和怀疑的基本态度之间的对立,是今天人们精神生活中一种巨大的分裂,第二种分裂就是,一方面生活不安定和不知道生活的最终意义,另一方面又必须作出明确的实际决定之间的矛盾。"⑤ 这句话同样适用于鲁迅,尽管

---

① 鲁迅:《野草·希望》,见《鲁迅全集》,人民文学出版社1981年版。
② 鲁迅:《野草·墓碣文》,见《鲁迅全集》,人民文学出版社1981年版。
③ 鲁迅、许广平:《两地书》(征求意见本),人民文学出版社1977年版。
④ 同上。
⑤ [德]施太格缪勒:《当代哲学主流》,王炳文、燕宏远、张金言等译,商务印书馆1986年版。

鲁迅的思想是否称得上纯粹意义上的形而上的思考这个问题还有待商榷，但很显然，经验主义并未能把鲁迅从"或者是绝对知识，或者是怀疑"的这种非此即彼的片面性抉择中解救出来，不论鲁迅实际的行动和思想历程又是怎样地宣告这种执着的虚妄。一方面，他不遗余力地想为社会、为人生、为自己找到一个绝对的、不容置疑的价值基础，另一方面，他又清醒地意识到自己的徒劳无功，这就导致了严重的分裂、无可避免的精神悲剧。本质上，这也是人类的悲剧。

第九节　出入于理想与现实之间：二马背驰下的苦役[①]

而吴宓，同样体验和体味到了理想与现实、情志与事功之间的悲剧，本节试图从《学衡》来分析吴宓的志业悲剧。

吴宓是20世纪中国文化思想史上的一个独特的人物。20年代初，时值五四新文化运动开展得如火如荼之际，南京东南大学却打出了另一面旗帜，发出了不同的文化主张。这一同新文化运动的文化思想主张针锋相对的不和谐音的制造者便是1921年1月于南京创刊的综合性文化学术刊物《学衡》，而其主编便是吴宓。

《学衡》的创办者大多曾留学欧美，寝馈西洋文明，包括吴宓、梅光迪、胡先骕等，而尤以吴宓出力最勤。在《学衡》创刊后的大部分时间里，吴宓都担任主编，在组织、编辑、出版等各方面，付出了巨大的热情和精力。在《学衡》几次因为经费等原因而面临停刊的艰难处境下，吴宓甚至自掏腰包，使《学衡》渡过难关，飘摇于风雨而不倒，得以坚持到1933年。总之，对于《学衡》，吴宓可谓是呕心沥血。

吴宓何以对《学衡》倾注如此心血？

这是由吴宓一生汲汲以求的文化主张和学术理想决定的。这从

[①] 本文写就于2001年9月9日，曾略有增删发表，参见罗云锋：《文学中的人情与人性：传奇、爱与苦役》，见华东政法大学人文学院编著：《传薪集2013——人文学科教学探索》，上海远东出版社2013年版。

第二章 文学与人类学:想象世界的"田野化"

《学衡》的杂志简章中亦可窥见一斑,其言《学衡》的宗旨为:"论究学术,阐求真理,昌明国粹,融化新知,以中正之眼光,行批评之职事,无偏无党,不激不随。"《学衡》第一期发表的由柳诒徵撰写的《学衡》弁言也传达出了同样的意思,所谓:"出版之始,谨矢四义:一、诵中西先哲之精言。以翼学。二、解析世界名著之共性。以邮思。三、籀译之作必趋雅音。以崇文。四、平心而言。不事谩骂。以培俗。"以上"四义",除第四条颇含批评当时学风、文风的明确的针对性外,余三义正反映了《学衡》的学术立场。而这,也正是吴宓毕生的追求所在。

简单地说,吴宓试图沟通中西两大文化系统,力求兼蓄并收、融会贯通。一方面,积极译介、宣扬西方古典文化文艺思想(主要为古希腊文化)和当代文艺美学思想(主要为以白璧德的思想为代表的美国新人文主义思想),另一方面又极为推崇中国传统思想文化,认为中西文化本有契合之处:"中国之孔子与古希腊之苏格拉底两位哲人之学说,其中有歧异,但亦有相通之处,新人文主义即远承古希腊之学说而又有新发展。"① 这样,吴宓便把他所拳拳服膺的乃师白璧德的新人文主义作为沟通、融会中西文化的最佳选择。

仅就以上论述来看,吴宓的这种文化主张"显然突破了传统文化保守主义'中学为体,西学为用'的模式",并且"在引进西学方面则以全面考察、取我所需和抛弃长期纠缠不清的'体用'框架"② 的这样一条现代保守主义道路而独树一帜,代表了"文化重构过程中的另一种趋向稳健的文化选择,从文化积累与学理建树的角度看,也确有一些独立的见解"③。

然而,尽管《学衡》的声音自有其独特的思想文化价值和合理之

---

① 缪越:《回忆吴宓先生》,陕西人民出版社1990年版,第4页。
② 乐黛云:《世界文化对话中的中国现代保守主义——兼论〈学衡〉杂志》,见李继凯主编:《解析吴宓》,社会科学文献出版社2001年版。
③ 钱理群等:《中国现代文学三十年》,北京大学出版社1998年版。

处，但《学衡》还是无可避免地于1933年第79期时终刊，从而没能在中国现代文化思想的重构过程中发挥出更有实际意义的作用。这当然同《学衡》同人本身的文化思想主张的偏颇有关，如反对新文化运动和文学进化论，固守文言，鼓吹文言胜于白话，反对言文合一，等等。对此，国内研究界多有论述。但是，吴宓作为一个博闻强识的学者，却终于未能取得如其好友陈寅恪一样的学术成就，这应该说是吴宓一生的志业悲剧。本文则拟从这个角度来接近和解读吴宓，分析其志业悲剧的原因。

性格即命运，吴宓的志业悲剧首先是同其个性气质、性格志趣分不开的。对于这点，吴宓本人亦有清醒的预觉和坦率的自剖，这便是他著名的"二马之喻"，兹引录如下："宓设二马之喻。言处今之时世，不从理想，但计功利。入世积极活动，以图事功。此一道也。或又怀抱理想，则目睹事势之艰难，恬然退隐，但顾一身，寄情于文章艺术，以自娱悦，而有专门之成就，或佳妙之著作。此又一道也。而宓不幸则欲二者兼之。心爱中国旧日礼教道德之理想，而又思以西方积极活动之新方法，维持并发展此理想，遂不得不重效率，不得不计成绩，不得不谋事功。此二者常互背驰而相冲突，强欲以己之力量兼顾之，则譬如二马并驰，宓以左右二足分踏马背而縶之，又以二手紧握二马之缰于一处，强二马比肩同进。然使吾力不继，握缰不紧，二马分道而奔，则宓将受车裂之刑矣。此宓生之悲剧也。而以宓之性情及境遇，则欲不并踏此二马之背而不能，我其奈之何哉。"① 这是吴宓性格志趣的最好写照，是吴宓的自画像。吴宓的一生都是处于这种矛盾状况之中，一方面想"独善其身"，潜心于学术，另一方面又想"入世"以积极"用世"，以国家前途命运和人伦教化为己任，从而在两者之间摇摆，彷徨歧路，而终于耐不住寂寞和积极用世的冲动，迫不及待地要"参加弘扬民族文化，沟通

---

① 吴宓：《雨僧日记》，1927年6月14日，北京三联书店2006年版。

第二章 文学与人类学:想象世界的"田野化"

中西文明的战斗"①。

把吴宓和他终生的挚友陈寅恪做横向的对比,则吴宓这种看重事功的性格更显凸出。陈寅恪一生坚持"独立之精神,自由之思想",虽不无对社会政治问题的透辟见解和卓见真知,但始终坚守自己的"专业立场"和"学术本位"的原则。即使到晚年,仍以义命自持,"不谈政治,不论时事,不臧否人物"②。不仅如此,陈寅恪还多次劝告吴宓不要过分介入社会事务,一心研究学术,在专业上做出成绩。应该说,吴宓本人亦意识到了这一点,他也想在文学和学术上有所建树。他曾说:"宓到清华,长羁身于行政事务,而未能专授功课,使学生知我服我,舍长用短……而日与小人俗子角逐齮齕,不亦哀哉。"③ 这一番剖白,似乎表明吴宓的羁身杂务实有身不由己的苦衷。

但事实上,吴宓是乐此不疲的。他更倾向于投身现实社会,参与实际事务,关心国家民族前途以及思想文化建设,希望发挥一己之能力,以期裨益于现世。这是他一贯的性格和作风,从早年留美时便已露端倪。1920 年,民族工业家聂云台、聂慎余兄弟等在上海发刊"国防会"《民心周报》,吴宓也积极投稿,除《余生诗话》及《红楼梦新谈》等属于文学范围的稿件外,便是总名为《世界近史杂记》的读书笔记。吴宓还被委托负责《民心周报》在美国的征稿、发行,他满腔热忱,为此事不辞辛劳,不遗余力。陈寅恪等人屡劝吴宓不要为此花费太多时间,吴宓则说:"诸人之道理,宓尽通晓。然宓虽为俗事,确无一点俗心。宓每念国家危亡荼苦情形,神魂俱碎。非自己每日有所作为,则心不安。明知《民心》报之无益,然宓特籍此以自收心,而解除痛苦而已。"④ 其以天下为己任、心系国家前途的积极用世之心,跃然纸上。

---

① 吴学昭:《吴宓与陈寅恪》,清华大学出版社 1992 年版。
② 同上。
③ 同上。
④ 同上。

在当代法国思想家皮埃尔·布尔迪厄（Pierre Bourdieu）看来，知识分子是吊诡的存在者，而知识分子正是通过克服纯文化和入世之间的对立这一过程才历史地出现的。知识分子是二维的存在者，一方面，他们必须从属于一个知识上自主的，独立于宗教、政治、经济或其他势力的场域，并遵守这个场域的特定法则；另一方面，在超出他们知识领域的政治活动中，他们必须展示在这个领域的专门知识和权威。他们必须做专职的文化生产者，而不是政客。① 吴宓无意于干政，他的思想和行为的出发点和着眼点始终指向于思想文化层面，无论是创办《学衡》、参与组建清华国学研究院、主编天津《大公报》文艺副刊，还是在文学创作和教育活动中，他一直抱定这个宗旨，希冀通过自己的努力，在国家思想文化建设方面，实现他的文化主张和社会理想。布尔迪厄认为，尽管自主和入世之间存在二律背反式的对立，但仍有可能同时得到发展。知识分子因为他们的专门知识而区别于世俗利益的独立性越强，他们通过批评现存权力来宣称这种独立性的倾向就越大。从这个意义上看，吴宓和他的文化主张上的强劲对手胡适就没有本质上的区别了。

但吴宓终因过于耽于"用世"和追求事功，而终于未能在纯粹学术研究领域做出更大的成绩，同陈寅恪、王国维等固然不可同日而语，即使同五四新文化派胡适等人也有相当差距，后者在纯粹学术研究、文化主张以及社会影响等方面都超过了吴宓。

吴宓及《学衡》同人的社会文化主张之所以终被新文化运动的声音所掩盖，其建设性意义也为人所忽视，吴宓等人的知识结构的不平衡也是一个重要的原因。尽管吴宓曾负笈美国，接受西洋文明的影响，但他依然是一个受中国传统文化熏陶、濡染至深的知识分子，对中国传统文化抱有极深厚的感情，他的思维、情感方式、生活情趣、道德伦理倾向、行为选择等无不打上中国传统文人的深刻烙印。他亦可以归入陈寅

---

① ［法］皮埃尔·布尔迪厄：《现代世界知识分子的角色》，载《天涯》，2000年第4期。

第二章 文学与人类学:想象世界的"田野化"

恪所言之"为此文化(指中国传统文化。——笔者注)所化之人"①。正因为这样,他才说:"我坚信孔子之学说,故今虽举世皆侮孔谩孔,虽以白刃手枪于我身,我仍尊孔信孔。"② 然而,对传统文化的热爱并不能同其学术造诣画等号。事实上,除了在古诗文创作和批评上的熟谙外,吴宓在传统文化修养方面并不能算真正地做到了登堂入室。

以这样的传统文化知识储备而要去主张中西文化沟通,领导《学衡》同人,包括在传统学术研究领域浸淫至深的柳诒徵、汤用彤等人,吴宓便时时有力不从心、捉襟见肘之感了,从而难以服众,树立自己的威信,团结具有相似文化思想和社会主张的所谓"保守主义"阵营的知识分子,形成一个可以同新文化阵营颉颃互竞的文化派别,从而形成合力,增强其声势,推行自己的文化主张。所以,尽管《学衡》创办之初,《学衡》与《湘君》文学季刊(由吴宓好友吴芳吉、刘朴、刘永济等在长沙创办,1924年秋停刊)、《史地学报》《文哲学报》《亚洲学术杂志》《国学丛刊》《华国月刊》等遥相呼应,互相奥援,一时间声名鹊起,大有与以北京大学为中心的新文化运动形成南北对峙的局面。③但最终好景不长,自给予《学衡》极大支持的东大副校长刘伯明去世,梅光迪、胡先骕等相继赴美,吴宓北上清华之后,《学衡》已经名存实亡了,不久便星流云散。④

然而,这里亦不能以事废人,完全忽视吴宓的选择的文化意义。古人尚"不以一眚掩大德",何况吴宓在中国思想文化建设方面的贡献亦不可小觑,如创办《学衡》、整理王国维遗稿、参与组建清华国学研究院,以及开创中国比较文学教育之先河等。尤其是他对民族文化传统始

---

① 陈寅恪:《王观堂先生挽词(并序)》,原话全句为:"凡一种文化值衰落之时,为此文化所化之人,必感苦痛,其表现此文化之程度愈宏,则其所受之苦痛愈甚。"
② 吴宓:《孔子之价值及孔教之精义》,载《大公报》,1927年9月22日。
③ 王泉根:《吴宓主编〈学衡〉杂志的初步考察》,载《西南师范大学学报》,1990年第4期。
④ 关于《学衡》与传统文化研究的关系,请参阅高恒文:《"学衡派"与20年代的国学研究》,载《中国现代文学研究丛刊》,2001年第3期。

终痴心赤诚，正所谓"一片冰心在玉壶"，其心至诚，其情可感可佩，其意可嘉。

总之，吴宓作为一个具有极高资质的人物（吴宓记性极好，陈寅恪当年同吴宓交游，常有诗文酬唱，即写即撕，吴宓却能过目成诵，从而保存了不少陈寅恪的旧体诗，为研究陈寅恪的思想情感、人格节操等提供了极有价值的珍贵史料），却未能成为另一个像陈寅恪那样的学术大师，这是吴宓个人的悲剧，更是时代的悲剧。或许，陈寅恪下面这句本为评价梁启超的话，也能说明其好友一生的志业悲剧的原因所在："然则先生不能与近世政治绝缘者，实有不获已之故。此则中国之不幸，非独先生之不幸也。又何病焉？"[①]

[①] 陈寅恪：《读吴其昌撰〈梁启超传〉书后》，见《寒柳堂集》，生活·读书·新知三联书店2001年版，第166页。

第三章 影视文化评论文本：人类学转译

第一节 情感与战争：《大敌当前》的战争文化解读①

电影，亦是跨文化交流的媒介和文本，对电影的分析评论，同样可以视为跨文化交流的重要形式之一。在电影的欣赏过程中，不但文化在其间发挥着重要的作用（包括战争文化——此亦和本书第一章第二节对战争的人类学解读接榫起来了），情感亦是重要因素之一。本节将重点从情感的角度——亲情、爱情等——来重新反思战争，从更高的角度来看待深度反战叙事。

《大敌当前》②是我看过的一部颇有深度的战争题材的影片。影片讲述了很多值得探讨的主题，譬如：在亲人私情与民族仇恨间的选择（德军因为儿子的被杀而点燃仇恨，师生因为战争而反目成仇，个人恩怨导

---

① 本节文字写就于2006年4月16日，曾略有删节发表，参见罗云锋：《拷问人性深度的电影——〈大敌当前〉的战争文化解读》，见《人文社会科学新探》，第5辑，2008年华东政法学院人文学院学术文集，知识产权出版社2008年版，第380—406页。
② 电影《兵临城下》(Enemy at the Gates，或译为"大敌当前""敌对边缘""决战中的较量"等)，改编自威廉·克雷格(William Craig) 1973年同名小说，由法国人让-雅克·阿诺(Jean-Jacques Annaud)编导，于2001年上演。

致国家间的兵戎相见，等等）；叛徒；革命、战争与爱情；战争中的友谊，等等，我觉得这些都颇具分析的价值，于是撰文评论。其实文章更多的是拓开去讲，因为我颇有意将这篇文章当作自己到目前为止对战争问题的思考的一个大体陈述和总结。因忙于工作和其他冗事，一直都是隔三岔五地断断续续地写，甚至一度成为自己的一个负担，好在现在终于勉强结尾了。

一、战争中的亲情

影片中沙查的母亲的表现非常耐人寻味，当德军就要打过来，她却死活不肯离开，"我不走，这是我的家，这是沙查的家，我不离开"，原因就在于对儿子沙查的牵挂。而当她听说儿子已经做了叛徒时，她最初的一个直接反应是认为不可思议而几乎不敢相信，像感觉受了侮辱一样地连呼"我的天"。其实，她的这种几乎不用酝酿、毫不迟疑和不假思索的瞬间反应和惊讶感，是由其心中所葆有的浓厚爱国意识所推动和导致的，这种意识既可以说是表层情意结构，又可以说是一种深层理智力量，一切依你怎样看待而定。这种意识如此深入人心以至于在人的行为和情感反应序列中占据了一个优先地位，换言之，是以冲动的方式——从某种意义上讲，许多战争和杀戮不过就是一个瞬间冲动而已，只要哪怕有一点思考的时间，战争的悲剧就不会发生（然而，这种冲动某种意义上又是正常而必然的，甚至是理智选择的结果，因为他们别无选择，这在下文还要论及），但脱缰之马势难力挽，冲动一旦发生就能爆发出难以遏止的破坏力——占据了情感判断的优先地位，甚至超过了各种本能，譬如舐犊本能、爱情本能等。这种冲动有时被称为激情而予以热情礼赞，并与英雄气质联系起来。另一方面，这种爱国意识有时却又恰恰被认为不是情感冲动而是以深思熟虑的方式体现出来的，以其深沉性和理智性来表明其决非肤浅的感情用事，而是更高层次的情意精神内涵，换言之，是深沉的理智取得了胜利。无论是以多么隐晦的方式或经历了多长时间或朝代的潜移默化，或所谓文化传统的濡染传袭，这种国家意

第三章 影视文化评论文本：人类学转译

识的直接来源都是国家有意无意的灌输。当然，这样说并非意味着有一个先验的国家观念或国家实体发挥着蒙骗群众的作用，甚至从起源上讲，我们也不能简单地说存在着一个以阴谋欺骗老百姓的统治阶级（所谓的"阴谋论"），而只是说，这种国家意识是和国家一同形成的。如果有所谓的统治阶级的阴谋灌输的话，这个统治阶级和被统治阶级也只具有异构的区别，本质上却仍是一样的，即"同质异构"，这个所谓的"构"更多地指暂时的位置而已。所以，官方—民间、统治者—被统治者这种二元对立式的划分方式往往是无谓的。国家意识的更为直接乃至本能的来源则是人的私意本能，这种私意是独享排他性的，但却常常偏要戴着公意、公义和公利的帽子或面具。这样一个明显的悖论却能够得到大家的认可而毫不觉得矛盾，其原因就在于私意确实可以是为"公"的。这里所谓的"公"指的是扩大化的"私"——换言之，本质上仍是一种私意，而且从起源上看是在生存本能的推动下产生的，为了生存，必须徇私，正如为了生存必须选择拿起匕首或是走上战场一样，这在某种情形下或许是必然的。但问题的关键就在这儿："公"能否无限扩大化（当然需要一个过程，而这个过程中的契机是什么）？或者，"公"是否绝不能突破国家这一层次？"公"是否必然是排他性的？能否确立没有对立的对象的情形下的"公"，譬如所谓的"天下为公"？——这种"天下"的确立并不是以另一个作为竞争对手的天下的存在为前提的，换言之，单一普世的"天下观"而非二元对立的"天下观"。质言之，公利能否超越国家而落实到作为个体或者普遍意义上的人身上？这在理论上显然不成问题，然而在实践上却并不那么简单。一般地说，人总是在其可及的见闻范围内进行判断和选择，他们往往只关注最近的和最切身的问题，对于需要高远眼光和见识才能做出的判断他们常常漠然，因为这超出了他们的思考限度。以目光短浅或其他的贬义词来评价他们显然是极其不公平的——即使是全球化也是一样，你或许可以向他们灌输这个概念及其重要性，但他们却并不能从根本上来理解这一过程，所以他们或许阳奉阴违，或许以他们自己的方式来对这个概念做出独特的诠释和反应（又譬如人类学上的本土化的诠释方式或所谓的"地方性知识"反应方式）。其实想起来也很简单，即使他们某种程度上已经被全球化的过程卷入，并在日常生活中被动接受着全球化之实，然而他们根本就没有触摸和体验过全球化的方方面面，不要说出国，连个外国人都没见到，如何能理解全球化？不让他们充分接触、体验或享受全球化的现实，却要求他们以全球化的方式来进行思考，这显然太不实际，也行不通。再回到开始的话题，狭隘的爱国主义常常发展为民族主义，即以"为公"的方式体现出来的私心，也因此，单纯或狭隘的民族主义情感便常常拥有一个共同点：基于私意基础上的排外（有时又是以嫉妒的方式体现出来）。其实，选民理论何尝未是！前文所谓的"同质"指的就是这种私意。关键的问题便在于，既然绝对的私意即绝对的个人主义能够突破而扩展到相对的私意即"小群"譬如氏族、部落、民族、国家（还应包括家庭这一层次，不过这个分析单位和前述的几个层次有着不同的概念阐释框架、起源和意义等，所以不应等同视之）等层面，那么为什么就不能进一步继续扩大而成为普遍的"大群"即"天下"（为公）呢？至少拥有这种可能性，因为其保障自己生存的内在的心理促动机制是一样的：当世界无法以"小群"来保障自己的生存时（譬如诸多全球性的问题，又譬如原子弹的威胁等），就必然要求诸最大层次的"大群"来保障其生存。在这个过程中，越是强大的国家和势力越是应该担负重要的责任，越应该做出更多的贡献，甚至牺牲——为了平衡世界利益的缘故。我们完全可以这样来展望，即使要实现这种理想，那将是在非常遥远的将来。

言归正传。沙查的母亲的惊讶感和谴责是以民族、国家等伦理原则来进行判断和反应的："他做了叛徒，可怜的小鬼头，他做了什么？"可是，和她语气中流露出来的对儿子的怜惜和疼爱的温婉情感相比起来，她的这种谴责的意味又显得多么微弱和微不足道，听起来简直就是对淘气的儿子的嗔怪而已。"小鬼头"这个称呼将母亲此时的内在心理表露无遗，似乎是小孩做了一件大不了的错事而对他的又气又爱的指责（当

第三章 影视文化评论文本：人类学转译

然，这里有翻译的问题）。然而她马上想到另一个对她来说更为重要的问题：儿子的生命安全。对于一个母亲来说，这个问题似乎比一切冠冕堂皇、大义凛然的民族利益和家国大义显得更为重要。在这里，亲情轻而易举地突破或穿越了国家伦理意识，换言之，家国大义在个体亲情面前根本不堪一击！我们常常容易将两军对垒想象成为两大阵线的互相作为铁板一块泾渭分明的争斗，殊不知在其微观层次有着太多的罅隙、缺口、渗透、交叉、中间地带、薄弱地段、变调和偏离。楚河汉界貌似旗帜鲜明、泾渭分明，实则千疮百孔、星罗棋布，无数星星点缀其中，譬如爱情、私人友谊、局部利益、共同利益、亲情、文化立场、经济渗透、普世道义、学术追求，等等（战争文本中的叛徒主题亦应在这种叙事框架中得到说明，换言之，我们不是简单地谴责叛徒，而是要分析叛徒现象背后的诸多内在心理机制和文化社会原因。简单的一个谴责性的叛徒标签其实遮蔽了太多丰富而真实的东西，有可能有意无意地掩盖和错过了许多至少是具有分析价值的颇为切要的问题。不去理性地分析、解释和理解叛徒亦不能很好地理解人性的深广度和战争的本质），构成了单一战争叙事中别一风景。这种风景在战争期间常常被刻意压制和掩盖，但它们是真实而无名的存在，是表象叙事下的深层叙事。这种风景和叙事有时甚至实在体现了战争的本质，并使得战争显得多姿多彩，情感生动，有血有肉——战争以消灭血肉之躯的方式体现其残酷性，却愈发使得真实的血肉绚丽灿烂地展现出其永恒的动人美丽与人性力量。美丽是战争所难以压制和掩埋的。其实，许多宏大叙事也像战争一样，往往不堪一击，那种整体主义的宏大叙事和宏观想象往往是想象——如果不是虚构的话——和刻意塑造出来的虚假的表象。当代世界的整体日益呈现出"貌似整体"的面貌——后现代主义所谓"一切坚固的东西都烟消云散了"。宏观叙事和想象常常被各种微观的因素穿越得千疮百孔。战争的发动或许是别有用心的，参战的人也可能"无知"和容易受骗，甚至也有可能是被胁迫的，但仅靠强力的胁迫显然难以完全奏效，因为无论参战的人多么无知和轻信，他也仍然知道私利和亲情；同时，由于教育或文化的熏陶，他也仍然知道所谓家国大义。因此，战争的发动者们常常要诉诸人的内在情感，或多或少或隐或显地以欺骗性的鼓动方式来发动战争并使战争得以继续下去。纯粹的暴君是无法发动并获得战争的胜利的。参战者的内在心理却仍然是基于包括亲情在内的私利和私意，不诉诸私意或个体内在情感就绝不能让一场战争持续下去，无论他怎样强力和残暴。所以，我们一点都不奇怪，影片开头的苏联军队在鼓动战士走上战场时便是诉诸亲情，军队的政治宣传者拿着母亲的信件以极具煽动性的言辞大声鼓动士兵："父亲死了，兄弟死了，要向法西斯讨回血债。"

战争既然是以将亲情和私意等放在重要的位置来进行动员的，那么，这种做法本身就认可了亲情和私意的合理性和合法性，于是亲情和私意在战争的其他场合却又时时突破和穿越战争话语并产生着和战争的初衷不一致的情况便也是顺理成章的事情了。尽管战争的发动者并不愿意看到这一幕，但这是内在于战争的心理和价值机制之中的。所以沙查的母亲接着便有以下的一系列话语："那么，他会留在那边？""政委同志，我不应该这样说，不过，这样或者更好，假如德军打胜，他会安全。或许对他来说，这是正确选择。"一个母亲能说出这样的话来真是令人感叹，至少非常真实可信。这远非那些或顽固或偏执或狂热而非理性的某些知识分子抱着简单化思维方式进行的思考和判断来得真实可信。从其语言次序来看，她既（首先在理论道义层面）认可了家国大义的优先位置，又（在实践上把私意和亲情放在决定行动的第一位而）毫不掩饰自己的私意，而且这两种优先性似乎配合良好，观众丝毫不会觉得有何冲突和扞格龃龉之处而难以理解和接受。事实上，这句话之所以能够打动我们并获得我们的同情理解，便是诉诸作为观众的我们的情感共鸣，即人类大体相似的心理情意结构。这本身就是一种反战叙事，并提供了超越战争的某种启示和思路。理智与情感在这里以相反相成的方式结合得完美无缺。换言之，即使观众并未明言，在心底其实都已经理解了这位母亲的做法，因为观众也是具有私意的人。观众或许并不必然

第三章 影视文化评论文本:人类学转译

会像母亲一样行动,但至少他们能够理解母亲的情感,因为这是人性的情感逻辑的必然表现。这种不加掩饰的坦率表白,与那种或虚伪或真诚的政治表白显得更加真实和可爱——当然,即使是虚伪的政治作秀也有其不得已的苦衷,就像有人刻意地掩饰自己的爱情一样,他们也都需要同情之理解。本质上,我不想谴责任何人。而在方法论上,我们首先应搁置任何谴责性的言辞和态度来了解一切现象。而且,有时我怀疑在经过分析了解之后更难以谴责任何人,尤其是基于理性基础上的谴责,因为似乎很难找到这样的一块其预设前提没有任何问题的坚固的理性地基。然而,判断和选择乃至谴责或许都是必需的。当沙查的母亲在劝说下终于准备撤到对岸时,她在上船前给沙查留下了一张小纸条:"我身体很好,会撤退到对岸,沙查,保重。"这一细节颇富象征意义,也非常能够打动人。在你死我活的残酷战争背景之下,在战争的炮火能够摧毁一切坚固的钢筋水泥工事的情形下,战场上的一张随风飘扬的充满温情的小小纸条显得那样脆弱无力,甚至幼稚,因为这和战争的酷烈风格无论在美学上还是在心理上都极不协调,它随时可能被炮火摧毁得尸骨无存。在战场上的一切片言只语似乎都是荒诞的,尤其是当承载这片言只语的竟然还是那么脆弱柔软随时可能随风而去的一张小纸片而已。然而,恰恰是这种巨大的反差,却分明又蕴含着一种伟大的动人力量。真实永远具有一种力量,而当这种真实以荒诞的形式表现出来时就具有一种伟大的力量,因为在平时,大家对真实视而不见,在荒诞的情形下,真实才开始彰显出它的本来力量,正如艺术上的陌生化效果一样。一张纸对于母亲而言不过是一种情感的寄托而已,但对于政治哲学而言,却蕴含着太多的意义。何况,和这张小纸条在一块的有那么多,它们都体现了战争中的人更深层的情感心理世界,它们是战场上笼罩着的冰冷生硬的战争法则下的另一种热情柔软的情感法则和叙事语言,或许也是更为真实的一种。我们或许没有必要动辄流泪,我们同样可以毫不迟疑地流血牺牲,但我们不要对柔软的热情熟视无睹。沙查的母亲在心中把对儿子的爱摆在比对祖国的眷恋更高的位置,她的留言条本身就预设德军会获得胜利，而她似乎对祖国的失败毫不在意——这和影片开头鼓动儿子们在战场上复仇的母亲信件如果不是形成了鲜明的对比，至少也是母亲同时存在的两种不同心理情感态度。这是真实的，是老百姓真正的朴素的想法。沙查母亲之所以要留在原地，不过是因为那儿有自己所爱的人而已，而并非留恋已成废墟的城市本身。我们因为爱而选择停留在某地某城，同样因为爱或失去爱的对象而毅然选择离开！时与地都不值得留恋（一切荣华，何曾挂意；多少人事，只是烟云；天下国家，生生死死，一朝成空），爱才是根本。既然自己所爱的人已不存在，于是再坚持停驻也就毫无意义和必要——沙查母亲的离开和出走是必然的。不同的是，沙查母亲是带着爱与希望而离开的：即使儿子投靠敌人，即使敌国终将取得胜利，只要儿子还活着，母亲仍然感到欣慰——这也就是上文所分析的：亲情穿越了仇恨和战争。这也与影片开头军官手中所挥舞着的母亲呼吁俄罗斯的儿子们战斗的信件形成对比，"父亲死了，兄弟死了，要向法西斯讨回血债"，同样形成对比的还有高宁少校在儿子战死沙场后所做出的选择。事实上，贯穿整部影片始终的都是这种发人深思的反战叙事。

二、战争中的爱情

除了爱情，我活着毫无理由。

没有爱情，或失去了爱情，我是否还有活下去的理由？

影片中的政委丹尼洛夫对这个问题的回答是否定的。从某种意义上来说，政委是一个爱情至上主义者，而不是战争宣传机器中的一个非理性的狂热的民族主义者乃至好战分子，他的存在本身甚至带有一种浪漫理想主义和唯美主义情调，这种唯美主义又完全没有染上现代主义的那种放纵和颓废，而分明具有古典主义的色彩，将内在激情和浓烈情感隐藏在矜持的外在表现中。他对古典文学的爱好，他对理想人性的探索、憧憬和追求，他对爱情的执着和最终殉情，他对自我的痛苦解剖和反思，他对友谊的最终坚持，他对正义的激情等，无不昭示着这一点。他

第三章 影视文化评论文本：人类学转译

走上战场的目的当然是为了抵御侵略、保家卫国和捍卫自尊与正义，除此之外，他还想借此探索人性：在战争中探讨人性与人道主义——这听起来显得有些荒诞。然而，在战争中，人性以夸张和变形的方式集中而放大地展示出来了，所以确实可以发现在和平时期所常常遮蔽起来的一些人性本质。丹尼洛夫不是置身事外地远观的理论反思，而是将自己亦置身其中地进行反思，这种反思尤其艰难，不仅需要勇气，而且必须作出某种自我分裂式的艰苦努力才能达致，其结果也往往尤其令人战栗。然而，在战争中最忌讳、最被禁止和最不需要的就是自我反思——反思型人格在战争中的悲剧于是在所难免。在那个由不同形式的战争和杀戮法则主宰一切的世界上，他的这种存在实在是一个巨大的悲剧。丹尼洛夫的死并没有为弭灭战争给出确切的答案，相反，他是在痛苦的自我反思中带着巨大的失望乃至绝望而死去的。他自认为无法解决战争和人性问题，因为他痛苦地发现作为在战场上捍卫正义的一方的自己，在爱情生活方面的内在心理意识却同发动侵略战争的法西斯并无本质区别，譬如因为天赋的不平等而导致的嫉妒。① 在这里，侵略者与正义者的界限开始模糊起来，正义从表象、显性层面和局部方面清晰地呈现出来，大家都以正义来竭力证明自己行动的合法性；然而在甚至连自己都没有意识到却真实地发挥着作用的潜在的内在心理意识方面，大家却都遵循着同一非正义的法则。换言之，在宏观领域，正义意识形态确立了其"貌似"牢固的主流地位；而在各种微观领域，譬如在爱情、友谊、各种人际关系、日常生活之中，却恰恰是由大量的零碎却真实的非正义的观念意识和竞争法则推动的。于是，宏观和显性层次的正义意识形态乃是建立于微观非正义观念意识的基础之上，这样的正义观念意识注定便显出权宜之计的色彩，是潜在权力争斗和平衡的结果，像大海一样，表面上风平浪静，底下却暗流涌动，另有玄机存焉。微观非正义基础上的正义

---

① [奥地利] 赫尔穆特·舍克：《嫉妒与社会》，王祖望等译，社会科学文献出版社1999年版。

意识形态常常会显出虚伪和矫情的情调——我们不难从影片中极权主义国家或政权中的政治作秀中发现这惺惺作态、装腔作势的种种表现。所以，要想在文化政治社会生活中真正确立正义观念意识，就不能放过对微观层次和领域的权力关系分析，譬如日常生活中的政治文化心理分析（权力关系、心态史等）。只有建立在微观正义基础上的正义观念意识才是真正的正义，才显得稳定、牢固和维持长久。丹尼洛夫的价值就在于没有简单化地以整体主义或化约主义式的二元对立的思维方式来看待问题，他的思考并没有止步于想象或塑造出来的表面上泾渭分明的整体性对立，没有对这种虚假的整体性对立背后的种种微观罅隙、交叉、渗透等有意无意地视而不见，以为自己的仇恨和战争寻找理由，而是直面这些微观层次的消解性和解构性因素。事实上，"貌似"对立的两方却常常拥有同样的非正义心态情意结构，则其对立不过是维持非正义观念意识的一种特殊方式而已，换言之，是以这种对立作为自己的存在方式，恰恰是这种对立使得非正义意识形态得以稳定地持续下去。譬如影片中所谓法西斯与苏维埃的敌我对立，以及现实文化政治理论中官方与民间、精英与大众等的划分常常就忽略了这一点，换言之，如果两者拥有相同的心态情意结构，则恰恰是同质异构的。简单化地谴责某一方而同情另一方的做法并无意义，醒悟过来的丹尼洛夫是这样看待法西斯和自己的，电影本身也是以这样的态度来进行叙述的，那么，评论家和观众应该怎样思考呢？

　　丹尼洛夫因为无法解决人性的矛盾而毅然赴死，他的死既是无法解决现实冲突的结果，又以这种方式自我解决了现实冲突，正如"若欲自证，必能自证"的自由主义一样。他自己的牺牲本身就是自我拯救的良方，这是一个他无法解决的悖论，因为他自己的存在代表了爱与美，他以不想玷污爱与美的方式，即自我毁灭以免沦为现实斗争法则的体现者和牺牲品的方式，来求得自身理想的完满无损。他只能以自我毁灭的方式来实现自己在现实生活中无法实现的心中的高贵梦想，或许，他别无选择。追求爱与美的人无法改造那些对爱与美不屑一顾的人，无法"强

第三章 影视文化评论文本:人类学转译

迫"他们也像自己一样高贵,而他又不想以牙还牙地以摧毁对方的方式来求得自己理想的实现——因为这种以牙还牙的方式本身就是对自己理想的背叛,所以他只能选择自我毁灭。像他这样的人不可能长久地停留在仇恨中,战争的煽动力量只能刺激他一时的冲动,却无法永远控制他的灵魂。他之选择战斗和牺牲不过是出于对扼杀爱与美的邪恶力量的仇恨。然而,他的死又是对自身软弱性的集中体现,爱与美必须要敢于直面暗淡的人生,并需要一种拯救世界的勇气。自我毁灭固然成就了其自身的高贵与理想,没有将其玷污,但这并不是一种积极的解决方案,因为他让世界自生自灭,他让世界日益沦为强盗的世界,他对一代代身不由己地堕入互相杀戮的恶性循环中的人的痛苦呼号不管不顾,他放弃了救世的责任。必要的干涉主义是必需的,必要的佛教的拯救理想是必需的,淑世主义是必需的,关键是以什么方式。

丹尼洛夫并不是一个完美的人物形象,甚至他临死前的领悟和忏悔也仍然有必要加以进一步的分析审视。他的幡然悔悟只是在他误以为塔妮娅已经牺牲之后,换言之,如果塔妮娅仍然活着,丹尼洛夫会怎样行动,他能清醒吗?他会和瓦西里和解吗?就像"斯大林和希特勒会重归于好吗"这个问题一样,因为战争也是一样,当自己的欲望或者贪欲没有得到满足之前,或在敌人没有被消灭之前,任何和解和宽容的话语都难以听闻;而当达到目的或消灭敌人之后再进行忏悔则又失去了意义,显得太过惺惺作态和虚伪(或者争夺的对象被毁灭了,正如丹尼洛夫误以为塔妮娅已死一样)。可是,现实生活中很多宽容不过就是这样一种先如此如此而后又假惺惺地装出一副良心发现的样子的东西而已。同样是呼吁宽容,对逍遥法外的凶手和受害者家属而言有着本质意义上的不同,对待后者而言要艰难得多,而对于前者而言则应另有要求,因此必须区别对待。换言之,善良的受害者基于善良慈悲的品性或许能够大度地宽容凶手,凶手却必须自行反思、忏悔乃至清算自己的罪行。不建基于真诚的反思和忏悔的基础上的没有清算其罪恶的宽容,在一定意义上便有可能是对罪恶的纵容和鼓励。然而,这本身就是一个悖论,甚至近乎荒谬。或多或少是因为失去了争夺对象（塔妮娅），对瓦西里的嫉妒和敌对显得毫无意义，丹尼洛夫才幡然悔悟，这使得他的忏悔多少打了一些折扣。

但即使是这样，丹尼洛夫仍不失为一个真诚的人。"我想做最后一件事，试做有助改变的事。"悔悟都需要契机，需要相应的生活经验或思想经历，在必要的契机刺激之下，才可能一朝领悟，并因"悟"而"悔"。没有相应的领悟的情境和契机（有时需要有意创设，有时还需要生活的历练、人生经验的累积和时间的沉淀，等等）却断然喝问对方"你一定要忏悔"，那至少是有些违背（社会）心理学的客观规律的。丹尼洛夫也是这样，在塔妮娅"死亡"之前，他决不会醒悟，因为他的自我早已迷失在爱与美的幻境之中。爱情中的男女都是这样，在爱与美的眩惑之下，自我完全被对方吸附和吞没（即使对方并未禁锢或有意蛊惑你的自我），自我都没有了，更谈不上自我反思了。只有当幻境消失（这同样需要契机）——譬如影片中爱与美的幻灭（塔妮娅的"死亡"），即当爱的对象因各种原因以各种方式毁灭了，他的自我便开始重新浮现出来。换言之，在坠入爱河之后，因为一心关注对方，个体自我完全被遗忘；而当爱情消亡——譬如分离、失恋、死亡、死心等——之后，自我才重新回到自己身上，并因对之前的所作所为的审视而重新获得一种反思性眼光和领悟。影片中的丹尼洛夫是这样，现实生活中的饮食男女何尝又不是这样！

值得注意的是，丹尼洛夫的死首先是对爱与美的追求和坚持（所谓坚持，因为他自身亦是孜孜坚持爱与美的理想），同时又成全了友谊。我们可以发现，在这里，爱情再一次穿越了国家战争、民族仇恨等宏大叙事主题。丹尼洛夫本质上是随着死去的爱情而一道死去。他首先和直接殉的不是家国大义，不是国家之间的仇恨和战争，实际上却是爱情，是殉情而死，并在殉情的同时间接拯救和维持了友谊，当然，在客观上也达到了帮助瓦西里消灭敌人的效果。除了战争，还有许多更为重要的事情，譬如爱情。然而，成为悖论的事实是，战争常常扼杀爱情，所以

第三章　影视文化评论文本：人类学转译

为了爱情，又常常必须放弃爱情而走上战场！丹尼洛夫终究不失为一个男子汉，因为影片最后他仍然表现出了男人的竞争气度。爱情如果真实，那是没有谁对谁错的问题，爱上谁或是选择谁都是一个人的权利，大家都应该坦然接受（然而，如果从一开头就根本不是真实的爱情，我们却只能独自苦笑，独自咀嚼苦涩）。可是，战争中的敌对双方——譬如影片中所经常嘲讽的斯大林和希特勒——为何不能表现出这种竞争风度呢？

有时候，领悟了爱情的人，却不一定是爱情的主角。丹尼洛夫便是这样，在那样的社会结构和时代氛围中，这是他的悲剧，也是他的幸运，时间将证明这点。爱情的主角是瓦西里和塔妮娅。影片中最动人的镜头是两人第一次较为深入地交谈时塔妮娅所流露出来的意味深长的眼神。是的，在这样的眼神的注视之下，爱情将难以避免。谁不会在这样的眼神的注视之下怦然心动而情难自已呢！至少我会记得那眼神。在战争的背景之下，我们固然可以无限夸大地想象和平年代的爱情的美好和甜蜜，姑且不论这是否事实。然而，战争中的爱情其实也不乏浪漫，在瓦西里和塔妮娅的爱情中也有一点轻松的东西。譬如在促进两人终于走到一起的那场对话中，两人用"森林里的驴"这一比喻互相表达关切之情，既轻松而又情真意切。"驴"在英语中有多重意义，利用词语的歧义（"有用""无用"与"笨蛋"等）来语意双关地表达互相之间的爱意，显得非常真实而饱含深情。"你会长命百岁，你会成为森林里最老的驴"，塔妮娅如是说。这句话显然既是在取悦她心目中的英雄瓦西里，同时也包含着一种深深的祝福和祈祷，正如瓦西里相应的话语一样。在另一个场景里面，塔妮娅说："我长大之后首次祈祷，我一睁开眼睛，沙查就站在我面前，报告好消息，他比我更爱你呢！"与其说是沙查更爱你，毋宁说是塔妮娅含蓄地倾诉衷情。这就是爱情的力量，一个人一旦对另一个人发生真正的爱情，便会将对方的生命看得比自己更重要（拓开去讲，不信神的人会祈祷，对世界充满疑虑的人也愿意坦诚地向对方完全敞开怀抱，等等）。最后的那句话，塔妮亚是以含蓄的方式表达她对瓦西里的爱情，这种含蓄的方式反而将爱情的浓度表达得淋漓尽致而深深地打动观众。瓦西里何尝不是这样，"想起你就笑，又想到那些可以拥抱你逗你发笑的人，他们是多么的幸运"，这种直接而真实的表白尤其显得深情动人。战场之夜两人在集体宿营地幽会的那一幕也显得颇有意思，在这种紧张的战斗间隙却发生着浪漫的爱情，又是在集体宿营地，这一事件同样表现出另一种风格的紧张气氛，和战争中的紧张气氛有着天壤之别。于是，不同美学风格的"紧张"在同一场景中显现，这就产生了一种美学风格上的混杂和背反的奇异效果，使得影片张弛有度，也使得观众在欣赏影片的过程中得到不同的情感心理体验——这当然是从影片情节气氛调度等技术角度来说的。颇为有趣的是，在他们幽会的时候，边上的老战士也无意中瞅见了，却打了几个哈欠装作没看见。这一场景已颇富意味，我们不妨这样解读：一个老战士清楚地了解战争的本质，战士随时可能阵亡，而对于一个年轻人来说，战场中发生的爱情于是尤其显得宝贵而美好，所以他很能理解年轻人的这种感情而听之任之，正如一场战斗之后生还的士兵和军务人员彻夜狂欢时的心理一样，"这些人知道自己活不长，晚上回来了就算是赚了一天"，这涉及战时人的心理调整以及相应的生活态度等问题。爱既能让人无视或蔑视纷飞的炮火和一切恶劣的环境，又具有建设性的伟大治疗作用，同时也具有摧毁一切邪恶事物的巨大能量。对塔妮娅来说尤其是这样，一个连在火车行进时阴暗的车厢里都书不离手的人最后却不顾一切地要奔赴战场，要去见证血与火，究竟是什么使她做出这么大的转变？应该说，对于一个像塔妮娅这样在大学里接受古典人文主义教育的女大学生来说，做出这种转变是艰难的，然而却也是势所必然的，关键仍然在于"爱"——对亲人的爱，以及爱情！"在世的人跳海，随被射死的人去，我知道他们死在一起，他们决不愿意分开"。从这个意义上讲，没能成就两人之间的爱情的丹尼洛夫和塔妮娅其实却是最为相似的同一类型的人，他们为爱而生，为爱而死！爱是一种决不屈服于暴力和淫威之下的强力生命意志，爱决不甘凌辱和压制——当然也不甘欺骗和利用。所以

第三章 影视文化评论文本:人类学转译

爱常常和血与火的战争联系在一起:正因为爱所以选择战斗。战争既成就了他们的爱情,同时又毁灭着他们的爱情。然而,如果没有战争,那他们将做什么呢?塔妮娅曾经在战斗的间隙问过瓦西里这个问题,事实上,影片中这个情节的设置也颇引人深思。对这个问题,瓦西里有他的憧憬,其他的人也应该有他们不同的想象。但是,无论有着多么不一样的设想和展望,爱情仍然在这种考虑中占据着一个非常重要的位置——在战争年代的大多数时候,连生命都朝不保夕,遑论爱情,在战争中,一切理想都如丹尼洛夫所说,"拥有不能实现的梦想,真难过"——不过,那将是另外的一种爱情叙事。悲哀的是,在某些时空,和平时代的爱情叙事并不必然就比战争状态中的爱情叙事更美好和更富诗意,相反,甚至更加悲哀和悲凉,而且失去了战争中的爱情叙事的悲壮、悲怆等美学风格。我们不难从其他影片乃至现实生活中发现另一种爱情叙事,和平年代的爱情叙事,其中充满了虚伪、虚无、庸俗、卑劣、污浊,充满了欺骗、谎言、蔑视、背叛、利用、冷漠、耻笑、暴力、互相在心理和肉体上的虐待……本质上,那是另一种形式的战争,其鲜血淋漓残酷惨烈的程度绝不亚于血肉横飞的战争。这样的爱情,不要也罢!不仅如此,在战争年代,即使什么都将失去,却至少还能收获意义,还具有悲壮的美学风格;而在和平年代的爱情叙事中,一切都毫无意义,他们在哀叹真情难遇的同时又毫不留情地嘲笑和放逐崇高、真实与真情。一切都没有意义,只有荒诞和虚无……然则,难道我们竟然要说:战争成全了真正的爱情?

好在电影总是将生活的某一段而不是全部展示出来,所以,当展示的是美好的事物时,才让我们稍许有些投入生活的勇气。幸好是这样。

三、战争中的偶然

战争成全爱情,而偶然成就命运。其实,爱情又何尝不是一种偶然呢!

战争中的一切——爱情、英名、荣誉、友谊、生命,等等——实属偶然。其实,和平时期又何尝不是这样呢,或许,人的命运本质上就是偶然。瓦西里虽然最终成为英雄,但综观这一过程,却实在是惊险!譬如在影片开头,当一车厢一车厢的稚气未消的士兵被运送到前线之时,由于武器不够,每两个人只能领有一支枪,没枪的先拿子弹,等到战友阵亡了才有可能捡起阵亡战友的武器而真正地投入战斗,瓦西里恰好只能先拿子弹。在这样的情形下,当瓦西里毫无反击能力地在枪林弹雨的前线奔跑时,每一刻他都可能和死神擦肩而过,没有成为炮灰纯粹是侥幸。事实也是这样,瓦西里在第一次试图捡起阵亡战友的枪支时甚至还被其他战士抢了先机——瓦西里的成功还不够偶然吗?如果他在这个过程中牺牲了,纵有出神入化的射击才华,他百发百中的神枪法也难以发挥,遑论在战场上扬名立万威震敌胆。即使一个瓦西里侥幸成功了,我们又怎么敢说没有千千万万或许具有各种不同惊人才华的年轻人在才华还没有展露出来之前就已经尸骨无存了!战争与贫穷、瘟疫等一样集中地扼杀才华。战争中的英雄完全是靠命运的垂青而已;每一个人都可能具有成为英雄的素质,然而最终成为英雄的只能是侥幸存活下来的人,这与个人能力和素质并没有直接关系,有时,这些个人品质甚至根本不能或没有机会发挥作用。我们常常以后见之明的方式来解释英雄的成功,将其成功归于一些重要的个人品质,譬如智慧、勇敢、坚韧等,然而,这种解释方式其实却是错误而无稽的,是回溯式的,是混淆了原因和条件,颠倒了因果关系,因为空有坚韧、智慧等所谓优秀品质根本不可能成就英名,得需要另外的东西,这就是命运,即使这种宿命论式的解释显得太过悲观。这样说,也并不意味着在命运面前臣服,即使头上高悬着无法克服的命运之剑,我们仍要抗争,我们以抗争的方式成就命运的谶言,即使不抗争亦以另一种方式履行了早就注定的命运。直面命运,向命运抗争,我们就能领略命运,微笑着拥抱和收获预先判给自己的命运,而不管是什么样的命运——即使这并非是唯一的方式。我们确实是戴着命运的脚镣跳舞,但我们尽量舞蹈得更美妙轻灵一点,让舞姿更灵动潇洒一点,以不辜负薄如蝉翼脆弱轻碎虚幻飘渺的命运本身,让

第三章 影视文化评论文本：人类学转译

命运和舞姿和谐合一，名副其实。影片中狙击手跳墙的先后次序导致的截然不同的结果（瓦西里和科里哥夫的不同遭遇）同样极好地诠释和体现了战争的这种偶然性：先跳过去既可以是活路，也可以是死路，区别不过是幸运与不幸而已。在这里，枪法、能力、战斗经验和技巧等都毫无干系。英雄的英名之成就实在不过是侥幸而已。然而，这就是命运。在命运面前，有的人瑟缩着裹足不前，有的人则像科里哥夫一样从容微笑着翩翩起舞。命运就是一只蝴蝶，命运就像蝴蝶的翅膀或影子。即使前面就是枪林弹雨、峰峦沟壑、峻岭深渊，科里哥夫也是跳着舞从容赴会的，就像展翅飞翔的蝴蝶。命运或许是沉重的，然而也可以是轻灵的，正如死亡一样。我们要做的就是尽量将它变得轻松一些，选择像科里哥夫一样轻灵地死去，将偶然与死亡当作生命的一部分，只有这样，我们才能真正享受命运和生命，只有这样我们才能真正享受爱情、亲情、友谊、阳光雨雪……

四、深度反战叙事

从总体命意来看，影片是反战的。影片的价值就在于不是歌颂任何一方，而是对人的生命尊严本身和人性深度等的同情与审视。影片既无所偏颇地谴责双方在战争中的残忍行径，同时又不动声色地让双方在某些场合都流露出脉脉的温情、人情和人道主义的情感，使得角色形象更加丰满，也使得作品的主题显得更加高远和深刻。既不是廉价却空洞而毫无意义的情绪性的反战宣泄，也并不回避难题，譬如思考产生战争的根本原因，甚至某种情境中的战争的必要性。譬如：于外患言，则"兵有所必用，虽虞舜、太王之不欲，固常举之……古之人君，有忘战而恶兵，其敝天下皆得以陵之，故其势蹙于弱而不能振……然则兵于人之国也，有以用而危，亦有以不用而殆矣"（［宋］何去非：《何博士备论·汉武帝论》）；于内忧言，则"凡兵之兴，不得已也。国乱之是除，民暴之是去，非以残民而生乱也"（［明］何守法、何守礼：《投笔肤谈·本谋第一》）。战争作为一种有史以来就存在的事物，必然有其深刻原因乃至"合理性",譬如人类学、人性方面的原因以及社会学方面的原因。常常有两种分析问题的思路,一种是从社会存在本身出发来思考,于是每一种事物似乎都有其合理性及其社会功能意义,这是一种事实判断和存在判断,并往往导致"存在的就是合理的"结论;另一种则是基于某种人性或理论假设以及价值观念等对社会存在进行解释和判断,即该不该存在的伦理判断和价值判断,这常常以理想社会或乌托邦的探索为特点。似乎难以对这种思路进行孰优孰劣的高下判断,我们在思考时,或许应该将两者较好地结合起来,即正视和承认(承认其存在的事实并非必然意味着接受认同其价值意义)一切现存事物,在此基础上思考超越和穿越的可能。影片中,丹尼洛夫在误以为塔妮娅已经牺牲的情况下,对自己进行了一番沉痛的反思和解剖自白,便试图对战争的根本原因进行深刻反思。"我一直都很愚昧,瓦西里,人性不会改变,世上不会出现新人类,我们努力去创造平等社会,希望大家不用妒忌别人,可是,人总有令别人妒忌的东西(战争何尝不是由妒忌所引起的呢!换言之,妒忌之说,何尝不是对战争的根本反思呢),一个微笑,一份友谊,求之而不可得的东西,在这世上,即使是苏联的世界……总是有富有贫(譬如在战争中,一方面是食不果腹、衣不蔽体的苦难的老百姓,另一方面却是丰衣足食的上层掌权者或所谓社会精英,赫鲁晓夫便在影片中高声地叫嚣(伏特加等奢侈品,我有),富于天赋,贫于天赋,富于爱情,贫于爱情;(沉思了一会,绝望)塔妮亚不会回来了,她死了!"这与其说是政委的自我批评和反思,毋宁说是对人性本质与战争本身的沉痛反思,这才是影片的根本立意所在。正如上文所述,人们都无比珍视亲情、爱情、友情等人性情感,问题的关键在于,这种人情和私情在战场上却成为仇恨的推动力,而不是相反。原因便在于,所有的这些情感都是对象性的,即有选择的对象,换言之,是一种私情,这种私情常常毫不困难地穿越、突破和粉碎种种听上去冠冕堂皇雄辩强悍实则冰冷无力的宏大叙事。然而,颇具悖论意味的是,另一方面,人们又很容易将这种私情加以扩大变成所谓的民族情感和爱国主义。于是,这里便出现

第三章 影视文化评论文本：人类学转译

了如何处理这两者之间的关系的问题。有的时候，亲情、爱情、友情等人性情感与民族情感等是统一的，两者之间并无冲突，反而配合良好，和谐共存，共同促进，相得益彰——譬如说对付一个共同的敌人；有的时候则发生严重的冲突和矛盾，上文所说的亲情突破民族情感是一种情况；另一种情况则是，在某些特殊情境中，民族情感等较大程度的私情僭越和凌驾于较小程度的私情之上（但我们似乎很难对这种僭越和凌驾做出简单的优劣和是非判断，同样也很难轻率地将这些情感的重要性进行排序，排除、牺牲某一种情感而保留、推崇另一种情感，因为本质上他们都是正当而切要的；抽象的情感序列等级制总是导致压迫、专制和人性悲剧的重要原因之一）。于是，在某一团体结构内显得美好而温情脉脉的各种情感或私情一旦遭遇其他团体就成为一种残忍冷酷的情感，并导致争执、战争和残酷的杀伐，换言之，私情和私意是战争的根本原因——从这个意义上讲，私情和私意从一开始就是万恶之源，我们由私意私情出发来探索出路恰恰是南辕北辙背道而驰而向着穷途末路的方向渐行渐远？然而，在私意和私情无法斩草除根之时我们确实必须承认人的私意，并在此基础上思考可能的出路。然而，这种悖论既非不可理解，亦非不可解决，事实上，这种悖论恰恰为思考战争的本质及其解决出路等问题提供了某种启示，即继续扩展这种私情，譬如"天下为公"的大同境界。从某种意义上讲，共产主义和全球化这两种意识形态或社会乌托邦理想，是大同世界理想在不同时代的想象和实践的不同体现，是一种隔代反响和呼应。当然，这一乌托邦的实现绝非朝夕可至，那需要社会以自己的逻辑和方式在漫长的时间中历史性地形成。理想归理想，而在思考现实时，却还必须尊重现实的逻辑和法则而"现实主义"一些。建立某一项事业也许是一个错误，但如果没有这项事业则是更大的错误，我们的各种事业的合理性和合法性往往要从这个角度来进行理解和解释。

反战的基调在影片的人物塑造方面也体现出来了。影片中的敌人并不是脸谱化的穷凶极恶的人，事实上，这个德国狙击手甚至也是一个富有爱心的父亲,一个老人,一个有教养的人。就其本性而言,他并不像我们通常所了解的那些对犹太人不分男女老幼进行残杀的纳粹分子那样滥杀无辜,他的行为也并不针对小孩,起初并没有因为两国交战而将仇恨毫无理由地发泄到小孩身上。尽管最终他还是杀死了沙查,但这和那种毫无来由的兽性的迁怒行为仍然有着本质区别,换言之,是战争的逻辑和法则造成了沙查的死亡。孩子在某些方面尤其是在战争中或许是应该具有赦免权的(尽管从历史事实来看完全不是这样,战争的双方要么本来就以消灭对方包括妇女儿童在内的一切为目的,要么拼命将妇女儿童也卷入到战争而使之终于不能置身事外),但赦免权的获得是有条件的,这就是以中立作为前提条件,如果违反这一点,那么他的赦免权也相应废止。这种说法听起来显得颇为荒诞,因为作为交战双方中的一个国家的小国民,他很难保持中立,即使他想这样做,国家(国内的统治者和"人民")也不答应,而是想尽各种办法将妇女儿童也绑上战车。在影片中,斯大林格勒的市民便被告知不能离开正在遭受战争的城市;即使是交战中的某一国希望或答应给妇女儿童以赦免权,还需要交战国的同意和默契并在制度设施等多方面的配合才能真正实施对妇女儿童的豁免权(事实上,近代以来的包括联合国宪章等在内的相关国际法和战争法,就试图将这些原则确认下来,以作为国家之间包括战争在内的交往形式的共通准则予以承认,这是人类文明的一个进步,并至少让我们隐约看到了人类继续进步的前景,但往往得不到真正全面的实施)。然而,这种设想也颇为荒诞,因为如果所有的政府和统治者、国民都能这样理性,那战争很可能根本就打不起来,所以,妇女儿童的豁免权也只是认同正义意识形态的人的一厢情愿的想法而已,因为有的政权或个人根本就不认同正义和公正等法则,何况炮弹还不长眼。从这个意义上来分析,则人类历史进程中此前的战争很少是真正的所谓以"男人的方式"来进行的战争,进行得都并不那么"男人",即使从表面上或战争的发动者的叫嚣看来,战争似乎是所谓最"男人式"的解决问题的方式。由此看来,女权主义的反叛理论并非没有道理。

第三章 影视文化评论文本：人类学转译

言归正传。所以，一旦这个孩子违反包括战争赦免权在内的战争法则，那么他也必须为自己的行为负责和付出代价。如果姑且不论到底谁是战争的正义方①，实事求是地讲，沙查为丹尼洛夫提供情报也是对这一中立前提条件的违反。他因此而被德国狙击手杀死，他死得也并不十分冤枉，即使从普遍人性的角度来说，我们要谴责这种杀害儿童的行为。然而，在那样的情形之下，某种意义上他们的做法又都是势所必至的。要么两个人都错了，要么两个人都没有错，错的只是人类的智慧。然而，甚至也不能怪罪于人类的文明程度和智慧水平，因为后两者绝不是一蹴而就的，人类的智慧和文明的发展有其自身的发展逻辑，需要坚实的步调和探索时间。如果要追问到底谁对谁错，那么我们就要分析：究竟是沙查先有意利用德国狙击手来为丹尼洛夫服务呢，还是德国狙击手先找到沙查并有意套取其情报呢？这两种情况下对两个人的行为应该有不同的评价。然而，战争中的因果关系从来就很难分得那么清楚？怎么有时间来分析？而如果有时间又能这样理性地分析，那也许根本就不会产生战争了。

然而，换一种思考方式，战争同时又永远都是理性的。以参战双方的主观意图而论，它是在理性计算和深思熟虑的基础上所采取的一项精心准备和深谋远虑的集体行动；以客观效果而论，则是以战争的方式来平衡利益冲突。尽管它在表象上所展现和采取的似乎是最无理性的冒险方式。不是简单地给战争戴上一顶非理性的帽子就可以宣判其现实存在及其价值的无稽，反战并不能以简单地给战争贴上负面的标签这种方式来进行，事实上，这样的反战毫无价值，反而显得肤浅做作和虚伪不实，甚至让人怀疑反战的深层动机，因为甚至也可以用反战的方式来维持不公正不合理的现存制度秩序，求得一些不公正不合法的利益——尽管我们在抽象原则上认可反战理念。基于真理、公正和正义基础上的反

---

① 其实，这里还存在着一个问题，当敌人不以公正和正义的方式来行动时，我们是否还要坚持以公正和正义的方式来对待他们？如果不坚持又会导致什么样的政治后果，即使在军事上取得了战争的最终胜利？这些都是非常切要的问题。

战与简单的或别有用心的伪反战在思考方式上有着本质的区别。我们要思考的是,除了战争,是否有更好的解决利益冲突的方式,博弈法则固然在所难免,但却不一定非得以战争这种方式来进行,尽管战争是利益博弈方式中的一种。正如我们不是简单地谴责战争一样,我们也不能简单地抱怨一个民族没有尚武精神,而是还要追问什么样的"武"才是我们所真正必需的,譬如所谓的"止戈为武"(这只是对"武"的解读和理解之一,不排除其他解读);除了尚武精神,人类是否更应该具有其他更重要的一些精神质素。

回到影片的分析,则从局部的道义和赦免法则上讲,沙查甚至还要理亏一些,因为是他首先违背诚实基本准则而违反诺言并违反战争赦免权的前提条件。而德国狙击手在某种意义上也采取了"仁至义尽""有理有节"的做法,是对方违背游戏规则,他才根据规则采取相应的反击和惩罚(甚至博弈法则也认可这种行动的合理性[①])。在微观道义上,德国狙击手甚至并没有太多过错。同情归同情,我们却不能因为沙查是个可爱而无辜的小孩就拼命回护并强为说解和辩护,正如我们不能推诿和隐瞒或为自己(人)的过错而文过饰非、同时无视敌人在某些方面的正义理念、行为和正确批评一样。只有这样,我们才能真正地做到公正,才是以正确的方式真正地追求真理和正义,才不会玷污公正和正义这些神圣的原则。无论是宏观层面还是微观层面,我们都必须以公正和正义的原则来评判一切。有人常常因为对方是孩子或其他弱者而拼命回护其过错,殊不知这恰恰是情绪性即无理性的一种表现,恰恰是这种情绪判断导致、助长和巩固了种种不公不义的制度和行为!如果是这样,那还有什么资格来批判别人或别的不公正的人与事呢!我们当然要同情弱者,更不能对弱者的困境视而不见而听其自生自灭,但要以正确的方式,否则恰恰就是对他们的一种歧视和侮辱。因为弱者固然要求生存的

---

① 参见〔美〕罗伯特·艾克斯罗德:《对策中的制胜之道》,吴坚忠译,上海人民出版社1996年版。

第三章 影视文化评论文本：人类学转译

权利，更要求人格尊严上的平等，要求平等对待。所以，社会所要做的就不是为其错误辩护，而是谴责和改革导致其生存困境的社会结构和政治经济结构等方面。有时候，零碎和微观层面的同情反而直接巩固了宏观层面的不公，纵容微观层面的错误的一个直接后果就是导致相同的不以公正和正义的方式来思考和行事的社会文化心理氛围，并由此导致同时容忍宏观层面的不公的社会结构和政治制度，因为两者遵循同样的思考方式和心态情绪结构。

所以，当我们分析沙查与德国狙击手之间的关系时，也不能情绪化地偏向某一方。事实上，德国狙击手最初并不想杀死沙查，可是由于沙查将自己的行踪透露给丹尼洛夫，导致他差点丧命，在终于弄清楚是沙查的告密之后，他将沙查抓了起来，准备惩罚沙查并以此来引诱丹尼洛夫。他像搂着自己的孩子一样搂着沙查走向"刑场"，他对沙查说话的语气就像一个父亲对儿子的亲切叮咛，"我不怪你，你很勇敢，你选择了阵营，我尊重你的选择，但那不是我的阵营，你我都是军人，你我是敌人，我知道你会明白的，我生你气，因为你不留在家里，我生你气，因为你逼我做一件事"。至少就语言层面来分析，德国狙击手的表现显得不失磊落、合乎道义乃至温情脉脉——一部分是因为德国狙击手所说的确实有其道理，一部分或许也多少得益于演员的传神表演，我们愿意相信他的自我表白，因为人心毕竟有相通之处，都不愿意无故地迫害一个天真可爱的孩子。如果说之前他是以一个父亲的身份来处理和沙查之间的感情的话，现在他则是以男人或军人的方式来解决两人之间的问题，一个"逼"字将德国狙击手的心理传达得非常到位——在影片中，这种情感逻辑就在于德国狙击手的儿子亦是在战场上牺牲，影片结尾，高宁少校去狙击时郑重其事地戴上的十字战勋，恰恰就是儿子的战斗勋章。或许他们都没有错，错的确实是人类偏偏要以战争这种残酷的方式来解决种种争端——然而，或许，战争也是被"逼"无奈而已，因为因了自私贪婪或其他原因，人类似乎尚无法想出其他更好的办法来避免这种毁灭性的博弈方案。当然，如果深入分析下去，很多事情都经不起推敲和追问（很多事情都经不起层层追问，即在一个更大的背景结构里进行分析和追问，而我们要做的恰恰就是这种打破沙锅问到底的探本溯源的精神和勇气），譬如说，瓦西里和德国狙击手互相利用小孩沙查来进行情报战这种行动本身便使得双方对孩子的感情显得不再温情，即使对沙查而言，他是主动为丹尼洛夫提供情报的。所以，关键问题就在于，在这种两个国家之间的你死我活的残酷战争形势下，全民都被卷入民族和国家仇恨之中，小孩自然也很难置身局外，必然要被战争的逻辑卷入，这才是战争的残酷性和悲剧性所在。塔妮亚的选择何尝不是这样。当丹尼洛夫试图劝说塔妮亚不要到前线去时，说服者反而被说服，并将死去的人的性能很好的枪交给对方，让她去复仇。是的，不复仇，还有更好的选择吗？

很多事情，个体没有办法保证自己不被卷入；很多情形中，中立和洁身自好一样都只是一个遥不可及的浪漫理想，就像我们无法"非政治化"一样。从局部来看，百姓的生活和战争的胜利毫无关系，可是从整体上来看，仍然受到重大的影响，所以，简单的反战论调毫无意义。"祖国的命运危在旦夕，你所珍爱的人的命运也危在旦夕"，这就是所有人被卷入的原因。悲哀的是，似乎以仇恨为其特征的战争其实却常常是诉诸人的广义的爱和爱情，以爱的名义号召大家拿起武器，毫不留情地杀戮异族的人民。于是，战争的本质便似乎是，有选择的爱，譬如基督教的"选民"理论、德国法西斯的"优秀种族"理论。可怕的是，一个被构造出来当作爱的象征的上帝，其"选民"理论在思维结构上和德国法西斯的理论竟然完全一致，这就使得战争的双方都必须受到拷问，实际上，这种"少数优秀论"是导致战争的根本原因。因此，需要谴责的就不仅仅是法西斯的种族迫害理论，"上帝的选民"的观念也应该受到批判和扬弃，如果不是完全抛弃的话（韦伯对清教伦理的分析仅仅着眼于分析其正面价值和影响）；也正是从这个角度来看，往往战争的双方都是刽子手，战争中没有正义方。换言之，战争在惨烈地进行，正义却完全缺席，如果没有对人类的爱的话。事实上，即使是塔妮亚的父

第三章 影视文化评论文本：人类学转译

亲——受迫害的犹太人——也说过只需要保卫巴勒斯坦的话。少数优秀论的表现之一就是法西斯主义的"优秀种族论"，然而，其他的民族歧视和仇恨又何尝不带有法西斯主义"优秀种族论"的理论结构和色彩呢？譬如影片中通过剧中人的对话所揭示出来的民族歧视：俄罗斯人对乌克兰人的歧视、德国人对犹太人的歧视，等等。由此可以愈加证明前述的判断，人类都是私情和私意的动物，区别只在于程度不同而已。阶级对立虽然与少数优秀论有点距离，但两者之冲突其实亦不过是少数人想垄断大多数的经济利益等原因所造成的。所以，有的时候不仅是两国的交战，也标志着阶级斗争，关于战争，科里哥夫的说法别含深意："来自巴伐利亚的猎鹿贵族与来自乌拉尔的小伙子的对决"，在这里，民族、国家仇恨和阶级对立和仇恨统一起来了。

影片的基调是反战的，但却并非是空洞的反战。整个影片没有民族仇恨的渲染和叫嚣，也没有空洞的反战说教，也并不刻意对战争的宏大场面进行渲染（当然，狙击手之间战斗的紧张气氛还是渲染得极其惊心动魄，但这更多是诉诸人的内在心理情感，而非仅仅着眼于感官刺激），而是启发观众对战争本身进行深度的体验和反思，就像片尾主题曲中的琴声一样，非常抒情，以触动观众心灵沉思而非以刺激观众为目的，具有一种富有深度的诗意。正如上文所述，对正义与和平的廉价呼吁毫无意义。谁都可以呼吁和平并引起大家的共鸣，但这种单纯的对和平的呼吁甚至叫嚣并无多少意义，因为一个拿着屠刀的人也照样可以一边说着反战的语言，一边毫不迟疑地挥动屠刀。影片并没有回避仇恨与战争本身，并没有无视造成战争与仇恨的种种因素而不予理会和分析，当邪恶力量拿着屠刀残杀的时候，仅仅一厢情愿、犬儒主义地乞讨宽容是不够的。影片甚至也并没有指出一条具体的道路和方向，而是给观众以启示，充分展示战争中的种种后果，引发观众的思考，而不是代替观众的思考，充分尊重观众自身的判断和选择力。

影片充满着对人性和人道主义的拷问。瓦西里在自述狙击手的心理情感体验时的言说也颇引人深思："他甚至不知道你存在，但那一刻，你比任何人更接近他,你看得出他早上有没有剃须,有没有戴戒指,有没有家室,你将要狙击的,不是死物,也不是仅仅一套军服,而是人的脸,那些脸孔不会消失,会在你的脑海里浮现,一张张新的脸孔会添上去。"两个优秀狙击手最后对视了一眼就阴阳永隔,影片在处理这一场景时倒是显得颇为干脆,不过观众仍然禁不住要设想:换一种场景,这两个优秀的狙击手会成为惺惺相惜的好朋友吗?尽管我们知道,战争的法则根本就不允许这样的浪漫想象,战争的逻辑是血与火,战争拒绝浪漫,丹尼洛夫和塔妮亚的爱情也不过是一个十分偶然的例外而已,所以,瓦西里和德国狙击手虽然有过一次面对面的短暂会见,但这却是最后也是唯一的一次,他们注定无法成为真正的朋友。其实,即使曾经是朋友,战争的法则也是和友谊格格不入的,德国狙击手高宁少校和俄国老兵科里哥夫的关系就是最好的诠释。他们昔日还有着师生关系,而今却在战场上兵戎相见,昔日互相之间的熟悉和亲密关系反而成了杀害对方的一种凭借,利用从对方身上学来的技术本领来谋杀对方(科里哥夫在试探对方时的说法完全就是从高宁少校那边学来的那一套),这还不够具有讽刺意味吗?当科里哥夫被射死回眸的那一瞬间,他的心中究竟做何感想——这些人的你死我活的斗争从个人情感的角度来说会发生吗?还是这个在战场上面对敌人时英勇无畏的科里哥夫,因为在国外学习过,便在国内受到了怀疑、审查和心理肉体残酷的双重折磨,即使科里哥夫是领袖派遣过去的这一事实也难以让他逃脱干系,因为审查者可以以领袖的名义来进行反驳,"不要诋毁我们伟大的领袖","认罪吧,奸细",然后是严刑拷打,"他们拿出的不是镰刀,是铁锤",把牙齿统统敲掉。在回忆这段往事时,科里哥夫那富有感染力的声音(拟声词)与他沉思的表情给人印象深刻,那是在回忆一段痛苦的往事,而镰刀和铁锤也富于象征意义,因为镰刀和铁锤恰恰代表着工农革命,如今却被用来拷打作为工农代表的对祖国忠心耿耿的老战士。"对了,小伙子,不要心存幻想,这就是社会主义的幸福境界",这就是一个老兵的领悟。其实,丹尼洛夫一度因为嫉妒而对瓦西里的污蔑,何尝不说明了一点:

第三章 影视文化评论文本：人类学转译

"公开发表悲观言论，怀疑祖国不能获胜，原因只可能是，他对共产理念缺乏信心。"然而，他们仍然在为祖国——也许仅仅在客观实际上却仅仅是在为所谓的领袖——战斗。他们参加战斗究竟是自愿还是无奈的选择，或是必然的选择？追问这些问题毫无意义，因为他们并没有多少自由选择的机会，虽然他们多少已经明白了战争的实质，但他们仍然无可奈何，甚至由于历事太多反而滋生了一种无动于衷的冷漠，因为一己的力量实在太过渺小。当科里哥夫打死一个德国维修兵之后，他的脸孔仍然停留在沉思的阶段，接着便说："该是喝汤的时候了吧。"这个场景就是对这一心理状态的最好注脚：老兵显然对战争和打死敌人这种事情习以为常乃至麻木了，他已经厌倦了对战争本身的反思了，因为即使了解了战争的实质，他仍然毫无办法！

在战争中，参战者都成了工具，生命的尊严和意义是缺席的，领袖唯一关注的就是战争的胜负——赫鲁晓夫咆哮着说："已经死掉一半士兵？我不管。"不明就里或天真的人也许会觉得领袖的咆哮显得非常富有魄力，用时下未谙世事的少男少女的流行评语来说，是"富有男人味"，然而，这样的魄力却是建立在成千上万战士和人民牺牲的基础之上，所以"一将功成万骨枯"的说法确实并非虚言。质言之，领袖的战功、地位和自尊与自信心都是建立在成千上万的无辜战士牺牲的基础之上，这样的魄力，还可爱吗？什么是真正的魄力和男人味？至少不是这些。如果在知道真相后还天真地崇拜和憧憬这样的魄力和威名，那我们就要置疑我们的文化和社会心理氛围了。可是，这样的崇拜者确实很多。即使可爱的沙查何尝就不属于其中一员呢？他总是很崇拜地追问瓦西里"今天杀了几个"。在这种轻描淡写的语气里，人仅仅是一种数量的存在，无论是高宁少校还是瓦西里，或者赫鲁晓夫，军衔、成就以及英雄的威名都是建立在杀人的数量之上，并给对手造成心理上的威慑，给自己赢得英名——这就是以往的战争英雄的形象！然而，我们要追问一个问题：人类在本性上就需要这样的英雄吗？当那些尚且长着稚气的脸孔、露出惊恐迷惘的眼神的年轻士兵一车厢一车厢地运送到前线时，他们同时看到大批伤员被不断地运送回来。对于观众来说,他们相遇时的场景是颇为惊心动魄的,然而,战争中当事人的感受又如何呢?或许早已麻木?战争中的士兵固然常常充当了无谓的炮灰,以成就领袖的威名,其实英雄有时候又何尝不是一个符号,被绑在战车上成为某些野心家实现其目的工具。然而,英雄的荣誉使他们丧失了反思战争和反思人性的能力。

　　影片在刻画交战双方时并无偏颇(当然,将纳粹德国和苏维埃相提并论仍然反映了作为西方人的影片制作者们的某种观点,或者偏见),而是对交战的双方都既有批判,又有正面刻画。既揭露和谴责纳粹德国的罪行,也暴露了社会主义国家的一些问题,并对两者都进行了无情的批判。一切都是为了战争的胜利,参战双方都是这样,所以,当德军指挥官误以为瓦西里已死的时候,便命令高宁少校交出军牌,原因便在于"你死,就要死得无声无息",以免一旦当敌人知道高宁少校牺牲的消息而助长对方士气。纳粹军队在杀害犹太人时采取的方法是"然后每一对射一枪,以节省子弹",其实,这和影片开始的两人一支枪何其相似乃尔:人的生命并不重要,人成了战争的工具,成了炮灰。这样的画面和叙述在影片中屡见不鲜。在影片开头苏联军队用枪逼着士兵前进,架起枪炮督战,枪毙惊恐的逃兵和后退者,"绝不后退","决不放过叛徒和懦夫","绝不宽待懦夫",并放逐逃兵的家属,这一切都使得我们不禁要问:这究竟是和敌人的战争还是自己人之间的相互虐杀?生命的尊严、价值和意义究竟有没有得到尊重?事实上,很难有人能够自信地肯定地回答这些问题。交战的双方都会打出正义的旗号,都通过战争中的宣传战(传单、"政委"等)极力表明自己属于正义的一方。战争同时还是心理战,所以要大量派发传单,通过给予领导接见、授予人民英雄称号等多种方式来寻找和树立英雄,"立下范例",这种战争中的造神运动的目的就在于以此鼓舞士气,也因此,在影片中,政委与英雄的命运息息相关,"你们俩的命运息息相关"。这种荣誉固然让英雄十分自豪,即使要回复大量的国内民众的信件也乐此不疲;但同时也给英雄心理上造成了巨大的压力,因为英雄不再仅仅代表他自己,而是成为一个符号和象征,代表和支撑着国家和国民对民族前途与命运的信心,而这种信心和士气对战争胜负具有重大影响。也正因为同样的原因,斯大林格勒就不仅是个城市,而且由于它是以领袖的名字命名的,所以还是民族尊严和信心的象征和标志(领袖的头像也起着相同的作用,所以英雄要向着领袖头像汇报),于是市民便不准离城,被绑上战车,要与军队共存亡。诸如此类,我们很难轻率地否定和批评,它们都是战争中真实地发现的一些事实,需要我们更深刻地反思。

此外,有些说法也颇具深意:"狩猎场不是由狼决定,是由猎人决定的",但猎人与猎物的关系时时在变换着,"不过,今次我是猎物"。当然,也有一些轻松的花絮,譬如科里哥夫在冲过敌人的火力封锁线后的暴怒使得大家都以为他是受伤了,没想到却仅仅由于被打破了新的裤子,这种背反在紧张的战争气氛中显得颇为轻松,客观上也起到了调节心理氛围以将观众过于紧绷的心弦稍稍松弛的作用。影片还讲述了一些基本的战争常识:譬如等到爆炸时才利用炮弹烟雾的掩护来开枪;先跳过去的人更有可能躲过狙击手的射击——因为对方没有反应的时间;狙击手必须马上变换位置,转移阵地,以免暴露目标后成为敌人的活靶子,等等。不过,与影片更深刻的命意相比,这些都是次要的,是属于叙述技巧方面的安排而已。

第二节 跨文化交流与"模仿的模仿": 以《喜马拉雅》为例

如果以人类学理论视野来分析评论电影,对电影的观看和阅读就能获得更宽广的视野和更多的启发。以下将对电影《喜马拉雅》进行人类学的解读反思。

《喜马拉雅》这部影片具有人类学的意义。奇风异俗要求我们将其置于异文化体系的社会背景中进行理解,而非以自己的文化价值立场进行褒贬评价。譬如影片中天葬的镜头。其实，许多电影都发挥着文化交流的作用，能够促进人类的宽容理解。事实上，电影使得每个观众都可以成为一个人类学家——即使某种意义上是一个摇椅上的人类学家或者一个被动的人类学家（即他所接受的是被给定、被选择的或经过中介和翻译的人类学文本），获得人类学家的异文化体验，并由此获得人类学家的宽容态度和阔大胸襟，而不是狭隘的民族（文化）自大主义者。

但这样的人类学文本仍然令人疑窦丛生，因为它经过了西方电影工作者——即使是某种意义上的人类学家，甚至人类学家也很可能以文化专家或顾问的方式直接参与进来——的中介解释和传达。在观看电影的过程中，我也一直在担心，这样的人类学文本究竟在多大程度上接近异文化的真实样貌。当一个中国观众在观看由西方人拍摄的有关喜马拉雅地区的一个小山村的影片时，这部作为人类学文本的影片至少便和真实隔着两层（摹仿的摹仿）：作为西方人的导演的西方理解框架和视角，作为中国人的翻译的中国人的语言阐释框架和视角。就前者而言，影片故事情节的设置安排、演员的表演和台词、背景音乐的创设、场景的安排、镜头的运用、叙事手法的调度、叙事的强调重点、蕴含的解释框架以及其他诸多的细节等，这一切是否以及在多大程度上带有西方人的眼光？我们不得不承认，西方诠释的痕迹太重了。西方的认知方式、价值观念取向等都很明显地流露出来了。而就后者而言，很多对白的汉语翻译也非常让人怀疑（这里又存在着次一级的两层距离，西方人对喜马拉雅地区语言的翻译，中国翻译者对西方语言的再一次翻译），换言之，语言文字的记录和表述本身就有可能对异文化进行了重新的诠释和改造，乃至一种破坏和扭曲。这是我们在观看电影时所必须予以注意的。

电影很显然能够间接地扩大人的生活经验，它从许多方面塑造着观众[1]，而绝不是带有偏见的教育工作者等所担心的那样，是造成世风日

---

[1] "不识文字却常看电影的观众可能具备更强的对电影产生创造性反应的能力，这样的能力是书籍读者们通常所不具备的。"参见［美］麦克尔·赫兹菲尔德：《人类学：文化和社会领域中的理论实践（修订版）》，刘珩等译，华夏出版社2005年版，第328页。

第三章 影视文化评论文本：人类学转译

下的罪魁祸首——当然，我在这里主要指的是严肃而格调高的电影，因为有些格调低下的电影，确实可能起到负面作用。但所谓格调高下的区分也只能是相对的，因为我们实在难以简单地评判某一影片的格调高下，譬如所谓格调高的影片其中也很可能蕴含着一些负面的信息，而所谓格调低下的影片中也可能蕴含了正面的东西，即使是在细节方面，或在我们一时并未能意识到的层面。观众的个人情况千差万别，观众接受影片的方式更是异常复杂，从传媒以及文学的接受理论可知，影响接受的因素有很多，观众原有的知识结构、情意储备、生活环境、心境态度、成见、价值观念以及阅读或观看时的情境环境和情绪等无不对接受过程产生着影响，要想准确地预测其具体影响和后果几乎是不可能的，因为不同的个体会有千差万别各不相同的接受方式。一部旨在宣扬正义的影片也可能被非正义地解读，譬如观众可能从罪犯身上吸取犯罪方法和灵感等——当下的许多反黑影片以及官场小说常常就起到了这样的作用。当然，我们可以通过结构分析等社会学分析方法来分析受众的情况，并大体地了解某一类型影片所可能发挥的影响和作用，这也是电影审查制度有一定成效的原因所在，但我们却不能因此而完全禁止包括影片在内的具有丰富信息的各种事物。在一个制度建设和法制建设比较健全，国民民主意识、法制意识比较强的国家，这些信息的接受相对是比较安全的，即使影片中包含着暴力、色情等情节内容。关键不在于影片的内容本身，而在于观众和接受的环境土壤的文明程度，即是否存在着模仿和实行影片中的负面内容的相应的社会环境土壤。我们要做的不是控制丰富信息的流入，而是要创造接受的良好土壤和环境，即社会改造和人心改造包括法律法规制度建设等。仅仅因为害怕坏的影响而"并小孩污水而泼之"的做法实在是回避问题的鸵鸟政策，因为我们不可能在信息封闭的情形下丰富、扩大人性，促进人和社会的全面发展。应让信息有序地流向、纳入和归化人有序的社会，换言之，一个有序的社会可以有序地吸取各种信息而不会造成社会问题。我们要做的不是禁止影片，而是在影片发挥影响的社会上作文章，即在社会结构、社会制度、法律法规建设等方面做好防范准备，否则只是因果颠倒，本末倒置。一些影片在法制建设比较完备的西方不会产生社会问题，而在发展中国家却往往造成众多社会问题，原因就在于此——当然，这样说，多少也有点颠倒了因果，因为往往先是由于这些国家本身存在着诸多问题，包括法制建设的不完备，才导致可以让影片产生种种负面影响的社会土壤。

我们不应整体主义地看待电影的影响。现代社会的人日益成为多主体或无主体式的人物，换言之，个性日益扩展，再难用前现代社会的单一的性格标签来进行描述。家长独裁式的单一化的主体和个性塑造方式日益行不通。主体日益不受管束，在一个开放的世界，各种信息通过各种渠道突破防线和互相渗透，进而塑造着人的个体身份和认同意识。[①]日益难以对现代人的行动方式的选择做出预测，日益无法预测某人在某一情境中的行为，因为影响他的心理和行动的因素几乎涵盖了所有领域，某一个领域的微小细节或某一次的道听途说也许就影响了他之后的某一次关键行动的方式。随风飘来的一个模糊的词语也许就导致某人的一次关键选择。说当代社会的偶然性增大了，不过意味着人的个性日益丰富，影响人的行为的因素日益复杂多元化了。说当代社会或后现代社会是一个无主体的世界，只是意味着当代社会的人的主体身份日益复杂，远非前现代社会乃至现代社会的较为单一化的塑造方式。换言之，主体身份日益零散化、碎化、多元化、无极化，你无法从个体身上清楚地辨认出民族国家或文化传统的疆界，所有的风格和文明的碎片都杂糅在一起，这也就是后现代所谓的"混杂"。在显性层面，民族国家的疆界仍然壁垒森严，而在隐性层面，早已暗流涌动，互相通婚杂交，无法清楚地分出你的我的。这也是所谓多元文化世界的真正含义所在。或许，如果由此发展下去，等到充分混杂化，世界大同将是不

[①] "电影媒体尤其是一种能说明人们如何集体定义身份的宝贵信息资源。"参见〔美〕麦克尔·赫兹菲尔德：《人类学：文化和社会领域中的理论实践（修订版）》，刘珩等译，华夏出版社 2005 年版，第 322 页。

第三章 影视文化评论文本：人类学转译

可避免的事情。

影片获得了很多大奖，很多是摄影大奖，这让我不由感叹：这个摄影奖项与其说是表彰摄影家的技术技巧，毋宁说是风景本身让摄影画面变得如此美妙，换言之，很可能，其他摄影家同样可以拍出相似乃至更好的画面效果。事实上，现实生活中很多事情就其实质而言亦不过如此而已：是客体和对象造就和成全了主体，而非相反——所以实在用不着傲慢、沾沾自喜，乃至目空一切。

影片的故事情节有点颠倒了观众至少是我的阅读想象。最开始，我以为这又是一个启蒙模式的老套套，因为老人的固执。而结果却发现并非如此，反而是以年轻一代向老一代皈依的方式完成了文化传统的传袭——老人给新的头人加冕的细节耐人寻味。影片中执拗的老人是类似于海明威名作《老人与海》中的老人一样的人物，代表了一种强力生命意志：要走就选择最难的路。他的意志、顽固、坚持、咆哮、坚毅的眼神等都是一种信念的象征。

偷情的细节显然有些迎合西方人的口味吧？从中国观众的眼光看来，可以说，这是故事的一个败笔。又譬如说将喇嘛喜欢壁画解读为酷爱艺术似乎也令人怀疑。

尼泊尔人也有细皮嫩肉的读书人，喇嘛也是皓首穷经的文化传承者，确实，如果换一种眼光来看，他们进喇嘛庙何尝不是像中国古代的读书人一样，是在"读经"，是在传承民族文化呢？

影片的很多说法特别富于启示意义：群山认识我；群山知道发生的一切；"让他去吧，他要去和我的父亲在一起，在佛的天堂。"——老人的八九岁的孙子在老人去世之后平静地说出的这句话也让人印象深刻，颇多启示；二儿子为老人念经超度的循环往复而又高下轻重的调子和声音也特别具有一种感染力，不是悲伤，却尤其动人；老人和孙子在晚上的对话也颇具深意："那颗星一闪一闪就像心脏在跳动。你一定要学会找到这颗星。""那里有很多的星星。""是的，但只有那一颗是我们的……从我们的爷爷的爷爷的爷爷开始就跟着这颗星了"……

第三节 "沉默的羔羊"与"泯然众人焉"：
以《沉默的羔羊》为例

如果说《喜马拉雅》可以被看成一个标准的电影人类学文本，《沉默的羔羊》则又回到了人内心中的病症与冲突问题。其实，《沉默的羔羊》的电影剧情不过是关于变态心理学的一些案例而已——当然，欧美的一些电影某种程度上往往体现了比较高的技术和知识含量，和一些颇真实的想法①，包括前两天看的《记忆裂痕》亦是如此，这点确是西方电影乃至西方文化在某些方面所体现出来的优势。② 换言之，有关电影的内外各方面都在一定程度上体现了西方的优势或强势；而在文化学术上，则体现为各门学科的优势。

回到《沉默的羔羊》，本片当然也有一些颇有意思的情节，譬如被囚禁的心理学家在逃出监狱时的那一幕便颇有点想象力——即自己撕下受害警察的脸皮粘在自己脸上，扮装成受害的监狱警察躺在地上，而把受害狱警的尸体转移到别处，同时转移了追捕者的注意力，于是自己便作为受害的警察堂而皇之地被救护车送出去，并得偿所愿地逃脱。另外，这个嗜血的心理学家最终仍然没有被绳之以法，而是"泯然众人

---

① 这里所说的真实，尤其指那些从个人和内心涌现的纯粹的思考，包括真实的想象，而不是那些被引导或被控制的、或别有用心的、或口是心非的虚假娱乐表演、商业炒作或政治作秀！不过，这倒并不是要非理性地简单化地看待这些表演行为，而且，在批判的同时更要自我反思，而体现出一种"及己的批判方式"，并做进一步思考分析。换言之，这种表演行为以及其他的一些诈巧拙劣的人性表现，亦都有其社会原因乃至特定的社会功能，《偏好伪装的后果》这本书也谈到了一点。最重要的一点便在于社会风尚与体现这种社会风尚的人性以及各种文化政治制度的同构性质，也即所谓的时代文化"范式"——类似于福柯所谓的"知识型"。
② 我忍不住要将《记忆裂痕》与中国电影《无极》进行比较（尽管这样的比较对《无极》来说不大公平，因为前者本来就是科幻片，而《无极》不是），前者的科幻想象非常"真实"，具有可能性，这种可能性既是从哲学角度来说的，也是从相关学科的科学发展本身的可能前景来说的。而据说花费天文数字制作费的《无极》中的那些所谓的"思想"却无甚价值——我曾和一位哲学系的朋友说，与其去分析那些故弄玄虚的七颠八倒的所谓剧情，还不如我自己去写一篇关于存在主义的哲学论文。

焉",消失或隐遁或优游(这个词很容易令人联想到"逍遥法外")于茫茫人海和尘世。这样的一种结局显然颇具深意,罪犯永远混迹于熙熙攘攘的人群,你根本无从辨别,或许,和你擦肩而过的人就是一个杀人不眨眼的魔头,或许,任何人自己就可能是其中之一。警察与罪犯的故事永远不会结束?这样一种结尾的安排显然颇为吊人胃口,尽管作为那个变性癖者的故事已经讲完,FBI的实习女生和嗜血的心理学家的故事显然可以继续下去,这就为续集的制作提供了剧情上的可能。本片的其他部分无甚特别之处,甚至连"沉默的羔羊"这个片名本身也非常单薄,如果仅仅和剧情联系起来,可是说十分失败,因为不甚吻合——和我没看电影之前的悬想完全不一致。当然,如果就这个片名本身即这个词语本身进行发挥则还是颇具分析的价值。羔羊平时都在沉默,当它大叫时,却已经被杀害了,于是它仍然并将永远沉默下去,即使刽子手在谋杀时也曾经动过恻隐之心,甚至掉过一两滴鳄鱼眼泪。羔羊天生就是沉默安静温柔的,除非它有朝一日长着狮子一样尖利的牙齿,或者,它像人一样拿起了刀枪,制造了武器,并点燃引线或按下电钮……羔羊会这样做的,为了沉默或安静或温柔的权利!

第四节 传统与现代:《乔家大院》里的信任文化政治

交流的基础乃至目的都与信任有关,与古人神交同样如此。而在试图汇通古今、沟通传统和现代时,我们发现,信任仍然是极其重要的一环。其实,中西交流乃至所有的跨文化交流何尝不如是。建立真正的信任关系,总是实质性交流的第一步。

偶然看了几眼中央电视台一套的电视剧《乔家大院》,正说到商家乔致庸因为发现自己店里的油掺假而决定重价赔偿客人,许多客人前来领取赔偿并十分赞赏和敬佩乔致庸这样的做法,乔致庸因此树立了信誉。乔的说法也很有意思:"我宁可亏本,也不可以亏信义、亏良心。"这样做的一个后果就是乔氏商业所在的整个包头地区的商家都不敢掺假了，正如另一商家所说："他乔致庸走的是正道，正则通，通则久。"这确实颇富启示意义。信任机制、正面意识形态就是这样树立起来的！

由此可知，信任机制、正面意识形态是可以树立起来的，并且具有传染性，关键在于如何牵一发而动全身地发现关键抓手，从而让总体社会结构相应地运转起来。当然，有的社会结构中不利于树立信任机制，反而有利于树立相反的伦理原则。所以，正面意识形态与负面意识形态的伦理评价固然清晰，其竞争结果却胜负难料，因胜利与否还有赖于文化心理和社会结构背景的支持，某种意识形态之所以取得胜利有时不过是有着相互配合的总体社会结构的支持而已，这其中，文化因素当然也起着重要作用。于是，教育就成为决定哪一种意识形态能够取得胜利的重要因素之一，为了树立起相应的意识形态和文化体系，则在战略上先通过教育培养出此一文化体系和意识形态所需要的支援个体（此即阿尔都塞所谓的"质询"），取得此一群体的支持和呼应，形成基本的社会文化氛围和心理氛围，则正面意识形态的梳理就相应容易得多。

当然，还要考虑整体层面的意识形态和社会结构，正与邪的斗争并非那么简单。譬如，在本剧中，其他商号必然要有所反应，甚至即使在乔家内部也有很多人对乔致庸的这种做法不满，因为改革触犯了他们的利益、地位或面子（荣誉、声誉、声望、仪式表演），而处心积虑地要进行反对和反扑。注意，我特地将面子或荣誉提出来，荣誉也有着社会结构的作用，这种文化习俗仍然具有其社会意义，尽管荣誉背后或许仍然体现了社会总体结构或权力关系。正与邪的力量对比都不是说赢就赢，需要一系列的措施，并必须适合整体情境氛围才能做出说明。书生式的一厢情愿，以为按理想拟定一个乌托邦就什么事情都可以解决，那是太幼稚了。改革总会触犯一部分既得利益者的利益，于是会导致他们的抵制和反扑，所以还必须有实力，有智慧，有反制之力量作为支撑。

后来又听到剧中的一句话，当原本是"跑大街的"的马荀被乔致庸破格提拔为大掌柜"新官上任三把火"时，为商号干了40年的师傅不干了,于是马荀跪下对他说:"论'私'您是我的师傅,论'公'我是复字号的大掌柜了。"这句话颇值玩味,一个从性质上来说应该是私人商号的"企业"却同样被里面的"工作人员"称作"公"!简单说说:第一,权力的拥有与管理不同,后者尤为关键;第二,总体层面的私之下的"公",是大多数社会团体和政治实体实质上都有的一种结构,譬如国家等;第三,中西不同的政治传统与民主理念,并无高下轩轾,并导致不同政治遗产以及不同现代化转化的可能:如果有可能和必要,则中国的所谓公民社会应从这些传统中催生出来并表现出不同的特色。

第四章　心灵文本与序跋：爱、幸福、生活

第一节　通过他人认识自己：
爱情、自我反思与承担命运①

引子：

　　因为无爱，所以无恨，所以无大恐惧，所以大无畏。
　　但是不要靠近我，不要给我机会爱上你……但是我不靠近你，不给任何机会让你爱上我……

---

① 本节文字写就于 2003 年 6 月 11 日，时隔十余年后重读此文，只觉当时仍是文学少年，有一些不切实际的想象，有一些其实并无深入体察的故作惊人之语，甚至是"为赋新词强说愁"，意气浮露，落拓不羁，对生活的体悟本身却完全是空中楼阁，不着边际，不接地气，缺乏节制，缺乏对真实生活的深入体悟和同情，亦缺乏一种扎实和沉稳，所以也只能是逞才使气的想象和胡言乱语而已。然而究是如此，亦不失一种真率而意气风发之气，文字亦有跌宕自喜之处。虽然我今已不喜为文士之词，稍务实沉稳，而颇切实留意于典章制度（之沿革）、治乱盛衰、经史经世等层面，但对于当时不成熟的文字，仍录以自哂，聊备现在和将来之"悔少作"云尔。

第四章 心灵文本与序跋:爱、幸福、生活

时刻警惕着、提防着、告诫着自己不要轻易地爱上别人,更时刻提防着、警惕着不要一不小心让别人轻易地爱上了自己。八公山上,草木皆兵,风吹草动之间,是惴惴然悸动的魂魄。一旦发现任何苗头和迹象,立马采取断然措施,将可能的爱情扼杀在摇篮之中,未雨绸缪,扼风云于初萌乃至未形时。于我,更喜欢一种有距离的观照、欣赏、体味的态度与方式,尽管一度是那样的容易被感动。警惕着,警惕着,睁大惊恐的眼睛惊慌地谛听和静静地审视,像一只受惊吓的兔子,俟伏于三窟之一的洞口,竖起机警灵敏的招风耳,眨巴着骨碌碌乱转的圆圆的小眼睛,时刻都在准备着逃亡。秋风飒飒,松声满耳,雁行阵阵,自在翔鸣。明月照高岗,我独枕戈眠。

少年的爱情是美好的。

一招错,满盘输,爱情就是这样。最好的选择是不要开始。爱的后果是一连串的,一环扣着一环,甚至要永世流转,像命定的劫数,在劫难逃。可那一声惊雷的怒吼、霹雳的震劈之后呢?人类依然要重复着前尘旧梦。寂灭的理想早已失落。

当你一旦开始考虑爱的后果时,你便已经在某种程度上丧失了爱的能力(佛教即是如此,道教则相对达观)。然而,一旦个体思考习惯和反思机制已经启动,你就再也不能返回到当初的混沌世界中去了,从这个意义上讲,往者确不可追,耽于此时此际亦势不可能。借回忆走入过去有时是一句温暖善意的谎言,说它善意温暖,是指有人能凭借这种心灵有意无意中制造的幻觉获得某种心理慰藉,究其实不过是借回忆走进另一个虚幻的回忆,也就是虚幻的现实,准确地说,就是真实的现实:心理现实(听听柏格森老朋友的说法吧)。当你学会英语、德语后,你就再也不能感受到初听英语德语时的那种咿咿呀呀不成曲调、毫无意义空洞回荡却又蕴含着某种无以名之的新鲜奇妙的感觉了,那已经永远地离你而去。很难想象,如果罗兰·巴特(Roland Barthes)是学会了日语之后再来感受日本文化,他还能否写出《符号帝国》一书。真的,这常常令我觉得特别懊恼难受,一样东西就这样永远地失去了!另一个世

界？我怎样才能进入那个世界？有多少物件就有多少世界，分身乏术如我者如何进入？回答只有一个：上帝无处不在！然而我终究不是上帝。年复一年，春天的等候和热望到秋天收获的依然是失望。

爱的后果终究会在爱情来临之际向你砸来，让你感觉呼吸促迫，像雷雨前池塘里的鱼，浮上水面大口大口地喘气。鱼儿是幸运的，它终究能看一看水之外的世界，尽管也只仅仅是看一看。人类呢？我要打破无边空气的迫压和包围，但无形者无敌，我如何是他的对手。我想浮出这沉闷的弥天大网的牢笼，升腾至宇宙的天边，探头张望，自由地大口呼吸！好风尚且要凭借力，才能直上青云，代达罗斯怎堪将沉重的肉身飘升大宇？轻盈的空气自在地飘荡，却又如此沉重，迫压得你极其难受，欲吐不能，像野蛮的海神强行给溺水之人重又灌上令人窒息的海水，又像狠毒的刽子手在行刑前强迫你备下过于丰盛的最后午餐，用棒槌强行塞入本来脆弱的肠胃。人啊！终究没有山外青山与那楼外楼，于是，我们便在污浊的空气中苟延残喘，逆来顺受，消磨着尘世飘忽油灯的冗长时间。

一句兼济独善，误尽天下苍生！牢笼多少在历史夜幕中穿梭往来的英雄！

当我终于准备不顾一切地投身于爱河之中想要畅游一番之时，我不幸患上了一种致命的疾病：我竟然疯癫到要研究人的地步。想研究、解剖、治疗人的心灵，这种行为本身便是一种疾病，疾病与治疗于是颠倒过来，以疾病来挽救治疗，因治疗而转致疾病——致命的灵魂之疾患。研究的结果是这个世界和这个世界上的人全都患上无可救药的病症，尤其令我大吃一惊的是我居然也厕身于这些病人之列……

治疗。秘方。我开始寻找。他人就是地狱，有人说，我几乎绝望了，我几乎要放弃寻找。寻找，仍然不停地寻找，寻求治疗这种世纪疾患的千斤良方。隐于市的高僧告诉我：无人能救你救世界，唯有自救。我点点头，认可了他的话的一半，又摇摇头，不相信当代偈语的另一半。我继续上路，在荒野的古寺前，我停下了我（确实不是别人）的脚

第四章　心灵文本与序跋：爱、幸福、生活

步，淹留与聆听。世界已经患病，历史却是纯洁的，尽管是虚假的纯洁，我尽量让自己不要注目于历史的污点与丑恶，我在内心中将历史与历史中的人美化，塑造出至上完美的天尊形象（其实天尊也是黑炭一座，我早知道）。师傅对我说，永远不要试图妄想在生活中寻觅你的灵魂之友乃至精神之父，永远不要将希望投射到此世现实之中，千万不要傻到那个地步，师傅如是谆谆告诫着，他补充道，历史中的人物也好不到哪里去，姑且骗骗自己吧。师傅消失了，是去骗人，还是去做别的什么，我不知道。总之，师傅永远地消失了！

认识一个人。他的模样与岁数都淡忘了，只记得他日与古籍中之博雅君子冶游，或两两相对，纵论天下；或三四闲人，对酒当歌，把酒夜话，谈天雕龙，赏花论文，评美论妍，醉复何如？或静夜枯坐，相对默默。令我艳羡！

我也艳羡纯洁的爱情。然而，爱情是彻底地了解一个人吗？

为什么不敢去爱呢？为什么要害怕爱情呢？千年的无望等待尚且不怕，何惧爱情？

可是，从此两人要变成互为透明的吗？人能毫无保留地向另一个人开放吗？这种想法让我不寒而栗，我心灵的秘密——神圣与鄙俗，清醒与疯狂，圣洁与世俗，高贵与怯弱，充实与荒凉，绿洲与沙漠……从此都要完全展示给另一个原本是彻底陌生的人吗？从此以后我心灵的时空便必须永远无条件地暴露在另一个陌生个体的眼光的打量之下吗？我还能继续沉溺于一度沉溺其中令我乐不思蜀优游自在的甚至是荒诞荒凉的想象中吗？要知道，胡思乱想和自由行动哪怕是惊世骇俗的，有时对个体来说都是一种极其美妙的享受和慰藉，尽管在大多数时候它仅仅停留在观念层次上。然而，当另一个个体突入你的生活，你的这种可怜的肆无忌惮的自由和享受还能继续拥有吗？如果要我抛弃思想与想象的自由，或者掩饰自己本真的兴趣，那生活还会有什么乐趣呢？人要永远将自己的有时甚至是怯弱世俗的灵魂展示出来，接受另一个陌生个体的审判吗？有时候人几乎不敢想象这样的景象：清晨醒来，看着另一个披散

着黑色（也可能是黄色或其他的颜色，一笑）的头发的生灵在身边酣然入梦！那是怎样的一幅让人恐惧的图景！另一个莫名的生物！或者在过道里，两两擦肩而过——那同在马路、小巷中同另外一个陌生人或所谓的熟人和朋友的相遇有何分别，打点脸上的表情，笑一笑？还是摆出一副漠然的神色？总之再也不能像以前那样根本无须考虑这些事情而优游自在，无论是欢乐还是悲哀，那只属于我自己，我无须借着另一个人来认识自己，而这是令我胆战心惊的！尤其令人恐惧的是，从此以后，原本属于你一人拥有的、你自己可以为所欲为的时空便被另一个人彻底共享和占据——共享已经意味着彻底失去。我原来的或整洁或凌乱、或有条理有规律或反之的作息时间、生活习惯、我能保证自己在想象世界的胡作非为而无所顾忌的生活空间等等，这一切的一切，难道从此就都要完全收敛起来，从此成天摆一副俨然面目，而同过去做一次彻底的告别吗？那是怎样令人惊惶的一种生活前景！即使是所谓荒凉孤独、与世隔绝、逍遥自在乃至世人视为罪恶的生活，如果是一个人独享和独自承担的话，那就不成为一种问题或罪恶，而成为个体自救的手段，神是会宽恕乃至鼓励我们这样做的，但另一个个体也许不会俯允，即使是我们自己也不会答应——自私的爱情拒绝自私，这是一个爱情的悖论，任何人概莫能外。至于我，如果我爱她，当然更不会如此自私！

  现在自我反思俨然成了一个热门词。人们可以彻底反思、了解自己？这种断喝常让我感到极度的慌张和惊恐，谁想（敢）能坦白自己的灵魂——除了上帝之外？我那死命隐藏着要将之打压入心灵的最底层的灵魂的深渊，从此就要暴露于人世，大曝于天下。我并非是司马昭，吾之心，亦不欲令路人皆知也，然则如之奈何？正如完全泯灭个人的私人空间，从此整个生命和生活就要和一个之前完全陌生的人朝夕相处的前景会令人感到恐惧一样，被要求完全袒露自己的灵魂也让我觳觫不已。至于我，也许永远不想让人探查自己灵魂深处的秘密，我也完全放弃探究另一个个体的心灵深渊的妄想，要知道，突入灵魂深处，任何人，都是海底深处的一个巨大的旋涡，那景象是完全的陌生、彻底的恐怖而令

第四章　心灵文本与序跋:爱、幸福、生活

人恐惧的——一个灵魂就是一个深渊,乃至一座地狱,尽管有人声称一座灵魂有时候更是一座天堂。一个灵魂根本不能承受另一个灵魂的重量,尽管据说灵魂是没有重量的。灵魂与灵魂相遇的后果是什么?除了震惊还有什么?灵魂与灵魂的真正相遇或许就意味着走向了一条不归路,那后果不堪想象!我害怕认识另一个灵魂,所以我不试图去认识任何一个灵魂。我小心翼翼地维持着冷冰冰的姿态,极力压抑那蠢蠢欲动的好奇心,我情愿在静静的黑夜荒原中观察研究花儿如何含苞待放,也决不试图去探究灵魂。所以,我浮着淡淡的笑容远远地和另一个灵魂打着招呼,便赶紧踅到另一个岔道,幽幽地沉默和静坐。灵魂的深度?灵魂没有深度,有的只是无底深渊,黑暗的深渊。反思?有时想想,人类真是奇怪,一个冷冰冰的词渐渐地竟然能被赋予一种感情色彩,使人或唯恐避之不及,或趋之若鹜。在我看来,自我反思或反思别人,这是一个残酷乃至惨无人道的要求。生活拒绝反思,反思的生活已经不是生活,反思的个体还能否成为一个纯粹的人,我表示怀疑。什么是个性?我一度以为,无所谓反思者或可当之,可惜我们已经做不成了!或许天涯海角、深山密林中有之(有人告诉我说,去找大猩猩吧。真的?),我不知道。尤有过者,自我反思甚至成为戕杀的大棒,成为"以理杀人"的惨剧在现代社会的重演。悲夫!

我已经决定,要抚慰任何一个受伤的灵魂,不是出于同病相怜的缘故,而仅仅是因为,于我而言,伤心永远有一种动人心魄的无法抗拒的力量,让我身不由己地战栗感动,从而愿意走近乃至走进另一个灵魂,尽管之后我仍然要出走——我命中注定永远只能是一缕不能留驻的荒野游魂!抚慰在任何时候都是虚假的。心痛,心痛,不在绞痛中死亡便在绞痛中涅槃重生!抚慰谈何容易!但我愿收集世界上的一切伤悲和痛苦,将它们永远地缩在我坚韧无比的心房之中,然后我将远游,远游!悲伤与痛苦不甘自己被永恒拘禁的命运,挣扎着,想要寻找任何一个可能的出口冲决而出,它们在我的胸中叫嚣、威胁……无所不用其极。它们在我的心房中、胸腔中疯狂地冲撞腾跃,想要涨破这看起来不过薄薄

的一层却具有如此韧劲的将之与外面的世界永远地隔离开来的囚牢——死囚的监牢。抚慰不过是决定同他们一起伤心,这不是怜悯,因为抚慰过后我仍然要远游,离开这一切,伤心之地,与人。爱,远离,再爱,再远离,无穷无尽,重复那永恒的苦役。我仅仅抚慰伤心的人,至于正春风得意马蹄疾的人,至少现在不需要我,我也不喜欢接近他们,我要永远远离所谓的强者与成功者。然而奇怪的是,所谓的强者和成功者却(尽管他们)最终往往会在其心房的一角为我留下一席之地,当然,我是会乐意去做做客的,直到那心房的一角日渐萎缩而让我几乎容身不下时。悲哀的力量是无敌的,因为我亦不能抵抗!我要做一个灵魂收集者,但仅仅是伤心的灵魂,其余的,我弃之如敝屣。

　　选择爱就是选择受苦。爱情(真的?)让人如此脆弱!爱情让人如此多愁善感!发怔,虚弱,不胜单衣,连自己身体的重量也承担不起,无力的头颅,无力的眼睛,无力的手臂,无力的腰身,无力的双腿,甚至连头发也无力地耷拉着,像正午炎炎烈日暴晒下的萎靡不振的树叶。思致也几乎停滞,缓缓地沉重流淌——没有方向,没有意义,一切都凝固了!双手捧着脸庞,常常一坐就是一下午,什么都不想做。迷茫的眼神,听着音乐,眼睛便不觉湿润了——任何一个小小的细节便足以使泪腺施展它的威力——掌管眼泪的忧伤女神愤恨于我20年来对其的冷漠接待(几乎一直是不折不扣的闭门羹),恼羞成怒于我对其无聊而早在人间泛滥成灾的礼物的不屑一顾,今天终于要完全收复失地,终于得到一个机会要一雪20年来的嫉恨羞辱,在那藐视自己淫威从未屈服低头的倔强敌人的心头大肆烧杀抢掠,狂笑着践踏,用十八般武器轮番折磨,施展她无所不用其极的人间地狱的各色酷刑,用满蘸盐水、辣椒水的铁蒺藜编织成的鞭子和锈迹斑斑却依然锋利的尖刀利刃将心灵凌迟,缓慢地卸解。眼睑的闸门能抗拒得了如海洋般辽阔沉重的眼泪之洪水的一次又一次的汹涌冲击吗?——尽情地嘲弄那个当初讥讽爱神的不知天高地厚的鲁莽渎神的狂徒:神的可怕的报复!凡人无所抗拒!这该死的神祇!

第四章　心灵文本与序跋:爱、幸福、生活

第二节　闲谈"看透":看透、超越与有距离的观照[①]

有的说法是有点渎神的。天怨神怒是可怕的！然而问题的关键在于,每个人只能拥有一次生命。这里或许便有两种补救方法,第一,借助某种手段譬如医学技术等将人类生命无限延长。但我们或许难以等到那一天——早就灰飞烟灭了。第二,提高生命效率,譬如通过心理学等的发展（又是科学!）,一个人能一目万行,过目不忘,来如风,去如电……尽管绝对时间并未延长,但生命的相对时间已经大大增大。第二点理解起来可能有点困难,不妨做个简单的比方,一目万行的生活就好比是一目十行的生活的电影中的快镜头——整体性的加速,或就像我们打量比我们小几百倍的生物乃至微生物——譬如蝼蚁——一样。人看蝼蚁笑其痴,神看凡俗亦如是,我看神来更无异。如果要再玄乎点,从时空理论上看,爱因斯坦的相对论或许对我们理解这点有很好的帮助。但,可能吗？第三条道路是有的,似乎也颇有异于流俗（我看你来是流俗,你看我来亦如是）之处,但揆其实,九十步与百步而已,其实仍不过是人云亦云之论,不谈也罢！

我们何尝不想做到佛家所言之"看透"。甚至在多年以前我便曾经以为自己已经真的看透了。曾几何时,也同别的懵懂少年一样,为赋新词强说愁,镇日价悲天悯人亦悯己,自以为秉持日月之精华天地之灵气（打小起,我还真的对苍穹下那一轮银色光辉颇有好感,总爱在凝视高悬于天空的那轮或圆或弯的银色玉盘下联想浮翩,渐渐地酣然入梦,或许,这是我们人类无故自傲的前世因缘）,禀赋天成,遂将之放大,镇日价思量凝视着自己的一切,常常禁不住喃喃自语:"好家伙,可别浪费了！"颇有点那索斯幽怨缠绵、顾影自怜的味道,也时常摆一副以天下为己任的样子,做凝目远眺、胸怀天下、惆怅蹙眉、忧国忧民状,一

[①] 此节文字写就于2003年6月6日,可参见上节文字的按语。

腔豪气，干云裂天。时光荏苒，岁月如梭，豆蔻年华逐渐老去，一同老去的还有更多的东西，灵魂也已衰老无力——有人说，无力其实是最有力的？——要靠拄着双拐蹒跚地前行（人常常以为自己是在前行，其实他根本就未曾挪动分毫！），左拐支撑右心房，右拐支撑左心房，外加若干强心针剂和兴奋药物，以维持那摇摇欲坠的丧失了活力的精神老头和心灵老妪。

唯一存留下来只有自撰的一些不伦不类的所谓古诗词。起初还偶尔翻翻，看着看着也还能在心灵上激起一些涟漪，浮想翩翩，是激动！敢意气激昂地叫嚣着什么"想当年金戈铁马气吞万里如虎西北望射天狼"之类；也是惆怅！大有"出师未捷身（心？）先死长使英雄泪满襟""倩何人揾英雄泪求田问舍怕应羞见"的悲哀悲凉之感。在静静的黑夜也曾辗转反侧良久，聆听马蹄声声急，让那金戈铁马猝不及防地大肆窜入梦中，在心头肆无忌惮地践踏和嘲弄。可再到后来，就再也懒得翻那牢什子了——以前是不敢翻，怕触动那根脆弱的心弦——现在则不然。不是所谓的哀莫大于心死。根本就无所谓悲哀之说，是既无爱亦无恨，完全的无动于衷——却也不是麻木，说麻木则仍然还透露了一丝对自己尽管或许是淡如云烟的谴责，也就说明了自己对以往志趣的尚未释怀——或许，用"于衷无动"一词更合适，毕竟不会有"无动于衷"这个词的感情色彩——用现成的文字表达真难啊，一不小心，就会造成误会，呜呼，人类的悲哀——要形容仇恨之大，人便常说不共戴天，岂知不共戴天是极其容易的。不共用语才是真正的难，也是真正的恨。不共戴天？哼，真是太没个性！我也曾经有过一段以恨做生活调料的时期（其实并不是恨，而是蔑视和鄙视罢了），那时我便是以不共用语来要求自己的，被他人所使用过的词，我从此不再屑于使用，让人恶心！仿佛那词从此便沾染了芜秽和肮脏，我很难说服自己相信这个事实，从那污浊、臭气熏天的下流嘴巴里流出的词竟然又要进入自己的胃里反刍。想着就太恶心！简直是对自己莫大的侮辱！因之从此以后，这个词遂无辜地被我摘去顶戴花翎，革去功名，削职为民或打入死牢，永世不再叙

第四章 心灵文本与序跋:爱、幸福、生活

用。不共用语才是真正的对人类的极度失望和愤恨。从此远离这无聊透顶的人类（这句话是假的，因为我常常觉得人其实特别可爱，我甚至发现自己有时候也蛮可爱的，哈哈），但这种于衷无动又并不隶属于道家释家的生活姿态——即使是这样，我也不认为这是"看透"了。"看透"亦并非是麻木不仁和逆来顺受、得过且过！

说远了，言归正传。老了？是。真的老了！再听到年轻人吆喝着雄心壮志激扬文字的时候，心里便暗暗地摇头，"小伙子，真是年轻啊！想当年，我……"，尽管自己在说这话时，也不过是二十出头。二十岁时，我却已步入老年，即使是看着五六十岁以上的中年人老年人的作为，也禁不住要摇摇头，"可悲可厌可怜的'小'生命啊"，好像在听说某人有弄璋弄瓦之喜时自己经常的第一反应一样，或更直接地说，就像对着摇篮中嗷嗷待哺的婴儿一样。有时是有距离的，似乎是万里之外来打量这一切的漠然、衷心无动的愤恨，即那种冷凝式的愤恨；回头想想有时又转而觉得他们好玩，幼稚得好玩！甚至是蛮可爱，哈哈，可爱！幼稚得可爱！要么是为他们悲哀地摇摇头，要么无形中为之油然而生一股悲悯之感，百忙中也不忘捎带上自己，亦为自己悲悯一番：人啊！那内心里的神态语气，简直就像父亲母亲打量自己孩子的淘气稚气一样，尽管从实际年龄上，我或许得叫他们爷爷奶奶。即使是这样，我今天发现，自己仍然没有看透！

吴炫先生从文艺理论中独拈出一个"穿越"范畴。从他那借点力，我们能否穿越生活呢？在我看来，所谓穿越生活，便是将人类所有的历史和现实坦然接受下来，在此基点上重新思考和开始（开拓？）生活——看看，我几乎要流露出一副说教的嘴脸了。打住。我欲乘风归去，可我终究是一介凡俗，终究还不会飞（思想和灵魂能飞吗？我很怀疑，所以不要以此宽慰自己）——我比行者同志还急，师傅教了几招三脚猫的功夫，我便迫不及待地拜别师傅，辞别山门，要畅游世俗之河海。七十二般变化未学，更遑论那筋斗云、长生久视之术了。我欲不食人间烟火，可世间何处是桃花源头，哪有鲜草青青一川？无奈何，仍

凑合着吃些。(而且还越吃胃口越大，变成一超级饕餮之徒：老罗老罗，食量大如牛，吃个老母猪，不抬头！别号大尉山人或大卫斯基，大胃之谓也。哈哈！)

任何看透的言说就已经是没看透的反证了。或许有一个方法可以帮助人看透这个世界，那就是让世界走向寂灭。有时候听别人说着什么不敢想象没有人类没有生物的地球，因为那样是何等的孤寂无味云云，自己竟也微微有点颔首认同的味道。可回过头来想一想，这哪里叫看透！陈词滥调的言说会认为这反映了人类的狂妄和傲慢，好像任何时候和地方都不能缺少了人类；或认为这不过是杞人忧天之论，关汝何事，竟然多事乃尔；悲观主义者则会以悲伤的语调不失时机地从暗隅中幽幽地飘来一句有气无力的话语，世界本来就是这样，人生本来是苦是空，何必汲汲如是。

常常在自己的尘俗肉身（尘俗肉身本来包括尘俗精神、灵魂和尘俗肉体，但同时，在此之外，尚别有一包括精神灵魂的彼岸肉体，他是飘忽于大宇却又基本上不离尘世肉身太远的）行动的同时，另一个我似乎便从尘俗肉身中分离飘逸出来，从天空中俯瞰、打量着芸芸众生和自己。任何事情换了一个视角便会呈现出完全不同的面目，谁体验过从高空打量世界和自己的感觉呢？你禁不住要哑然失笑，要悲哀，但不久之后便会是沉重的静默，是肃然起敬，即使是片刻不会安宁、常常在我们头上张牙舞爪的无数毒蛇（据说，复仇女神的头发便是由无数毒蛇盘踞着！）也被这人间景色唬得噤声不语，不忍卒视。恨和爱都难以涵盖包容和解释人类的思想行为，尽管为了恨而生活可以更自在优游。诚然，生命如蜉蝣，人类不过是在重复着蚍蜉撼大树的古老寓言，代代无穷已。寓言不需要解读，寓言拒绝语言。所以，我现在从来不嘲笑人类——任何人，用儿时的话来说，包括好人和坏人，甚至是坏人中的罪大恶极、十恶不赦者，因为我越来越发现，在生活面前，在神眼里，没有好人坏人之分！我在用任何一个修饰词来形容人类时，都小心翼翼地马上补充上另一个意义完全相反的修饰词，其实便自动放逐、消解了前

第四章 心灵文本与序跋:爱、幸福、生活

一说法,也便等于什么都没有说,所以,如果人是可以有所选择的话,我情愿选择沉默。语言终究是苍白的,我想。我不断地去正反合。去平衡?——不是中庸,尽管我常常竭力并自以为灵魂中的那杆秤能做到执中持平(灵魂天生就是用来审判的吗?可惜!我解脱了吗?还是可惜!生活中我能做到这一点吗?用什么方式?……可惜!)——还是人本就是一种复杂而不能用语言来解释的动物?所以更多的时候,我沉默着,沉默着!我用冷漠的眼光代替自己去生活。神眼如电,电光闪处,我睁着眼睛在人世间活着涅槃。遥远的地方,一尊静默的佛像在用一种含混暧昧、冷漠而又热烈的眼光打量观察着人类,悠长亘古,超越时空,尽管他采取的仍然是有距离的观照。然则他是谁?是我还是佛祖?

什么是有距离的观照?我不知道,我想问的是,谁能承受得起君子之交淡如水的考验(可叹,连这个居然也成了考验!)?吾本乘兴而来,兴尽而归,何必见戴?呜呼,此其人也,未尝不让吾夙夜怀想矣!微斯人,吾谁与归?

很可怕!乳臭未干如我者看着包括自己在内的芸芸众生时,竟然颇有一丝俯瞰和悲悯的意味!然而,需要悲悯的其实恰恰可能是我们自己,可笑的也正是自己,和自己的思想。说到思想,仍然有话可说。人总要将自己(包括自己的思想)归类,要纳入某一个群体。一旦自己不被接纳,怨愤、哀伤等情愫意绪便产生了。接着便是什么浩叹世无子期,遂使伯牙断弦;地鲜伯乐,空叫老马哀(哭)夕阳。惺惺悻悻、荏弱柔靡之态,现于颜色。呜呼!什么样的文化传统!那种急于自荐枕席的情绪,流露无余。世无知音,这本身便是你的价值所在,怕就怕在知音太多,那正说明你所拥有的并非雅音仙乐,并非黄钟大吕,本无"知"的价值。闾巷小调闾亦可喜矣,然此为别样事也。知乎无损益,不知亦无伤。知,固然不妨公诸同好,欣然共赏,不知,则退而自娱——昂首傲骄阳,长啸同大宇,不亦悦乎,不喜复何如?这并非看透,我原以为是。我越来越担心自己的观点居然同别人一样。曾几何时,慷慨激昂、傲视群伦的雄辩陈词,行云流水、妙笔生花的笔触,口

若悬河、舌生莲花的才华让我惊叹,我听不懂,只能艳羡。今天我仍然听不懂大多数人的言语,因为他们同我想的不一样。于是我沉默着,沉默着,惊喜、愉快地沉默着。我不分辩,只是沉默着。我日益失去了交谈的能力,我几乎不能理解任何人的任何言说,但我不以为忧,反转为喜,仍然自任愉快。拿破仑这厮19岁的时候突然多愁善感起来:生在人群之中,我却总是形单影只。咳,这个老拿,这可不是你的一贯作风啊!但我也曾一度喜欢这句话。然而,今天呢?我得说,我仍然喜欢!一个声音突然在耳边炸响:要知道,世界现在有60多亿人呢!

60多亿人!哈哈,菩提老祖发话了:缘分,缘分,可要好好珍惜啊!仰天打个哈哈,我脚步不停,目不斜视,大踏步轻盈潇洒地从菩提老头身边越过去,像跨过一只蚂蚁,像风驰电掣的地铁从站台上睡眼惺忪、萎靡不振、神思昏沉的人们身边呼啸而过,只留下一阵扑面而来的迅疾的风的旋涡,回荡盘旋,久久不散,让菩提老头惊颤心悸不已。究竟是我错了,还是社会错了?这样的追问是没有丝毫意义的——你就是你!尼采肯定不会问这样傻乎乎的问题,尽管这家伙还是要了一个小小的花招,撒了一个弥天大谎:我就是超人,我就是强力意志的化身,"我"要重估一切价值(这话都没错),但我嫉妒基督的地位,所以我要剥夺基督的权力,我要做自己的基督!为什么不明说呢?小尼,这才是导致你疯狂的根本原因。呜呼哀哉!尚飨!

……

不知说明白了没有。且题之曰"闲谈'看透'"。

第三节 幸福:听从心灵深处的召唤[①]

有人以幸福的形式实现了自己的不幸,有人以不幸的形式见证了自己的幸福。关键在于,你到底需要什么——内心深处最原始本真的需

---

① 此节文字写就于2005年11月17日。

要,以及植根于这种需要的抉择:是为自己而活着,还是为他人或某个符号(不管是大写的还是小写的)而活?这是两种不同的生活形式,并因此导致相应的两种不同的幸福形态。将生命完全从属于和委身于他人或外在异己的力量,则个体的幸福将如水中的浮萍一样,身不由己而随波逐流。

然而这两种幸福形态又并非泾渭分明。有一座浮桥,将两者连接起来。之所以是浮桥而不是雄踞傲视的铁桥,原因便在于这座桥是建立在漂漾着蓝天白云的水面上的,晃晃悠悠,或腾云驾雾,如堕温柔乡里;或头晕目眩,摇摇欲坠——正如生活一样,因为对于生活的地基,我们常常无法靠一己的力量夯实,这大地由亿万只脚踏出来,并将继续承载着亘古以来的杂沓脚步和深沉的生活重量。一个人既制造不出地震,也无法让地震顷刻间平息。

这座桥就是爱,或爱情。爱(情)将自己承诺出去,并承纳对方的一切,爱(情)将自己的幸福与他人的幸福沟通融合起来,所以不仅丰富丰饶,亦且厚实深沉——这样的幸福,除了以不幸来求取,舍此而外又有什么良法呢?——因为在你与他(她)之间横亘了一道死亡的壕沟,浩渺到无法泅渡——也有人说(他人就)是地狱。于是我们各自化作缥渺的云彩在壕沟上空相遇,织成依然幻美的彩虹。彩虹总是以阳光作为底色或背景的,即使转瞬即逝,即使过后还是幻灭,即使璀璨之后仍是黑夜!可是,瞬间即是永恒,因为那是你自己的虹与光,即使是曾经。

伟大总是以时间作为底色的,悲剧亦如是,可是,幸福呢?

第四节 幸福总是背道而驰?[①]

幸福总是背道而驰,鲜花总在另一条道路上开放——这在某种意义

---

① 此节文字写就于2004年8月21日。

上是必然的。

　　幸福在奔跑，人总落在后头，永远地追赶。人、幸福、时间在赛跑，人永远在追赶，人是最终的失败者？方向向四面八方逃逸，不要幻想一个都不遗漏而四处出击，否则很可能是原地踏步、行之不远的七颠八倒的杂乱脚印。幸福就像方向，我们永远只能选择一个。可是，如果我们想要更多的方向呢？或许，运动场上的哲学会给予我们某些启示：

　　标枪——他手里握着一个方向，用力地掷出去。

　　羽毛球——重的总在前，轻的总在后，飞来飞去，命运的把柄掌握在谁手里？拿起自己的球拍。

　　篮球——同一个圈套，无数人来钻；同一个圈套，无数人一代一代奋身不恤地自投罗网。篮球很多，圈套只有一个。砸不破的圆，白驹过隙的进出。

　　排球——双手擎起飞天的圆，奋力用单手砸向坚实的大地。

　　仰泳——面向蓝天，将破碎的云拨向身后，犹如随时清理阴霾，以便身躯奋力前进。后退是前进的一部分。

　　乒乓球——锤打了千万次，却仍然顽强地弹跳起来。被谁推来挡去，仿佛被遗弃的孩子？或者，超越隔离的网的信使？无数次飞向坚硬的壁，仍不眩晕。

　　举重——举起重量，仿佛举起命运。

　　射箭——命中与没有命中，都是一种宿命，所以不管命中与否，先拉起自己的箭弦，将箭矢放飞。

第五节　勇于坚持自己的幸福标准[①]

　　"君子疾没世而名不称焉"，然则因此而"爱其死以有待"吗？人人固然"爱其死"者，仿佛很明了"所待"的是什么一样。那么，有待什

[①] 此节文字写就于2004年3月6日。

么呢？"名"终究是身外浮云，作为一种手段或许有其积极意义，如果将它当作终极目的，而因此失去生活，这样做是否值得？如果不值得，那我们到底应该追求什么？同样，奋身不恤者是否实现了他自己的追求？或者他只是被蒙蔽了而在追求一个虚幻的影子，他只是一个无谓的牺牲者？恐怕都不是，这个终极目的从来就不是绝对的，而且一向因人而异，甚至从来就并非是自己的——即是说，是外在力量或其他事物所塑造赋予的，又进一步使得我们自欺亦且欺人。所以任何单一化绝对化的言说其实都不能说明问题，都不符合事实。幸福感从来没有统一标准，可往往大家都以他人或外在或主流的幸福参数来衡量自己的幸福，如果恰恰符合了，或许他会有幸福感——如果同时他没有看到或感觉到其他类型的幸福；如果没有符合，他就会感到不幸福，尽管以外人的眼光看来，他其实是很幸福的，这是因为，幸福的标准（或者说人的追求）本来就千人千面。所以，以外人的眼光去判断一个人幸福与否，永远是有距离的。幸福感只有自己才有发言权。幸福者的标志就是信以为真，是执着者——执以为是，是单纯的人……而一个怀疑主义者很难有幸福感，一个追求多种甚至截然相反生活的人亦复如是。然而，他们也并没有错。

或许，幸福感只属于前现代的人。至于我们现代社会的人？啊，我只能说，为什么我们会怀疑一切？上帝也许死了。可是，幸福呢？人的孤独感和不幸感更多的时候是来自于外在价值观念标准的压迫。所以，幸福便取决于你是否有勇气坚持自己的幸福标准。

第六节　生活的吊诡：生活需要准备吗？[①]

去大夏书店，买了193元钱的新书——大夏书店很早就给我八折的优惠，其他有卡的人买书一般是八五折——因为想到马上要去韩国，一

[①] 此节文字写就于2006年1月17日。

年不能逛书店，很多比较好的书说不准下次就买不到了，另一方面，考虑到今天的280元稿费，觉得还是取之于书、用之于书比较好。出发时，外面一直在下雨，我没打伞。想到伞，颇有意思：我原本是还准备去图书馆借书的，临走时关上房门，才意识到外面雨比较大，没带伞，于是回来拿伞，却没找到——前两天还在，于是只得再度出去。颇为怀疑是这两天遗忘在某饭店里了。到"东北人家"和"沙县小吃"都问过，没有。没有办法，去了学校。走在路上，发现竟然没有带借书证——此行的主要目的是不能实现了。只能苦笑。后来一想，生活似乎也是这样，费尽周折和工夫准备了好久（几个月、几年、半生乃至一生），满以为终于已经万事俱备可以正式进入生活了，却发现仍然缺这缺那，空忙碌一场。这个时候，除了悲哀，你只能苦笑——生活更多的时候具有一种令人哭笑不得的荒诞戏剧色彩。可是，你还得走下去，你得调整，因为再回去时间已经不够，况且，生活不是像赛跑一样能够说回到起点就回到起点的，于是你只能坦然地面对（哈哈，只能坦然，这种说法本来就怪诞，可是，很多时候，我们的坦然其实就是"只能……"而已，譬如"只能旷达""只能乐观""只能'平常心'"等等），而不是退回去，因为要么不可能退回去，要么代价太大。只能坦然面对，在荒诞的半途重新选择，即使结果仍然是缺这缺那，或荒诞，但我们只能这样，将荒诞串联起来，组成最终的或荒诞或有意义的生命历程。严格地讲，死亡任何时候都是严肃的，因为它涉及一个生命最后的沉思和对自我的最终大审判。生命的荒诞还没结束呢，因为回来后，我发现雨伞就静静地躺在椅子边上的地上！就好像，为了寻找某种东西，我们已经上路并历尽波折仍然一无所获，于是筋疲力尽地坐下来，准备接受事实或者放弃，却突然发现寻找的东西就静静地躺在身边。生活的吊诡凡人永远无法理解和控制！有时候，我们以为丢失了什么重要的东西，于是心急火燎地到处寻找，却终于枉然，半生乃至一生却在这样无意义的寻找中耗费掉了。无奈地坐下来，却发现那以为丢失了的东西却好好地在那儿呢！这个时候，你不知道到底是应该欣慰还是苦笑、悲哀呢？可生活就是这样。

第七节 历史是什么？[①]

历史是什么？历史是水，"水无常形"，有人用某种容器盛满水，却因此愚蠢而狂妄地以为水就是方的或是圆的，可以任人随意塑造而被玩弄于股掌之中。历史是海洋，有人从海洋里舀起一小杯水，便说这就是历史的全部，他哪里知道海洋永远是无比沉默深沉、浩瀚无垠、不可形相和不可称量的。漂一叶扁舟或艇舰，徜徉于浩渺的海洋之上，你能见到的也仅仅是海洋的表面，即使深潜万米，你仍然不敢声言自己已经掌握了海洋的全部，你有可能遇见一些美丽的珊瑚、浮游的海洋生命，如果幸运一点，大概也能邂逅若干珍异稀奇的海洋动物以及璀璨夺目的珍珠，但你永远不能完全拥有和掌握海洋的全部，海洋的大部分仍然在沉睡，也许还将永远沉睡下去，永远向人类藏起它神秘的面目。历史是海洋、湖泊、江河，有时风平浪静，碧波荡漾，风光旖旎，水色潋滟，像驯顺温柔的波斯猫；有时却又横生波澜，浊浪滔天，波涛汹涌，翻江倒海，像无比残暴的魔王，露出狰狞的獠牙，向人类张牙舞爪、凶恶咆哮，人类对此却完全无能为力。历史是天空，风和日丽之间可以风云突变，电闪雷鸣，大雨滂沱，霜雪盖地。历史是火山，它也许沉睡了一万年，但仍然可能在一个不知名的早晨意外地醒来，发出惊天动地的呼啸。历史就是这样，似乎是沉寂死亡了的，却仍然可以超越遥远的时空到达我们跟前。历史的一切遗迹，正像火山一样默默蕴积、发酵，而后有朝一日突如其来地激情喷发，或许，历史永远不会死亡。历史是小舟，人就是舵手，历史这叶小舟就在舵手的指引下乘风破浪。历史是四季，"冬天到了，春天还会远吗？"是人们乐观的信念，冬去春来，岁月轮回，永无止息。历史是一个虚假错误的存在，人类本身也仅仅是一个

---

① 此节文字写就于2002年下半年。

偶然的存在，是宇宙轮回中的一个无关紧要的小插曲，是上帝心血来潮为自己造的开心果，上帝可以创造出其他的取乐的替代品，人类终究要被上帝抛弃，世界也便变成像月球表面一样的死寂；也许会更热闹，但热闹的主角却已经不再是人类。历史是一部《红楼梦》，正如鲁迅所说，"《红楼梦》是中国许多人所知道，至少，是知道这名目的书。谁是作者和续者姑且勿论，单是命意，就因读者的眼光而有种种：经学家看见《易》，道学家看见淫，才子看见缠绵，革命家看见排满，流言家看见宫闱秘事……。在我的眼下的宝玉，却看见他看见许多死亡"，人类也从历史中各取所需，各执一端，捏造出种种的荒谬传说，人间遂至于谬种流传。历史是"道"，"道可道，非常道"，"道"即是"无"，无中生有，涵生万物，葆有大千众生，"有"即是"无"，"无"即是"有"……

历史是什么？我确实不能给出一个确切的答案，或许，历史这个概念本身的由来，便是因为"吾不能名之，而强字之曰历史"——佛曰："不可说，不可说"——历史不可言说。或许是答案太多，令人无所适从，无从择取。以上的说法，显然只是一些比喻，然而，历史本身或许就是一个比喻，一句谶语，是上帝交给人类去猜的一个谜语。

第八节　佛家的"空"与"言"[①]

近来读《古尊宿语录》等佛教典籍，颇有所悟，随意说说，聊备他日检视思想轨迹。

一般人认为佛教主张"四大皆空"，主张"出世"等。固然，佛教是说"空"，但常人对佛家的"空"多少是有些误解的，佛教并不泥于"空"，换言之，"空"并非真的一无所有，它的意思其实只是"不执"，

---

① 本节文字写就于 2005 年 6 月 16 日，曾同名发表，参见罗云锋：《佛教中的"空"与"言"》，载《上海佛教》，2005 年 6 期（总第 103 期），第 44—45 页。

第四章 心灵文本与序跋:爱、幸福、生活

包括不执于"空",因为"空"终究是一个不得已使用的词语而已。所以,你固然可以出家修行,亦不妨入世修行;你固然可以看破红尘,流转生死,亦不妨建立功业,流芳百世;等等。所以,与一般人认为佛教麻痹、消磨人的生活意志的简单理解不同,佛教其实不乏鼓励人精进向上的一面,换言之,不同个性气质的人会从佛教里面得到不同的证悟和启示,精神气质偏于消极隐遁的则堕入心灰出家一途,而心性意志强悍高扬的则会选择入世。之所以同样的教理会对不同的人产生不同的影响,原因只在于佛家一向逢人说法,因缘发言。

佛家逢人说法的方法当然自有深意。主要目的是想告诉人们,要"善能通达,应机不失"。儒家主张"因材施教",佛家则主张"因缘说法",其目的都在于通过这样一种方式,使众生能够更好地理解和证悟佛教玄旨和精神意趣。"一刹那间透入法界,逢佛说佛,逢祖说祖,逢罗汉说罗汉,逢饿鬼说饿鬼,向一切处游履国土教化众生。未曾离一念,随处清净,光透十方,万法一如。"只要心中空空,自然随处是佛,也因此"在家亦可修行"了。

"空"也许是佛教教理中具有本体论意义的范畴,但又不然。事实上,佛教多少是有些回避本体论的追问的。在《五灯会元》《高僧传》《续高僧传》《宋高僧传》《古尊宿语录》等佛教典籍中,有一个有趣的现象:高僧升堂说法时,僧俗往往打破沙锅地穷问不舍,高僧则在回答了几个提问之后,每当到节骨眼时,便说一句毫不相干的话敷衍过去,如若僧俗仍要执拗追问,自然免不了要被喝止或吃棒了,然后高僧就自行下堂而去。每每读到这里的时候,读者常常不禁要怀疑:究竟是高僧回答不了僧俗的问题,因而故意胡乱诳语或棒喝以掩饰自己的不知,还是高僧的回答和做法确有深意呢?其实,高僧并非是因为不知道怎样回答而回避问题,毋宁说,佛教本身就回避或根本就不追求本体论的思考。高僧只是通过这样一种方式告诉僧俗莫要执着地追问求取的道理而已,有悟性和佛缘的人不难证悟,即使是劣根性的人,久之自然也能体会其中深意。高僧在提问僧俗一些问题时,也常常是"道得也三十棒,

道不得也三十棒"，横竖都免不了要吃棒，其中缘故亦在于以这样一种方式告诉人不要太过执着拘泥——这其实和儒家所谓的"子绝四：毋臆，毋必，毋固，毋我"的说法有异曲同工之妙。

佛教当然也不是完全没有选择和执定的绝对相对主义，不是随波逐流的混世哲学或犬儒哲学。但有一点是清楚的，佛教不泥不执。这便足够，因为"不执不泥"本来就是佛教所追求的思想境界。因此，如果问"随色摩尼珠，如何是本色"，其答案便只能是"且随色走"而已，因为佛教并不赞成本质主义。

禅宗的某些宗派本来是主张不立文字的，甚至不主张言语说法，然而，有意思的是，高僧们却要经常回答僧俗的提问，采取问答的方式来传播佛教教理。一旦言说，则有可能立马堕入佛教所要反对的"执"与"泥"等窠臼之中，这在禅宗看来是无可奈何的，即以言说的方式达到或悟出"不说"的"空"之境界。换言之，很多事情其实并不在于事情本身，因为事情本身常有不得已处，其实质则不在是，而在于背后所蕴涵的玄妙的禅机，需要各人慢慢地仔细琢磨和体悟。实际上，我以为，很多时候，如果我们运用叙述学的方法理论来分析禅宗语录传记，倒应该是很有意思的一件事情。因为尽管佛家往往主张"不立文字"而更看重"心心相印"，但高僧们在启发僧俗时却仍然需要高妙的语言艺术，通过因缘说法使得众生证悟佛理。事实上，佛教本来就颇为注重现在所谓的语言学、逻辑学等；佛教的因明学便约略相当于现在所谓的逻辑学；而佛教在中国传衍的历史过程中，尤其是东汉魏晋时代，又和中国的玄学进行了一定程度的融合。所以在早期传播佛学的人之中，无论是西域天竺等处出家人还是中夏汉人，往往都善于言谈启悟。后期的禅宗大师亦复如是，往往能够通过高妙的语言艺术十分巧妙地使僧俗理解和接受高深的佛理，举重若轻而不留痕迹。

让我感兴趣的还有这些禅宗语录、传记的形式。譬如语言形式层面的特点在经典的产生中的作用；佛教尤其是禅宗典籍和史传文学之间的互相影响的关系（这其实也已经有人研究过或正在研究）；这些典籍对当下文学创作的启示和借鉴意义,等等。对这些问题的探讨都很有意义和价值。

禅宗语录里常常有"佛诞生前如何,佛诞生后如何,佛灭后如何"之类的问题,而其回答则颇类于西方文化思想传统中的关于以"上帝死了"为分界点的变化。但在禅宗语录里,这个分界点常常是所谓的"十五日",即"十五日已前诸佛生,十五日已后诸佛灭",若比较两者异同,亦当颇有意义。

必须提及的是,佛教包括其义理本身也并非铁板一块,而是随着历史的发展而发展,而且不同的宗派会有不同的理解和主张。以上分析当然是比较粗疏的,更主要是从禅宗思想上来论述的,这是必须予以注意的。

姑且说说。俟他日得隙,再细论之。

第九节 碎语卑论①

或曰:女人一生都是女人,女人一生都像女人。前者近乎废话,后者近乎悖论,然而说的都是事实(事实?)。或又曰:女人到老了也仍然是女人,女人到老了也仍然像女人,这似乎也没错。然而,倘若要问:女人从什么时候是/像女人了呢?这却似乎是/像一个玄妙的哲学问题,颇难索解。然而,或又曰:女人之为女人,就在于她一生都在探讨这一看似深奥的斯芬克斯之谜。谜底其实很简单,然而,谜底一旦显现,却又分明更加复杂了。反过来说亦如此,世间万事,看似复杂缠绕,其实却很简单("女人"、"伊人"云云),不过"是"与"像"罢了。世事往往如此!当然也不妨说,世事从来如此,尽管有人(譬如女性/女权主义者等)要质疑:从来就如此,就对么?我们且看看何姗姗君的

---

① 此节文字写就于2007年12月14日,是2007年为华政本科生上"中国现代文学史"课程时,为三位同学的论文写的小评论。

领悟。

　　人似乎比女人还复杂（这才是/像正版的斯芬克斯之谜）。说是/像人，却偏多魑魅魍魉；还吃人，那似乎就是/像兽了。人、鬼、兽之间的界限便颇为暧昧，在于"像"与"不像"之间，所以才有"道貌岸然""人面兽心"等表示伪善的词语（虽然在某种意义上"善"本来就"是""伪善"，所谓"能持"是也，并无贬义）。界限不过是距离和底线的结合，倘保持了距离，守住了底线，"不敢越雷池一步"，便有了界限。反之，则是"披着人皮的鬼"，甚至要"率兽而食人"了。然而，自有人、兽、鬼的分别以来，其底线总在游移不定——有的时世，仿佛鬼和兽才是上帝的正宗选民，得着更多的光宠和荣耀，成为乌合之众的偶像。而距离感也颇难拿捏，"近之则不逊，远之则怨"［这似乎是孔夫子歧视女性的言辞，或是疾恶（小人）如仇的表现，却似乎也可以"放大了来看"，表达了对人性的某种困惑与质疑］。太近了不行，因为"他人即是地狱"（地狱即鬼的集中营，然则，"他人即是鬼魅"?），恐有互虐之祸，故避之唯恐不及；太远了也不行，那样便有点孤独，有时甚至很孤独——倘孤独太过浓烈，便要么欣然笑纳虐待，礼尚往来（仍要扎堆合群）；要么情愿拥抱地狱，与鬼共舞。然则，所谓人间或人世岂不成了魑魅魍魉之鬼蜮？于是，说是"成人"，却往往是"成鬼""成兽"（所谓"把人变成鬼"? 抑或本来就是"天地不仁，以万物为刍狗"?）；说是成熟，却往往是"成生""成陌"（墨、默）——不仅人与人之间变得陌生，连自己与自己也变得陌生（始也默默，终也漠漠；对影成陌，相看两厌）。到最后就实在有点像（抑或"是"?）"不知周之梦为蝴蝶与，蝴蝶之梦为周与"。于是醉生梦死者禁不住慨叹：这样美丽魅惑的梦境！像清水里的一点墨，"染"得袅娜缥缈，如烟如雾，引人遐想，蠢蠢欲动。然而终究也就黑了，分不清了，即使是"渐渐地"。界限不仅模糊了，简直就等于没有。于是大多数人就懒得理会，索性做梦，聊以自尽。然而，仍然有人不想做那不清不白的墨黑的梦，试图拨云驱雾，拿着放大镜来分析解剖"人"！那么，我们也不妨来看看，黄冠琼君在放大镜下面发现了什么？

想当年，气吞万里如虎的时候，却也喜好诗词歌赋。原因有二：喜欢其中所蕴含的传统文化精神，陶醉于那种妙不可言的韵律和节奏感。所以，每天早上，大声地朗读古文（也朗读英文），那感觉的确好极了。不妨打个有趣的比方：欣赏音乐（歌词）往往有两种方式："六经注我"与"我注六经"。年轻的时候，心智尚不精致，没心没肺，往往只注意旋律，胡乱哼哼，至于歌词，多半不加措意。换言之，歌词与旋律是错开的，歌词与心情也往往毫不相干。这样来欣赏歌曲，便是"六经注我"：我心情愉快了，哼什么都明快轻俏。当心智渐渐成熟，或者本来就敏感早慧，往往在与音乐一拍即合的同时，也能体会歌词中的诸多曲折与美感。欣赏起音乐来，也往往是"我注六经"，有时，即使不经意地随口哼着，却发现歌词恰颇能说明那时的心情。有趣的是，晓君在她的研究中还发现，词作者在面对历史与传统文化时，同样存在着"六经注我"与"我注六经"的不同倾向和选择，这不能不说是慧眼独具的一种表现。

第十节　"作文"卮言[①]

我素来不喜欢命题作文，难写且难见真性情故也。写得不好，还容易流为空洞、陈陈相因或无病呻吟的各式八股，让人读来生厌，更大违"修辞立其诚"的作文原则。然则，如"做真人""吐真言"何？作为老师，有时未免左右为难、进退维谷而"四"方失据。一句话送入火坑，一句话送入酱缸，一句话不说又水深火热，每况愈下，另外，说了也可能白说。社会总有其自身的逻辑，这或许就是社会学意义上的宿命。社会的逻辑横亘在道德理想与现实选择之间，倘和社会逻辑一拍即

[①] 本节文字写就于 2007 年 10 月 12 日，乃应邀为 2007 年华东政法大学的韬奋作文竞赛而撰，后发表在《华政报》上。

合,或被逼就范,则一切照旧。因此,解铃还需系铃人,不在于"应该"怎样怎样,而在于社会学的因果分析与对策。培养学生"社会学的想象力"重在"告诉",重在常识教育,告诉事实、理论与各科常识,由学生自己去分析和选择,相信他们自有其分析辨别能力,能自由而理性地选择。以公心化育天下,仁心在我,修行在他。必有整体常识水平的提高,方或有社会之根本进步与优化,而破"治乱循环"之宿命。就作文而言,同样需要知识与常识、个性与独立思想,而不能只靠才气。令人欣慰的是,从这些作文中,既显现了年轻一代独特的情感、生活体悟,也颇可发现一些独立而多元化的思考和理想追求,并体现了一定的常识水平。

我更对许多评奖甚不以为然。熙熙攘攘,名利来往,往往"权""利"分配之变相形式耳,并无权威性。此种奖项,拈花一笑可尔,实在不值得到处叫嚷。好在吾侪既非权威,其意亦"重在参与",故虽言竞赛,实为"友娱",参赛诸君自可以平常心待之,得之不喜,失之何忧。"挂一"者未足炫耀,"漏万"(网)者或怀白璧。但我颇欣赏所有参赛者——包括积极"出没"(匿名)于各种论坛的所谓"网民"——的参与意识,倘推而运用于更有意义的方面,譬如正义事业(所谓"法律人"),当于公民社会、法治国家、宪政之建设大有裨益,吾国富强之前途亦大可期。法治社会等之前提及伴随条件之一即为秉承参与意识与公共精神,"不平则鸣",其目标则在"不鸣亦得其平",而非"不鸣则不平"乃至"不鸣者死"。

且归正题。虽然不喜欢命题作文,命题作文却颇能体现出作者驾驭语言文字的能力与功力。事实上,即使戴着这样的镣铐,很多学生仍然发挥出色,舞出了别有韵味的各色旋律与线条,或纯真诚朴,或灵动潇洒,或缜密严谨,或天真多情,或细腻缠绵。我上写作课时,往往喜欢让学生自拟题目自由发挥,说自己想说的话,于是便常有一些令人惊喜的发现。文如其人,天真淳朴、纯洁真挚的总让我满心欢喜,当然也喜欢聪明伶俐的,但倘若聪明流于精明,伶俐流于玲珑,便多少有点失望而痛心。同样，虽然不喜欢评奖，却并不妨碍我们择其一二文章作为个案，"共欣赏，相与析"，管中窥豹，交流切磋而共同提高。

最后说一点题外话，关于大学公共语文教学，窃以为，重点非在辞章，写得几句美文，而在于语言文字学（包括音韵学、训诂学、文字学等），此为最基础而最重要之语文能力，各科皆然，倘大学果为研究高深学问之所在，则尤其如是。缺乏基本而扎实的语文训练和文史修养，学习和研究中国法律史、经济史、政治制度史等科目时，都会遇到很多困难，左支右绌，捉襟见肘。限于篇幅，只能略开端绪，聊以与同学诸君共勉云尔。

第十一节　文史哲淡隐，社会科学凸显①

出版这样一部不成熟的书稿，实在是难为情。

只能暗暗希望这是写得最差的一本书。这既是基于"认识你自己"的自知之明，也是基于自信的自勉——你就是那个被选中的人。当然，世事难料，每况愈下的事亦往往多有，所以，一方面固然孜孜以求更好未来，也并不一味贬低当下；另一方面却也不敢轻易断言、承诺和保证——何况，万一老天不肯合作，"天不我怜"，不愿垂青眷顾，不肯假我以年，那更没有办法，虽然吾亦坦然逍遥。当然，这也不能成为放弃努力、踯躅徘徊、裹足不前的理由。即使四顾皆空，一顷刻即成永恒，你仍要迈开脚步；即使到头来总是虚无和失望，也仍然要努力走下去。

因此，虽是"敝帚"，却实在毫无"自珍"之意，唯盼"速朽"。何至于用得着盼呢，以速朽之质而盼不朽之果，盼也枉然。相反的情况则是，噩梦做得不充分，未到关键，火候不到，想赶也赶不走。愈是急用，急愈是没有用，万事万物都有其自身的逻辑。"战略"云云，其实

---

① 本节文字写就于2007年7月26日，乃是博士论文书稿《中国现代文学史书写的历史建构》的后记。参见罗云锋：《现代中国文学史书写的历史建构》，法律出版社2009年版。

不过是等待而已，等待社会学意义上的宿命，等待时间慢吞吞地走过来，你得跟上伊的节奏和步调。你还得忍受，甚至注定只有忍受。有时你得接受这一事实，"你生于千年之间"，注定无缘见到铁树开花，对，这就是分派给你的时刻。不要梦想成熟得恰如其分的果子，因为你注定要错过。或许，人永远生于千年之间，因为本来就没有什么千禧年——谁有资格给时间划上刻度呢？

纵然如此，于我而言，这本博士论文的意义和价值仍然显而易见，那就是提供了基本的学术训练，对学术研究的态度、方法、步骤、规范、意义价值等，都有了深切的体验。虽然我日益离开文史研究而投身于更广阔的学术领域，这种难得的基本学术训练却为以后的学术研究打下了比较坚实的基础。并且，在此后的生活和思考中，我更不会满足于随意的泛泛之谈，而力图严谨全面地思考和分析问题。同时，通过博士论文的写作，我对于学术研究的甘苦，亦是如鱼饮水，冷暖自知。据说，领悟了细节，爱才更真实持久；爱是全身心的投入，并肯定会得到回应。于我而言，学术研究就是这样一种双向互动的爱，她的面目会日益清晰活泼起来，并向你、甚至仅向你展现出醉人的微笑，这已足够！

然而，学术是什么？到今天我都不知道怎样定义，这有点像情窦初开的少年在心中想象爱情，总也看不真切，无法形相，更无法定义，然而憧憬与欢喜却是实实在在的。无法命名、归类和把握并不妨碍人去喜欢某一对象，甚至恰恰可能是"没来由"地喜欢的"缘由"，相反，当对象可以被命名和归类时，喜欢也许会变成失望，"你悲哀地担心，再次相遇时，伊也许已经可以被归类了"——也许终会失望和厌倦，也许，但不是现在，"啊，还不到远行的时刻"。有的时候，只是喜欢，没有理由；有的时候，理由和意义却都只能放在心里，说出来就淡了、浅了、轻了、缥缈了。如一坛浓烈的酒，或是炼丹的火炉，里面翻江倒海，火星四溅，芳香浓郁，强悍深沉，有韧性的缠绵，有凝聚的坚执，看上去却只是铁的冰冷，水的平静与淡漠。

不知何时、亦不知何故——这就对了，"时""空""情"本来就

第四章 心灵文本与序跋:爱、幸福、生活

"没有起讫因果,又何必追忆往事?"——我的生活便和黑夜结缘了。每个无法成眠的夜晚,便恣意阅读古今中外的经典著作,与智者"促膝交谈","与古人神交"。往往一册在手,俗事都忘。读到精彩深沉处,固然会有英雄所见略同而惺惺相惜之感,更多的是深沉的遗憾,恨不能把酒临风,两两相对,纵论天下。可现实中"志"(精神志趣)同"道"(知识兴趣、结构和视野)合者又实在太少,每让人有"斯人已逝,吾孰与归"之浩叹!而想起目下的种种不尽如人意的现实,更是深深的叹息,以及时不我待的焦急心理。常常让沸腾的热血灼烧得无法入睡,一挺身就要从床上弹下来,恨不得立即投入行动,马上将所有的工作都做好——其实自己也早知道,饭是要一口一口地吃的。毋庸讳言,阅读这些人的著作既常常给人一种灵魂的沉醉和喜悦,更每每让人有"吾道不孤也"的欣慰,给人以坚持前行的信心、勇气和力量;既让人豪情满怀,却又分明也有一种无法排遣的深深的孤独感;即使早已习惯并在心理和生活上做好了足够的相应调整,那种想与人分享、举目四顾却又似乎终于无人可与倾情交谈的悲哀感,仍足以让人久久难以释怀。无法真正地沟通是当下生活的最大悲哀之一,而这却不是有无勇气以及坦诚与否的问题,更不是表达能力与言说技巧的问题。历史的记忆和现实的压力让人顾虑重重,欲说还休,而一两句话就足以让人重新关紧心扉。于是,钟情的诗句尚未想好,青春却已经流逝了。有一种深深的疑虑让我们互为陌生人,并对其原因避而不谈,大家心照不宣地取得了默契,既无法亦不敢解剖自己。

但阅读却不必有这样的疑虑,相反,是完全的坦诚与信任,是认真诚挚的交流与辩难。事实上,阅读日益成为我生活的一部分。写作博士论文只是为了使自己的阅读显得更加名正言顺。而今天,我更是获得了完全的阅读自由,阅读兴趣也逐渐由原来的文史哲方面转移到社会学、人类学、教育学、科学哲学、心理学、政治学、法学等社会科学领域,重点关注常识教育与常识社会学、人情社会学、信任、人的社会化过程、社会(科)学治国、"科学哲学与科技创新""礼治、人治与法治"

等论题，以后肯定还会继续扩展和深入。也有意识地培养自己以社会科学的理论、眼光和思维方式来理性思考和分析种种问题的习惯和能力，而避免传统文化人的感性或情绪化的思维方式。个人之所以有这样的一个学术兴趣转向，固然是与自己天生好奇的特性有关，却也有其他的一些原因：一方面表达了自己的某种不满，另一方面也暗暗吻合21世纪以来中国思想文化学术界的知识结构转型。就前者而言，我既颇不满于文学研究领域大部分观念老化、陈陈相因的所谓研究，也不想将自己局限于文学研究的狭小范围——既找不到新鲜感，也不够施展拳脚——而且，缺乏开阔的理论视野和整体眼光也根本做不好文学研究；尤其重要的是，自己想更深刻地了解这个社会、国家和世界。有时，知识在深广度上的增加能让你更深切清晰地了解这个世界，所谓"看山不是山，看水不是水，看人不是人"（一笑）；当然，也许下一顷刻，或在生命的尾声，再定睛一瞧，却发现"山还是那山，水还是那水，人还是那人"。这虽然有点荒诞，却也有趣，其实，人生又何尝不如是呢！

就后者而言，则是"文史哲淡出，社会科学凸显"，这也体现了一种"知识权势转移"，或曰知识结构的变迁，这个变迁趋势从晚清就已开始，曲曲折折地持续至今，现在仍处于这一进程中间——只要对中国近现代教育史中学科设置的历史演变过程稍做审视，就可以很清楚地看出这一情形。包括法学、国际关系学、行政管理学、国际法、社会学、经济学等学科领域在内的社会科学家们以前经常会抱怨，与文史哲相比，他们的时代来得更晚。但现在情形不同了，这些学科已经得到全面创建、重建和飞速发展，现在是他们受到重视以及大显身手的年代。当然，这样说丝毫不意味着在大陆很早就得以恢复和发展的文史哲等学科就不重要，而是指学术文化以及社会的综合整体的有效发展需要有完整的知识网络和结构。一方面，在不同的时代语境和世界背景下，需要有不同的知识结构，尤其是随着时代一起发展的新兴知识技术，譬如说，当代中国如何应对全球化的时代语境和新形势。另一方面，学术分科并不意味着学术整体布局上的某些学科的缺失和落后，以及个体知识结

第四章 心灵文本与序跋：爱、幸福、生活

构——尤其是常识水平——上的褊狭浅陋。所以，某些之前相对被忽略的学科必然会得到更多的重视和发展。就中国教育、思想、文化、学术等的发展而言，以前无论是重理轻文还是重文轻理都有偏科的嫌疑（姑且不论文、理科本身在观念、内容等方面的褊狭陈旧等问题），都是跛脚的鸭子，因为社会科学并没有得到充分的重视和发展。现在则是补课的时候。所以，在这种学术文化布局原本就不平衡的地基上，出现这种奇特的知识景气、学术文化偏食以及不平衡发展非常正常，是一种结构性调整，并终将达成各门学科的综合协调发展——不过，值得提及的是，相反的情形也初露端倪，即学习、研究社会科学以及其他知识门类的人在人文知识素养方面的欠缺导致一些甚至可能越来越严重的问题。（其实，就学术研究而言，所谓"文史哲不分家"或"打通文史哲"仍然不够，而应该是"贯通人文社科"，如果考虑到自然科学也在人文社会科学的学术研究中发挥着越来越重要的作用，则对研究者的知识结构和知识素养要求更高，这些当然都以常识教育以及常识水平的整体性提高为其先导——所谓常识教育，当然也和我们耳熟能详的通识教育或博雅教育等理念有着密切的关联，笔者另有专文论述，兹不赘言。）晚清五四一代的中国学者常常有一种焦虑：要让中国学的中心在中国。这当然是份内的事，更高的理想和追求则应当是：要让"西方学"的中心亦在中国。这当然离不开整体的全面的学术文化发展——即使这一理想在今天看来还颇为遥远。

而从常识教育的角度来说，"文史哲淡出，社会科学凸显"也意味着一种常识补课，对以往因为教育问题而导致的常识缺陷以及知识结构空白进行补充。事实上，作为人的全面发展要求之一的"智"的内容，应该更丰富、开放而全面。常识教育虽并不意味着人人都成为通才，但国民于各门学科的常识水平却体现了一个国家的整体文化水准，意义重大。不过，关于这点，我常常很难弄清楚到底仅仅是自己的常识缺乏，还是整个社会思想文化界的诸如缺钙缺铁等方面的营养缺乏——整个社会的教育是否有大的缺漏，都需要补课吗？换言之，或许，事实不过

是，我只不过体现了我那一代部分人甚至仅仅是我个人的知识欠缺，并通过不断阅读和对于各门学科的常识补课，以试图跟上时代与世界的发展脚步而一起前进而已：身属中国，而其眼光常在世界。至于年轻一代或其他人是否同样存在补课的问题，或者仍在继续着常识缺乏的覆辙，这当然要对中国的教育状况有一个大致的调查了解后才好判断（这也是自己逐渐关注教育问题的原因之一）。不过，从理论上来说，缺乏常识则无法有效参与。当社会学家关注三农问题，法学家关注司法制度改革和法治问题，经济学家关注国际国内金融、房地产以及汇率问题，国际关系学家关注朝核谈判、中东问题时，如果没有相关的学科知识常识就很难有效参与，或者人云亦云瞎起哄，或者缄口无言哑结舌。而对于社会中的个体来说，这种无法有效参与的状况往往会导致种种社会问题。

第十二节　常识的颠倒与常识补课[①]

有时，需要的是常识，而非卓识。但有时，实际情形却是常识的颠倒与危机，并因此造成人格、理想的颠倒与社会的危机。本研究报告谈的基本只是常识，对于个人而言，具有知识积累和思想扩展的意义；对于某一具体领域的学术积累而言，笔者却并不敢奢望；而只是卑之无甚高论，大体表达了自己对法律的一些思考和困惑，也提出了一些思考路向和命题，值得进一步关注和深入研讨，譬如，在跨学科的较为全面的知识结构和时空背景中，在更加开阔的学术视野下，联系历史学、政治学、社会学、哲学、经济学、心理学、考古学等学科，进行更加全面深入的思考研析。

有时，重要的不是细密与淹博，而是贯通和宏识。淹博倘无条贯通识，便显汗漫无归，思考抵牾扞格，无所执定，亦无能持之定力。细密

[①] 本节文字写就于2009年10月8日，乃是博士后出站报告《礼治与法治》的后记，题目系后加，参见罗云锋：《礼治与法治》，法律出版社2012年版。

第四章 心灵文本与序跋:爱、幸福、生活

倘无综观识力,心神便只是困处一隅(其他学科、领域百事不知),皓首穷经,抱残守缺,目光短浅,思想狭漏固顽。研究的细密性与思考的有效性,并无必然关联,有时甚至适成后者之障碍,视野褊狭故也,比如所谓的"只顾埋头拉车,未遑抬头看路"。其实,常识的颠倒与危机,与知识的狭漏浅薄——其原因则尤在于教育与社会风气,而不仅是知识的专业化等——适相因果表里也。

倘无较为全面的学养,便无深入研究的资格。过早进入具体琐碎问题的研究,只是自欺欺人,效果并不好。缺乏各学科基本常识、较为全面的知识结构和思想视野,缺乏批判眼光和宏通识力,对具体问题的理解也受到局限,"只见树木不见森林"。所以先要存了通贯之心,大量而系统地阅读,先不怕惹赵括之讥,而后可逞廉颇之勇,助之以智慧识力,自可(在各领域)别开生面。(必先自培实力,而后方可笑傲天下。侥幸、依附、弄虚作假、虚言恫吓之心理,或可暂逞一时,却终于不免受制于人,自欺欺人,自酿苦果。人事如此,家国何尝不然,可不悚哉!)

问学之初,关键不在于读写论文,而在于阅读基本经典。吾尝言:40岁前不做具体历史研究,便在于强调阅读基本经典文献、打下全面扎实的学术基础的重要性。问学之前,某一领域之经典文献必先阅一过,舍此而言某一细碎论题的文献综述,不过是一种学术训练,于自身学术积累而言,其实并无多少意义。有些所谓的学术规范,不过是唬人,照章办理,可能只见格式圆满,未见内容丰满。当然,允许不同的学问路径,自不必泥于一是。质言之,于学术追求而言,人各有其自我期许和长远规划。为稻粱谋固无论矣(无可厚非),倘志在通人,便不可泥于常规。

就自身现在的读书目的而言,其意不在研究,而在于自我常识教育,或常识补课,或自我的知识完善和贯通。法学博士后的阅读,不过是追求贯通的一个小站,通过阅读法学基本经典,了解中西法律思想史、法制史、法学史、社会政治文化史等的基本常识,及其学术史脉

络，以期更好地了解当代中国与世界，及其未来的可能发展与走向。只是（带着问题和困惑去）阅读与思考，并无特别的"研究"故意。于是所谓的研究报告，所记录的多为一己之关注和思考，和尝试性的分析解答，并提出一些开放性的思考路向。

于是缺陷也显而易见。限于学术背景与时间，缺乏整体全面的法学知识结构，谈论某些论题时捉襟见肘；直接进入主题，没有也无意于撰写研究综述或文献综述，也并不完全是在学术史的脉络里谈问题；限于时间精力，许多有价值的论题和思考路向，只是浅尝辄止，未遑深入展开；在论述、行文、格式等方面仍有不少缺漏。

换一个角度，这也是另一种形式的问题意识。志不在专家学究，而是综观通人，但人生苦短，于是，对有些无关宏旨的琐碎冷僻论题，自可不必理会追究，避免不必要的时间精力的浪费；也不是冷冰冰所谓客观理性，为研究而研究，无真正的生命关怀和情感投入，而是带着鲜活的呼吸与生气，甚至痛苦的思索、对生命与人性的悲剧性体验，多跨学科的探讨，每有吉光片羽式的思想发现，提供一些新的思路。

思想永未完成，所以激情不灭，生命之心火生生不息。

参考文献

费孝通：《论人类学与文化自觉》，华夏出版社 2004 年版。

费孝通：《乡土中国》，人民出版社 2008 年版。

关世杰：《国际传播学》，北京大学出版社 2004 年版。

关世杰：《跨文化交流学：提高涉外交流能力的学问》，北京大学出版社 1995 年版。

胡鸿保主编：《中国人类学史》，中国人民大学出版社 2006 年版。

雷润琴：《传播法：解决信息不对称及相关问题的法律》，北京大学出版社 2005 年版。

李长傅：《中国殖民史》，上海书店 1984 年影印本。

林惠祥：《文化人类学》，商务印书馆 2000 年版。

林毓生：《中国传统的创造性转化》，生活·读书·新知三联书店 1988 年版。

刘继南、何辉等：《中国形象：中国国家形象的国际传播现状与对策》，中国传媒大学出版社 2006 年版。

刘继南、何辉等：《镜像中国：世界主流媒体中的中国形象》，中国传媒大学出版社 2006 年版。

陆扬、王毅：《大众文化与传媒》，上海三联书店 2000 年版。

罗钢、刘象愚主编：《文化研究读本》，中国社会科学出版社 2000 年版。

史宗主编：《20 世纪西方宗教人类学文选》，上海三联书店 1995 年版。

萧公权：《中国政治思想史》，辽宁教育出版社 1998 年版。

王夫之：《读通鉴论》，中华书局 1975 年版。

汪晖、陈燕谷编：《文化与公共性》，生活·读书·新知三联书店 2005 年版。

王铭铭：《西方人类学思潮十讲》，广西师范大学出版社 2005 年版。

张昆：《国家形象传播》，复旦大学出版社 2005 年版。

朱炳祥：《社会人类学》，武汉大学出版社 2004 年版。

［澳］伯顿：《全球冲突：国际危机的国内根源》，马学印、谭朝洁译，上海人民出版社 2007 年版。

［奥］凯尔森：《法与国家的一般理论》，沈宗灵译，中国大百科全书出版社 1996 年版。

［奥地利］赫尔穆特·舍克：《嫉妒与社会》，王祖望等译，社会科学文献出版社 1999 年版。

［丹麦］索伦·克尔凯戈尔：《爱之诱惑》，王才勇译，上海社会科学院出版社 2002 年版。

［丹麦］索伦·克尔凯戈尔：《克尔凯戈尔日记选》，晏可佳、姚蓓琴译，上海社会科学院出版社 2002 年版。

［丹麦］索伦·克尔凯郭尔：《十八训导书》，吴琼译，中国工人出版社 1997 年版。

［丹麦］索伦·克尔凯郭尔：《致死的疾病——为了使人受教益和得醒悟而做的基督教心理学解说》，张祥龙、王建军译，中国工人出版社 1997 年版。

参考文献

［丹麦］索伦·克尔凯郭尔:《非此即彼——生活的一个片断》,封宗信等译,中国工人出版社 1997 年版。

［丹麦］克利马科斯(克尔凯郭尔):《论怀疑者——哲学片断》,翁绍军、陆兴华译,生活·读书·新知三联书店 1996 年版。

［德］拉德布鲁赫:《法学导论》,米健、朱林译,中国大百科全书出版社 1997 年版。

［德］赫尔曼·哈肯:《协同学——大自然构成的奥秘》,凌复华译,上海译文出版社 2005 年版。

［德］阿克塞尔·霍耐特:《为承认而斗争》,胡继华译,上海人民出版社 2005 年版。

［德］弗里德里希·尼采:《权力意志》,张念东、凌素心译,中央编译出版社 2000 年版。

［德］施太格缪勒:《当代哲学主流》,王炳文、燕宏远、张金言等译,商务印书馆 1986 年版。

［法］列维-斯特劳斯:《忧郁的热带》,王志明译,生活·读书·新知三联书店 2005 年版。

［法］马塞尔·毛斯:《社会学与人类学》,佘碧平译,上海译文出版社 2003 年版。

［法］马塞尔·毛斯:《社会学与人类学》,佘碧平译,上海译文出版社 2003 年版。

［法］丹纳:《艺术哲学》,傅雷译,安徽文艺出版社 1991 年版。

［法］阿芒·马特拉:《世界传播与文化霸权》,陈卫星译,中央编译出版社 2001 年版。

［法］阿芒·马特拉:《传播的世界化》,朱振明译,中国传媒大学出版社 2007 年版。

［法］P. 布尔迪约、J. －C. 帕斯隆:《再生产——一种教育系统理论的要点》,邢克超译,商务印书馆 2002 年版。

［荷兰］Richard Plender:《国际移民法》,翁里、徐公社译,中国人

民公安大学出版社 2006 年版。

[美] 乔舒亚·库珀·雷默等：《中国形象：外国学者眼里的中国》，沈晓雷译，社会科学文献出版社 2006 年版。

[美] 麦克尔·赫兹菲尔德：《什么是人类常识》，刘珩等译，华夏出版社 2005 年版。

[美] 罗伯特·C. 尤林：《理解文化：从人类学和社会理论视角》，何国强译，北大出版社 2005 年版。

[美] 古塔、弗格森编著：《人类学定位：田野科学的界限与基础》，骆建建等译，华夏出版社 2005 年版。

[美] 马歇尔·萨林斯：《甜蜜的悲哀》，王铭铭、胡宗泽译，生活·读书·新知三联书店 2000 年版。

[美] 墨非：《文化与社会人类学引论》，王卓君、吕迪基译，商务印书馆 1991 年版。

[美] 斯特拉森：《人类学的四个讲座》，梁永佳等译，中国人民大学出版社 2005 年版。

[美] 克利福德·格尔茨：《文化的解释》，韩莉译，译林出版社 1999 年版。

[美] 克利福德·吉尔兹：《地方性知识》，王海龙、张家瑄译，中央编译出版社 2000 年版。

[美] 弗雷德里克·巴特：《斯瓦特巴坦人的政治过程：一个社会人类学研究的范例》，黄建生译，上海人民出版社 2005 年版。

[美] 雷纳·韦勒克：《近代文学批评史》，第 4 卷，杨自伍译，上海译文出版社 1997 年版。

[美] 本尼迪克特·安德森：《想象的共同体》，吴睿人译，上海人民出版社 2005 年版。

[美国] 马歇尔·萨林斯：《土著如何思考》，张宏明译，上海人民出版社 2003 年版。

[美] 本尼迪克特等著：《日本四书》，线装书局 2005 年版。

参考文献

［美］罗伯特·杰维斯：《国际政治中的知觉与错误知觉》，秦亚青译，世界知识出版社 2003 年版。

［美］塞缪尔·亨廷顿：《文明的冲突与世界秩序的重建》，周琪译，新华出版社 2002 年版。

［美］伊曼纽尔·沃勒斯坦：《现代世界体系第 1 卷：16 世纪的资本主义农业与欧洲世界经济体的起源》，罗荣渠等译，高等教育出版社 1998 年版。

［美］伊曼纽尔·沃勒斯坦：《现代世界体系第 2 卷：重商主义与欧洲世界经济体的巩固（1600—1750）》，庞卓恒等译，高等教育出版社 1998 年版。

［美］伊曼纽尔·沃勒斯坦：《现代世界体系第 3 卷：资本主义世界经济体大扩张的第二个时代：1730—1840 年代》，庞卓恒等译，高等教育出版社 2000 年版。

［美］第默尔·库兰：《偏好社会伪装的社会后果》，丁振寰、欧阳武译，长春出版社 2005 年版。

［美］罗伯特·K.默顿：《科学社会学》，中译本前言，鲁旭东、林聚任译，商务印书馆 2003 年版。

［美］柯文：《在中国发现历史——中国中心观在美国的兴起》，林同奇译，中华书局 2002 年版。

［美］罗伯特·艾克斯罗德：《对策中的制胜之道》，吴坚忠译，上海人民出版社 1996 年版。

［美］麦克尔·赫兹菲尔德：《人类学：文化和社会领域中的理论实践（修订版）》，刘珩等译，华夏出版社 2005 年版。

［意大利］加塔诺·莫斯卡：《统治阶级》，贾鹤鹏译，译林出版社 2002 年版。

［英］奈杰尔·拉波特、乔安娜·奥弗林：《社会文化人类学的关键概念》，鲍雯妍、张亚辉等译，华夏出版社 2005 年版。

［英］罗伯特·莱顿：《他者的眼光》，蒙养山人译，华夏出版社

2005 年版。

［英］阿兰·巴纳德：《人类学历史与理论》，王建民等译，华夏出版社 2006 年版。

［英］拉德克利夫－布朗：《社会学人类学方法》，夏建中译，华夏出版社 2002 年版。

［英］雷蒙德·弗思：《人文类型》，费孝通译，华夏出版社 2002 年版。

［英］奈杰尔·巴利：《天真的人类学家：小泥屋笔记》，何颖怡译，上海人民出版社 2003 年版。

［英］爱德华·B.泰勒：《人类学》，连树声泽，广西师范大学出版社 2004 年版。

［英］安东尼·吉登斯：《民族—国家与暴力》，胡宗泽等译，生活·读书·新知三联书店 1998 年版。

［英］施米托夫：《国际贸易法文选》，赵秀文译，中国大百科全书出版社 1993 年版。

［英］苏珊·马克思：《宪政之谜：国际法、民主和意识形态批判》，方志燕译，上海译文出版社 2005 年 10 月版。

［英］马克斯·H.布瓦索：《信息空间：认识组织、制度和文化的一种框架》，王寅通译，上海译文出版社 2000 年版。

［英］詹宁斯、瓦茨修订：《奥本海国际法》，第 1 卷第 1 分册，王铁崖、李适时等译，中国大百科全书出版社 1995 年版。

［英］杰里米·帕克斯曼：《英国人》，严维明译，上海译文出版社 2000 年版。

［英］菲奥纳·鲍伊：《宗教人类学导论》，金泽、何其敏译，中国人民大学出版社 2004 年版。

［英］麦克尔·卡里瑟斯：《我们为什么有文化》，高山杉译，辽宁教育出版社 1998 年版。

［英］斯宾塞：《社会学研究》，张红晖、胡江波译，华夏出版社 2001 年版。

后　记

本书中的文章绝大部分写于 2006 年前，进一步讲，大部分写于 2005 年前后。那时专职读书，生活简单，心无旁骛，精力充沛，思维活跃，心灵自由不羁，虽也并非完全没有困扰，但终究是非常自由自在的。现在虽说事情稍多，倒也并无根本变化，但仍苦于读书时间不够，所以准备再做一些减法，以便更纯粹自由地读书、生活。幸运的是，总体和大致而言，自己研究生以来的读书生涯，基本还是依照兴趣来的，并不想曲学阿时阿世。

书名来自于当时的一篇文章。2005 年博士毕业那年，较多阅读人类学、社会学著作，有了一些零散的想法，于是渐次成章。此外还拉拉杂杂写过不少文字，后来发现，在内容上，竟颇多相关性，于是略分若干主题，杂凑成书。编辑书稿时，一者为存原貌，二者暂时既无暇、亦无意雕琢深究，故只在章节之间的衔接上，稍做象征性增补，其他的，大体一仍其旧，譬如，书中所提及的"文史哲淡出，社会科学凸显"这一观点，虽然后来我将其修正为"文史哲淡隐，社会科学凸显"，在本书中仍未做改动，等等。另外，本书的出版得到了华东政法大学人文学院的特别资助，在此表示感谢。

此外，并无特别想说的。

2012 年 10 月 29 日于松江

图书在版编目（CIP）数据

人类学理论视野下的跨文化交流：心灵、想象、田野、家园/罗云锋著.
—北京：中央编译出版社，2015.8
ISBN 978-7-5117-2727-5

Ⅰ. ①人…
Ⅱ. ①罗…
Ⅲ. ①文化交流-研究
Ⅳ. ①G115

中国版本图书馆CIP数据核字（2015）第148596号

人类学理论视野下的跨文化交流：心灵、想象、田野、家园

出 版 人：	刘明清
出版统筹：	贾宇琰
责任编辑：	王　琳
责任印制：	尹　珺
出版发行：	中央编译出版社
地　　址：	北京西城区车公庄大街乙5号鸿儒大厦B座（100044）
电　　话：	（010）52612345（总编室）　　（010）52612341（编辑室）
	（010）52612316（发行部）　　（010）52612317（网络销售）
	（010）52612346（馆配部）　　（010）55626985（读者服务部）
传　　真：	（010）66515838
经　　销：	全国新华书店
印　　刷：	北京京华虎彩印刷有限公司
开　　本：	787毫米×1092毫米　1/16
字　　数：	286千字
印　　张：	15.5
版　　次：	2015年8月第1版第1次印刷
定　　价：	60.00元
网　　址：	www.cctphome.com　　邮　　箱：cctp@cctphome.com
新浪微博：	@中央编译出版社　　微　　信：中央编译出版社（ID: cctphome）
淘宝店铺：	中央编译出版社直销店（http://shop108367160.taobao.com）　（010）52612349

凡有印装质量问题，本社负责调换，电话：（010）55626985